U0540761

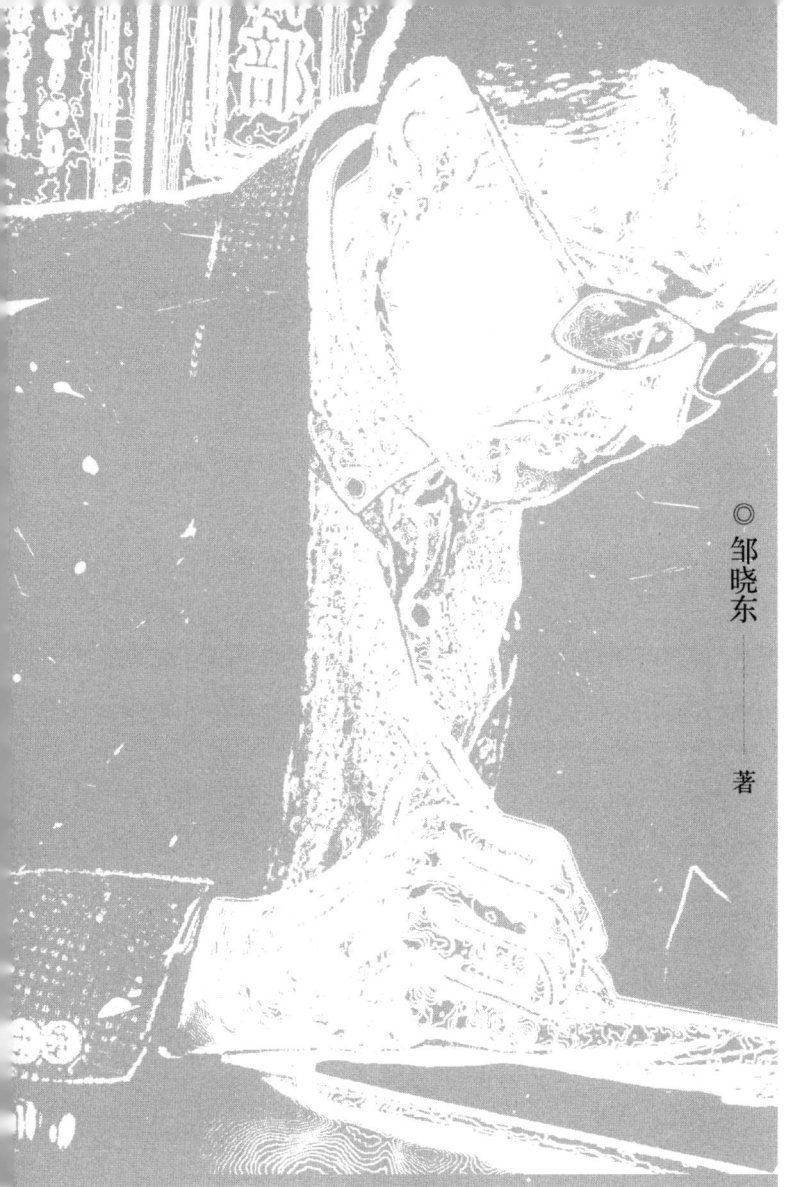

我在《文史哲》干编辑

◎ 邹晓东 著

广西人民出版社

序一
一个学者编辑的倔强

王学典[1]

虽然晓东本科、硕士、博士阶段都是在山东大学度过的，但他在读期间我们互不相识。2014年春天，在第三届尼山世界文明论坛期间，他的老师谢文郁教授问我，有无可能接受他的一个在北京大学哲学系做博士后的学生来儒学高等研究院工作。这位博士后就是邹晓东。对于谢文郁教授的推荐，我是重视的。谢文郁教授于2005年加盟山东大学，我则是从2010年第一届尼山世界文明论坛开始，对其出色的儒耶比较等研究产生深刻印象的。谢教授后来又为第二、三届尼山世界文明论坛重要文本的编撰做出了不可替代的优质贡献。这一切持续加强着我对他的学术判断力的信任——谢教授向我推荐晓东，原则上（在正常情况下）也应该是出自他的学术判断，我因而要认真对待。

晓东当时的学术成果放在同龄人中看不算少，但绝大多数发表

---

[1] 王学典，山东大学讲席教授、博士生导师，《文史哲》杂志主编，山东大学儒学高等研究院执行院长，第十三届全国政协常委委员。

在集刊上（尽管其中不乏著名集刊），以"唯核心期刊"的评价标准来衡量，他并不占优势。而从办刊角度看，他所发表的论文分别涉及中哲、西哲、宗教三个二级学科，视域广阔，非常难得。鉴于《文史哲》编辑部正进入新老交替时期，且自上一位哲学编辑卸任后至今尚无专职哲学编辑，我遂考虑将晓东博士引进《文史哲》编辑部。记得第一次和他面谈上述意向时，他比较直白地冒出一句"那我干了编辑，还有时间做自己的学问吗？"让我略感惊讶。眼前这个年轻人，看来确实有学术情结，但未必能长期安心干编辑。作为《文史哲》主编，我一直认为，"学者办刊"固然是《文史哲》杂志的重要传统，但编辑部专职人员的首要身份是编辑，应想方设法使自己的学术专家功力为办刊所用，尤其不能为了在学术上成名成家而牺牲编辑职分！所以，略加解释和安抚之后，我也明确告诉晓东：不要把来编辑部工作当作回山东大学的跳板！第二天，晓东给我发来一条短信，表示会放一放自己的学术研究，先习练编辑业务。这让我感到欣慰。

晓东正式入职《文史哲》编辑部（暨儒学高等研究院），已经是一年之后的事情。2015年暑假，编辑部安排他参与某一期稿件的三校工作。了解编辑流程的人知道，清样到了第三校，改动一般就比较少了。可是这批清样到了晓东手里之后，他竟毫不客气地（虽然用的是铅笔）按照自己的语感和理解，对许多地方的语法、标点乃至用词进行了商榷式修改。意犹未尽的他，甚至还在两个地方写下按语，对文章发表学术评论。原本，我们打算让晓东逐步接手包括统筹三校在内的编务工作，一看这架势，遂打了退堂鼓。但就事论事，我无法去多批评他——尽管他的做法有违编辑工作的常态，但对学术和工作的赤诚明显可见。晓东在《我在〈文史哲〉干编辑》（以下称"本书"）这本书中以"学者编辑"自居——这一身份定位,在他正式入职之初所制造的上述"动静"中,就已见端倪。

也许是怕被编辑工作磨灭了自我,矢志做学者编辑的晓东,总是在为办刊效力的过程中追求"有我"。2015年,《文史哲》杂志首次举办"儒学与自由主义的对话"人文高端论坛,试图以此推动儒学的价值重估与学术形态重建。会后,晓东负责撰写论坛综述。在读到即将发排的文稿时,我发现,这完全不是一篇通常意义上的会议综述。通常意义上的会议综述,总是尽可能地隐匿执笔人的观察者视角与痕迹,尽量以一种"客观""中立"的姿态,叙述有代表性的会议要点,仅在最后追加一点表彰性和期望性议论作结。这是会议综述最常见的写法。也许是尝到了在《中华读书报》上撰发本次论坛"侧记"时自由取舍的甜头(名为"侧记",义即不求全),这篇高端人文论坛的"综述"竟被晓东写出了些"以论带史"的派头。材料确实都来自论坛发言,但一波三折的清晰进程,明显是出自叙述者的透视与裁剪——现实中的学术论坛,不可能线索如此清晰地展开。但这种线索清晰的叙述,又着实显得可爱。作为折中方案,我建议将副标题中的"综述"改为"述评",然后发排。这件事情连同前述"商榷式修改",让我觉得晓东大概属于那种有着较强的"主观"秉性的人,强烈的"主见"会自觉不自觉地渗入他的日常工作和文风之中。如今,读本书第三编第三文的按语方知,这种"有我之境"的综述(述评)写作方式,于他竟是师承有自,刻意而为。

晓东用写作为办刊效力,最出彩的莫过于《"中国人文学术十大热点"是怎样炼成的?》《儒学与"五四"能和解吗?》《"古今中外"四重语境下的〈文史哲〉办刊宗旨》三文。2019年,《文史哲》杂志和《中华读书报》联合发起的"年度中国人文学术十大热点"评选活动进入第五个年头,大家感到有必要进行阶段性回顾与总结,同时也以"五年一小庆"的形式为这项活动进一步增添热度。晓东接手这项写作任务后，激情作业，在《"中国人文学术十大热点"是怎样炼成的？》这篇整版文章中，将人文学术热点评选与呈现活动的"新闻性""评价性""创造性"融为一体，提出了"介入式的热点评选"概念，有血有肉地演示了这项活动"预见大势，介入大势，见证大势"的初心和初步成效。《儒学与"五四"能和解吗？》一文，则是对《文史哲》编辑部举办的"儒学价值及其现代命运：五四运动百年纪念"人文高端论坛的侧记，标题拟得颇具挑动意味和时空穿透力，但成文过程相对曲折（参见收在本书中的本文按语），经"催逼"而通盘改写、发表后被一些读者认为"托出了一个重大议题"。

2021年，《文史哲》杂志在70周年刊庆之际，收到了习近平总书记的回信。全国上下迅速掀起学习总书记回信的热潮，《文史哲》亦成为全国瞩目的焦点，人们自然希望更多了解《文史哲》的内涵。晓东郑重其事地写成了《"古今中外"四重语境下的〈文史哲〉办刊宗旨》这篇文章，在学习总书记回信的语境下专门阐释《文史哲》现行办刊宗旨。该办刊宗旨（"昌明传统学术，锻铸人文新知，植根汉语世界，融入全球文明"）正式确立于2007年初，现在来看，高度契合此后十余年来（以及在可预期的将来）国内、国际大环境与精神气候的变迁趋势。平心而论，学界和读书界更关注学术期刊的级别、名头、目录和内文，一般很少注意学术期刊的办刊宗旨。《"古今中外"四重语境下的〈文史哲〉办刊宗旨》一文，成功地指出了总书记回信和《文史哲》办刊宗旨之间的重要共通点，那就是：基于中国主体意识，直面并积极因应"古今中外"四重语境。此文在新的时代语境下，言之有物地显示了《文史哲》创刊之际所奠定的古典学术与时代精神深度交融的刊风基因的持久生命力，有助于提醒人们充分正视学术期刊办刊传统的承传与更新问题。

最后我想说，尽管晓东一直在抓住各种机会谋求在学者编辑岗位上实现"自我"，但学刊编辑的日常工作确实充满了"舍我随人"的"无我"要求。作为编辑，他必须定期审阅自然来稿，为约稿、审稿、编稿而接触自己原本陌生、原本未必感兴趣的领域，编发自己在观点、思路上未必尽然认同的文章，花许多时间对学者（尤其是他所在的哲学专业的学者）往往轻视的语法、标点、用词、文献问题字斟句酌、严加审核。诚如他在本书《跋》中所言，"学者编辑"是一种充满矛盾的双重身份，如何"切割时间、分配心思"的纠结无处不在。本书显示，晓东正在非常自觉地面对这些矛盾与纠结，正在通过《论"学者办刊"》这样的文章探索症结所在，尝试用"学刊专职编辑主持实用编委工作室""把学术论坛变成干编辑的工作现场"等设想与实践化解矛盾与纠结。看来，他并不打算在双重身份间顾此（学者）失彼（编辑），而是希望创造出更综合的理念与模式一并成全二者。毫无疑问，这是个难度巨大的长期课题。看到晓东锲而不舍地念兹在兹，作为《文史哲》工作的主持人和长辈，我由衷地欣赏他这股志气，并祝福这位倔强的学者编辑职业生涯行稳致远！

序二

见证预流的学术

陈卫平[1]

这本书记录了一个年轻人在《文史哲》干了六年编辑的经历，以及对于如何干好编辑的思考。我从未有过在学术刊物做编辑的经历，要说和"编辑"沾点边的，就是在中小学和知青下乡期间"编辑"过黑板报。因此，我实在不是为此书写序的合适人选。在邹晓东的执意邀请之下，只能勉为其难。我和晓东并不很熟，在《文史哲》的一些会议上见过面，也看过他写的两部著作《意志与真知——学庸之异》《性善与治教》，给我的印象是颇善哲理分析。读了这本著作，我觉得他是把哲理分析的头脑运用到了对编辑工作的思考上。

我在学术道路上得到过《文史哲》编辑的扶植[2]，也参与过这本

---

[1] 陈卫平，华东师范大学哲学系教授、博士生导师，尼山世界儒学中心学术委员会副主任，国际儒学联合会理事，中国哲学史学会原副会长，中华孔子学会原副会长。

[2] 我最早发表在《文史哲》的论文，是该刊1992年第2期的《明清之际西方传教士的天主教儒学化》，而且是这期的头条。当时我41岁，不认识《文史哲》的任何人，而编辑陈绍燕给我回复了既热情又学术的信件，不久他来上海出差，特意到华东师范大学看望我。这些给了我很大的也是难以忘怀的鼓励。

书提及的几次人文高端论坛等活动，与该刊现任主编王学典和前两任主编蔡德贵、陈炎都是年龄相近的朋友。和前些年不幸病逝的陈炎一起，2003年秋天我们同在台湾，一到休息日就结伴旅游。有一次，台湾朋友开车陪我们玩，半途车子掉进高山的路沟，我俩从侧翻的车子中爬出来，颇为狼狈，幸好有惊无险。因为这些，我于《文史哲》怀有特别的亲切感。晓东的这本书使我的这种感情更深了一层，因为它让我比较深入地知晓其成为名刊的秘诀。下面说的是对于这本书的读后感。

晓东写的这些文章有三个特点：实践性、概括性、前瞻性。

首先，实践性。书名中的"干"字凸显了这一点，即所言所思都是源自"干"的实践。尽管作者原初想做个学者，但他"干"了编辑之后，确实是真"干"，开始从实践中学习如何做个好编辑，探索如何提升刊物的质量。印象最为深刻的是关于"如何加强编委会建设"的论述，它认为现在很多刊物聘请学术"大咖"组成编委会，这样的"门面编委"固然有一定作用，但从更好发挥"引领"和"创新"的作用来说，需要建立由刊物编辑主持的"实用编委工作室"，使学者和编辑一起策划选题、审稿、约稿。对此，晓东提出了一些切实的可操作的措施。这样的认识和对策，没有"干"的实践是不可能提出来的。

其次，概括性。这表现在两个方面：一，对于改革开放以来关于如何干好学术刊物编辑的讨论做了概括；二，对于《文史哲》在改革开放以来如何办刊的历程做了概括。前者集中于作者概括的"七个关系"："类工作"与创造性工作的关系、编辑身份与学者身份的关系、配合刊物举宏观学术大旗与探索具体新知的关系、扎实守成与开拓工作新局面的关系、服从程序与精英人治的关系、立足中国传统与面向世界学术的关系、马克思主义理论与一般人文学术的关系。后者就是作者所谓的"预见大势、介入大势、见证大势",并以相关的事例进行了说明。

最后,前瞻性。上述两方面概括,其实质指向便是该书《跋》中所说的"预流",即如何以史为鉴,"得预"学术之新潮流①。这一旨趣意味着,作者关注当下如何"预流"的问题,这就是其前瞻性。《文史哲》主编王学典提出了这样的预见:新中国的人文学术正在经历第三次大转型。此前的第一次大转型是1949年以后从民国学术到新中国学术,第二次大转型是1978年以后从"以阶级斗争为纲"的人文社会科学到"以现代化(现代西方是其标杆)为纲",而第三次大转型就是走向"以本土化(中国化)为纲"。本书的第三、四、五编的文章大多体现了对这一前瞻性预见的论证和思考。

接着"预流"的话题,从编辑与作者、刊物与读者的角度谈点意见。就编辑与作者的关系来说,刊物需要"预流"学术新潮流,特别需要注重发现、扶植年轻作者。因为预示学术新潮流的新概念、新领域、新思想往往首先是由他们提出来的。年轻作者作为学术新潮流的先锋和弄潮儿,这一点,《文史哲》是有切身体会的。1954年该刊发表了两位年轻人关于《红楼梦》研究的文章,由此引发的讨论成为上述当代中国人文学术第一次大转型的标志性事件。这被毛泽东称为"事情是两个'小人物'做起来的,而'大人物'往往不注意,并往往加以拦阻"②。

毛泽东对于青年人何以更能发明创造做过思考。他说:"青年人比老年人强,贫人、贱人、被人们看不起的人、地位低的人,大部分发明创造,占百分之七十以上,都是他们干的。百分之三十的中

---

① 陈寅恪在陈垣的《敦煌劫余录》序文中,认为学术要"预流",即"得预"学术新潮流,否则,就是"未入流"。
② 《毛泽东文集》第六卷,人民出版社,1999年版,第352页。

老年而有干劲的，也有发明创造。这种三七开的比例，为什么如此，值得大家深深地想一想。结论就是因为他们贫贱低微，生力旺盛，迷信较少，顾虑少，天不怕，地不怕，敢想敢说敢干。"①这个结论不见得无可商，但它认为"贫贱低微"与"生力旺盛"有着内在联系则是有一定道理的。因此，刊物编辑鼓励学术地位低微的年轻作者，激发他们生力旺盛的学术创新，是刊物"得预"学术新潮流的重要基础。现在大多数刊物为了追求引用率、转载率，很少发表年轻人的文章。按照毛泽东上述的说法，似乎刊物上文章的作者应当青年人占七成。这也许很难做到，但青年作者要有较高的比例，则是应该提倡的。从晓东的文章中不难看到，注意"小人物"的传统，正在《文史哲》干编辑的实践中得到继承发扬。这必将助力于《文史哲》在共和国人文学术第三次大转型中实现"得预"学术新潮流的办刊境界。

刊物出来了，是为了给人看的。因此，这就需要了解一下在读者的眼光里什么样的文章是具有"预流"的意义的。按照本书作者自己的体会，可以用心头一"震"、眼前一"亮"来概括。所谓心头一"震"，就是揭示了时代迫切需要回答的问题，颠覆了原先以为天经地义的定论。在上述1978年由真理标准大讨论引发的在学术领域破除"以阶级斗争为纲"的潮流中发表的某些文章就起到了这样的作用。《读书》在当时之所以洛阳纸贵，就在于那里总有这样的文章。"不入主流，难成一流"，似乎已为学术刊物界所公认。入主流就是要关注时代问题，但这绝不是套用、注解某些宣传口号，而是要把时代课题转化为具体的学术问题，使读者从中感受到时代的脉动。所谓眼前一"亮"，就是打开了学术研究的新视野，看到了学术

---

① 《毛泽东文艺论集》，中央文献出版社，2002年版，第241页。

研究的新方向。以中国哲学史研究来说，20世纪80年代李泽厚发表的论文总能引起人们的关注，究其原因就在于它们提供了新的研究视野和研究方向，比如救亡与启蒙的关系、心理积淀与思想传统的关系等。李泽厚关于这些问题的观点不一定都是对的，重要的是在读者眼前展现了某种另外的可能性。《文史哲》近些年连续举办人文高端论坛、策划重要选题，为的就是要让读者心头一"震"、眼前一"亮"。

写了这些读后感，是希望晓东在今后干编辑的实践中，进一步记录下《文史哲》在共和国人文学术第三次大转型中的"预流"。

目录

第一编 "先成婚后恋爱"

我真能成功入职《文史哲》么？ / 003

一场始料未及的幸福"婚姻" / 006

"古今中外"四重语境下的《文史哲》办刊宗旨 / 010

改革开放以来的《文史哲》办刊历程之我见 / 015

第二编 为"中国人文学术十大热点"鼓与呼

"该人文学者登场了" / 023

"中国人文学术十大热点"是怎样炼成的？ / 029

第三编 亲历儒学与自由主义的新一轮对话

自由主义从激进转向务实 / 045

执笔邀请函：初稿与定稿 / 055

儒学与自由主义对话：替代还是融合 / 058

第四编　和《文史哲》一起触碰大议题

重估孟荀二分的传统儒学格局 / 079

重审儒学与"五四"的关系 / 086

《文史哲》与"中国哲学的合法性问题"大讨论 / 095

第五编　预见大势、介入大势、见证大势

西方学界近年儒学研究新动向 / 135

儒学与"五四"能和解吗？ / 155

迎接共和国人文学术的第三次大转型 / 169

第六编　如何面对学者、编辑双重身份

我所想到的"七个关系" / 183

论"学者办刊" / 196

把学术论坛变成"干编辑"的工作现场 / 221

跋　愿有识之士教我 / 239

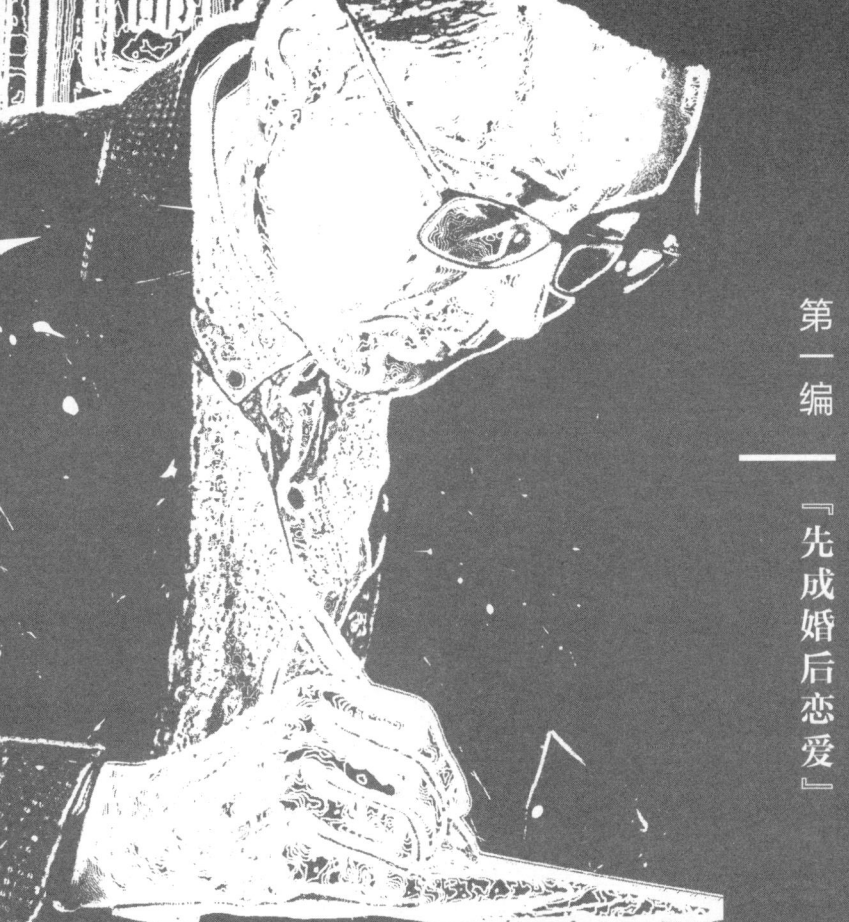

第一编

『先成婚后恋爱』

在成功入职山东大学《文史哲》编辑部之际，我感到自己犹如一艘小船，终于赶在坏天气来临之前驶进了一片相对安全的水域。说"相对安全"，是因我担心编辑杂务深似海，我生怕自己的学术梦就这么抛锚在"为他人作嫁衣裳"的无底洞里边。然而，六年来的实际工作体验则告诉我，"学者办刊"在《文史哲》确实不是一句空言。编研相长，但凡有心，这里的"学者编辑"在识见、交游与写作的境界上，想不进步都难。几年来的工作，以及参与筹备七十周年刊庆等经历，全面刷新了我对《文史哲》刊风基因与现行办刊宗旨的认识与服膺。我相信，我对这份职业已经产生了真爱！本编的文字见证了本书作者心迹的上述演变。

■ 我真能成功入职《文史哲》么？[①]

这两天，我上瘾一般地抱着近来定稿的两篇"雄文"不放。或欣赏其雄伟的引言；或浏览其有模有样的脚注；或修改偶尔发现的小失误，然后用 WPS 生成新的 PDF，把旧版 PDF 覆盖掉。沉迷于这些，是因为现实的处境，让人寂寥怅惘。

该入的职还没入。上周见王学典主编，他居然告诉我，学校有新规定：本硕博学历在同一所学校，则在学期间必须有一年以上国外留学经历，否则不予聘用。在告知这一信息后，他遗憾而坚定地说：当初只是从"应该"的角度接受你来编辑部工作，现在看来这个决定有点草率；我们努力去做学校的工作，但也有可能遇到难以逾越的障碍。

我知道，若如此，说什么都没有用。我还知道，我说什么，都不如王主编去做学校的工作有力度，哪怕他是带着有所保留的心态去做工作。我还想到，我之所以有回山东大学工作的机会，并且这条路能走到现在，全然是因为王主编在学问上对谢文郁老师的信任，以及几次交往之间他对我的判断（如果判为不满意，他早就可以终止进程）。在求职与等待入职这件事情上，我同时感受着世事的有情和无情。

我不想拖泥带水，遂主动随着主编的指示说"那我就回去先做个简历……"，同时做出起身告别的姿态。主编同意，并开始起身相送。我遂相告："反正您对我的情谊，我是放在心里了。"然而，"关山难越，谁悲失路之人"。我想，过了此刻，我们原本日益密切的关系，很可能

---

① 此系 2015 年 4 月 5 日随笔一则。

就要向着"萍水相逢"的方向演化了。

　　岳母、母亲、大姐等人还在家里。我想，我暂时不能透露这个消息。也许，在完全失败之前，也不要跟妻子田芳分享了吧。我似乎也需要这种沉默与孤立，以酝酿面对急难险关的勇气和力量。然而，稍后去接田芳的时候，还是轻描淡写地向她透露了。她说：我说呢，你接我电话那么不耐烦，我猜就可能有什么事。然后，田芳轻松地告诉我：你的博士后经历，可以代替两校经历或留学经历。这重复常识般的诉说，正与我的遮遮掩掩，形成一正一反的对照。这下，我才想起，以前打印并仔细阅读过的招聘标准，确实有这么一项规定。——危机似乎解除了，立马短信告知王学典主编。我能够感受到他的振奋，同时，他还说"生怕亏待了你"。尽管如此，我还是染上了比以往更重的危机感。

　　看着手中的这两篇论文，我心里不止一次地称呼"雄文"。"文章千古事，得失寸心知。"我从北京大学转了一圈，外表虽不如意，内心的学术尺度却日益清晰自信。在我看来，这两篇新作基本能胜任"学术+思想+新意"这个非常不低的标准。多么希望能赶快安顿下来，在从事编辑工作的同时，继续产出这样的高标准作品啊。现实的处境是多么地耽误人、耽误事！

　　这些天，我努力回顾、体察：这一年来的蹉跎，究竟怎样增益了我的心智？我一直没有找到一个清晰的轨迹。只记得当初第一次见王学典主编（亦是儒学高等研究院执行副院长），他说只能为我提供《文史哲》编务这个岗位。那时，我略表犹豫，而后坚决接受。这既是因为没有选择的余地，也是因为我深知刊物平台的重要。

　　记得谢文郁老师曾说："我们要成为一个学派，需要有人进编辑部。"这个人，在我看来也许会是别人，我基本上没想过会是我。在我的意识中，编辑无论如何是个服务性的职位，是"为他人作嫁衣裳"，难免分散宝贵的学术精力。然而，如果我不接受，我将彻底丧失进入山东大学这种级别的大学工作的机会。从更低的起点往上爬，其间的各种蹂躏、钻营，所耗费的恐绝不只是一个学刊编务的精力。更何况，做《文史哲》的编务绝不会是一味的损耗，其中蕴含着各种各样的学术机遇。实际上，我之前曾有过虚无缥缈的"染指"《文史哲》的念头，只是在那时看来这念头丝毫不切实际，我自己从未把偶然冒出的这种念头真当回事。而现在，进《文史哲》编辑部竟成为我唯一的选项。

第一次见面之后，王学典主编即安排我面见现任编务兼副主编。稍后，我发短信给王主编表决心：半年之内暂时放下自己的事，全力学习编务。王主编对这一表态十分高兴。然后，不久我们就回北京了。再然后，我们于五月初，把家搬回了济南——在没有工资的情况下，在山大五宿舍租了一套房子。房子在顶层六楼，租金相对便宜一点，然而对我膝盖疼的母亲来说很不合适。到目前为止，向大姑借款2万元（之前已因故借款3万元有余），妈妈带来1万元，加上田芳前段时间获得的高达6万元还是8万元的奖学金，我们在经济上能够撑持。然而，这种临时的维持，何时画上句号呢？

去年，大概是11月——我真的记不清楚了——《文史哲》编辑部去南山开务虚会。作为尚未正式入职的编外人员，我被邀请一并与会。对于一颗等待中的心来说，这是一种安慰。会上，我最后发言，谈了三点观察：(1) 中国哲学学科尚未形成核心竞争力，《文史哲》应该有意识地予以促进；(2) 儒家和基督教之间互有情绪，《文史哲》应推动这种情绪释放为高质量的学术成果；(3) 结合燕京学堂事件，我提出，可以着眼于推动西方哲学成为中文学术有机组成部分，发表一些西方哲学文章。对此，王学典主编评价说"很有洞察力"，略做解释并均表赞同。如此一来一往，我算是找到了一点角色感。

然而，入职一事尚未尘埃落定，且不知会否前功尽弃。心情的上述跌宕，乃是多么令人难堪的煎熬！

■ 一场始料未及的幸福"婚姻"[1]

2014—2015年,我正处于从北京大学哲学系博士后工作站出站找工作的关口,经历了一系列碰壁之后,我终于在王学典主编领导的《文史哲》编辑部暨儒学高等研究院(简称"儒高院")获得了机会。后来听同事说,在商议此人是否可用时,学典主编曾在同事们传阅我的学术简历时表示:"这个年轻人抓了这么多哲学研究领域,我们如果能给他一个机会,对他、对我们应该都是好事!"

我之所以能"抓"那么多研究领域,是因为在山东大学读研究生期间,每年都跟着谢文郁教授为不同博士生专设的读书课精读一部西学经典(通常读不完),并围绕所读经典写一篇能达到发表水平的学术论文,而我的博士毕业论文(大论文)做的则是中国儒家哲学(史)。这种每年钻研一本不同领域的代表性经典,直到钻探出活水的"打井"式训练,虽让我受益匪浅,但在找工作之际却使我遭遇了尴尬:在当今中国二级学科壁垒森严的哲学(史)研究界,"抓那么多研究领域"就等于(显得)"你没有专业领域"。一个初出茅庐的求职者,是几乎没有资格和机会对此加以申辩的。然而,《文史哲》暨儒高院收留了我。怀着难以言表的感激,我曾不止一次对人说:"《文史哲》暨儒高院的收留,为我节省了十年苦熬!"

---

[1] 原题《我与〈文史哲〉:一场始料未及的幸福"婚姻"》,原载《山东大学报》,2021年5月26日,第8版;压缩版以《在这里开阔学术视野,习得创新能力》为题,载《光明日报》,2021年5月14日,第9版。

然而，我的志向是"做学者"，在获得来《文史哲》编辑部工作这个机会之前，我从未打算"干编辑"。在第一次与"白眉大侠"王学典主编面谈时，我就问道："那我——还有时间做学问吗？"王主编脸上快速掠过了一丝不易觉察的迟疑，然后告诉我："这个工作对你绝对是个大锻炼！就拿我自己来说吧，这个工作强迫我阅读很多不是我专业领域的优秀论文，大大开阔了我的学术视野。"好吧，听起来不错——更何况，我根本没有任何更好的选项，只能勉强"成婚"。

在一段时间内，我一直排斥自己的编辑身份。在向人介绍自己时，我总是首先强调自己是儒高院的教师；在发表论文时，我甚至一度不愿署上"《文史哲》编辑部"这个工作单位。直到出版第二本小专著（《性善与治教》）时，我仍在致谢中公然表示，自己"始终面临着'究竟如何在学者和编辑这两重身份之间切割时间、分配心思'的纠结"——然而，在这同一篇致谢中我也发自内心承认，这种双重身份，以及使我肩挑这双重身份的工作处境，乃是一种"福气"。

"福气"从何谈起呢？首先，在过去十余年间，《文史哲》在创刊之际所奠定的古典研究与时代精神密切互动的刊风基因，被大大地激活了。自2008年举办"中国文论遗产的继承与重构"研讨会、呼吁"中国文化发展战略应作方向性调整"以来，《文史哲》编辑部每1—2年便会举行一次"小规模、高层次、大动作"的人文高端论坛。通过参与筹办并聆听论坛、编发相关论文、撰写论坛述评与长篇侧记，我们这些"学者编辑"不但轮番接受着不同学科的高规格"再教育"，而且在短短几年之内就会熟悉许多不同领域乃至不同学科的顶尖学者及其专长——学术识见想不开阔都难！我在学期间"抓那么多研究领域"，非但不再显为一种劣势，较之这种与日俱增的开阔度，简直就是小巫见大巫。

其次，在王学典主编带动下，《文史哲》编辑部近年来强烈关注中国人文学术的宏观走势，自2015年起，更与《中华读书报》联袂评选发布"年度中国人文学术十大热点"。我原本以为自己得等到50岁以后才有资格涉猎的诸如"儒学与马克思主义的关系问题""西方学术话语体系能否准确呈现中国""中国哲学的危机与新生""人文学术的本土化转向""儒学与自由主义的对话""建构中国气派和中国风格的学术话语""古今中西关系再平衡""共和国人文学术的第三次大转型"等与时代同频共振的大议题与大视角，纷纷走进我的职业生涯。这些宏大议题与宏观视角，除带动包括我在内的编辑部同仁在办刊过程中更好地"认识中国、了解中国"，更有针对性地"弘扬中国精神、凝聚中国力量"外，还促使我更直接地思考自己的古典研究和当下时代的关系。可以说，没有这种工作环境的长时间促动，我就不会有动力和激情，那么早地撰写并出版自己的兼具思想探索与现实关怀的第二本小专著（《性善与治教》）。《文史哲》的工作，确实在成就我的学者生涯！当初有点无奈的结合，竟成了始料未及的幸福"婚姻"。

除审编稿件、参与学术会务之外，作为对这种充满"福气"的工作环境的额外回报，这些年来，我先后撰写发表了《"中国人文学术十大热点"是怎样炼成的？》《儒学与"五四"能和解吗？》《迎接共和国人文学术的第三次大转型》等为《文史哲》鼓与呼的整版文章。而这些回报，对我来说，又何尝不是沉甸甸的收获？——学术识见上的收获、个人名声上的收获！更重要的是，这种个人收获，紧密地联系着国家的文运，并有可能与国运、文运一起见证世界文明格局的长远演化。

提到"国运""文运"这一话题，我想特别强调，包括我在内的《文史哲》人，都不是狭隘的民族主义者！《文史哲》人清醒地知道，"古今中外"交汇语境下的"中国哲学社会科学话语体系建设"既不可能一味复古，也不可能自我封闭。但我们也清楚地知道，妄自菲薄或自我迷失绝非健康的"进步""开放"姿态。只有在立足本土传统并面向世界学术资源的同时，不断努力生发经得起全人类普遍推敲的论题与理论,才是"守正创新"的靠谱途径。习近平总书记在给《文史哲》编辑部全体编辑人员的回信中所指出的"增强做中国人的骨气和底气",归根结底也要落实到这种学术思想的创新能力上去。为建立、维护这种能力,《文史哲》人(编者与作者)必须本着"引领创新"的初心,持之以恒、久久为功!

■ "古今中外"四重语境下的《文史哲》办刊宗旨[①]

《习近平总书记给〈文史哲〉编辑部全体编辑人员的回信》(简称《总书记回信》或《回信》),对新的时代条件下的中国文化与文科学术期刊建设的大方向,进行了高瞻远瞩的指导。这一指导涉及"古今中外"四重语境的每个方面,要求我们自觉树立中国主体意识("增强做中国人的骨气和底气"),"推动中华优秀传统文化创造性转化、创新性发展"(这涉及"古今"关系),"促进中外学术交流"(这涉及"中外"关系)。《文史哲》现行办刊宗旨,恰好与这一指导精神高度契合。笔者认为,在山东大学、在山东大学儒学高等研究院,尤其是在山东大学《文史哲》编辑部,深入学习、深刻领会、生动实践《总书记回信》精神,理应高度重视对《文史哲》现行办刊宗旨的认识与贯彻。总书记在《回信》中说"你们付出的努力值得肯定",这当然也是对《文史哲》现行办刊宗旨的肯定!

《文史哲》现行办刊宗旨是对其既往办刊风格的创造性概括与提升。其原来的办刊宗旨是"严肃严谨,求是求真,繁荣学术,扶植新人",始见于1998年第2期,主要在强调一般意义上的扎实学风与服务学界的办刊态度,并非对办刊的学术旨趣的自觉概括与宣示。2006年底,在现任主编王学典教授主持下,经当时编辑部全体人员认真推敲和权衡,《文史哲》确立了新的办刊宗旨——"昌明传统学术,锻铸人文新知,植根汉语世界,融入全球文明"。该办刊宗旨首次出现在2007年第1期

[①] 原载《中华读书报》,2021年5月19日,头版头条+第5版。

目录页二右上角,自此以后在每期《文史哲》同一位置出现。这一现行办刊宗旨,简明扼要地囊括了当今中国人文学术所处的"古今中外"四重语境("传统学术"代表"古","人文新知"注重"今","汉语世界"强调"中","全球文明"放眼"外"),不偏不倚地提示了因应这四重语境的应然之道(分别是"昌明""锻铸""植根""融入"),标志着《文史哲》再次找到了自己的时代定位与学术纲领。总书记在《回信》中所要求的"历史和现实、理论和实践相结合",在上述办刊宗旨中同样有着深刻、活泼的体现。

以下,我们结合《文史哲》在21世纪以来的办刊历程,看看"昌明传统学术,锻铸人文新知,植根汉语世界,融入全球文明"这一办刊宗旨,具体是如何因应"古今中外"这四重语境的。这一考察,本质上也是对《总书记回信》精神的一次再学习。

为深刻理解《文史哲》和中国人文学术在21世纪以来的历程,我们须将目光扩展到晚清以来的"数千年未有之大变局"上。时至今日,我们不难承认,近代以来的西方冲击与西学东渐,从总体上改变了传统中国的面貌。在器物层面,中国已经成为"科学技术是第一生产力"观念的坚定服膺者,且正在由全球工厂(中国制造)向技术创新大国(中国创造)努力迈进。在制度层面,"自由""平等""公正""法治"等更多地是由"五四"新文化运动所舶入、所强化起来的现代观念(尽管本土传统文化也在一定意义上蕴含相关基因),已经被正式写入社会主义核心价值观。在文化层面,与当今国际上流行的"多元主义"口号相适应,"文化多元"的格局在中国事实上已然形成,传统"和而不同""和谐"观念之被挖掘、被推崇与此不无关系。可以说,现当代西方文明已经对现当代中国进行了不可逆转的重塑,任何针对这种"现代化"进程的大规模盲目逆转都会在下一阶段迎来反拨。

然而,尽管这种不可逆转的"中国现代化"进程是由西方冲击触发的,并至少在长达一百年的时间里深受西学东渐驱动,但一些根深蒂固的本土传统"文化—心理"结构,仍始终在潜移默化地对现当代中国现实进程发挥范导作用,而使当今中国的政治制度、人际关系、家庭观念等明显带有与当代欧美不同的特色。究竟如何看待这些"特色",如何看待与之相应的传统"文化—心理"结构?是将它们视为合理的乃至值得鼓励的存在,还是将它们视为有待进一步革除的旧传统"尾巴"?这是一个关系着中国文化与制度建设接下来走向的大问题。

严格来讲,这一问题无法通过刚性的学理推究予以回答。正如面对"1840年以来中国面对西方列强屡战屡败,进而发现中国在科学和制度两方面皆不如西方"的巨大负面现实,"五四"新文化运动人"知耻而后勇",对传统果断采取了"激进打倒"的态度与措施那样,当今中国持续向好以至复兴在望的发展态势,加之数千年来绵延不绝的文明统绪,在新的时代语境下亦以一种"事实胜于雄辩"的姿态重新激活了"中国主体"意识,为重新正视、继承发扬、转化发展本土传统"特色"文化基因注入了强大的现实底气。在世纪之交与21世纪初,有诸多现象和迹象表明,学界和国人正在经历这种心态转型。

《文史哲》人较早、较自觉地捕捉到了这一时代精神的变迁动向。2007年,《文史哲》正式将办刊宗旨确立为"昌明传统学术,锻铸人文新知,植根汉语世界,融入全球文明",正是其敏于感知时代精神的集中体现。该宗旨,对《文史哲》主打中国古典人文学术的固有办刊风格,进行了带有导向性的新提炼——在揭示当今中国人文学术所处的"古今中外"四重语境的同时,稳健地表达了《文史哲》面对这四重语境的策略与追求。在此后迄今的十余年间,《文史哲》在王学典主编带领下持之以恒地践行着这一宗旨;而这十余年间的国际、国内大环境与精神气候的继续变迁,也一再印证着该办刊宗旨确实充满了远见。

就"昌明传统学术"这条宗旨而言,《文史哲》于2001年(在现行办刊宗旨确立之前)依托"首届东方美学国际学术会议"刊发的"重估东方美学的世界地位"笔谈,以及《文史哲》编辑部于2008年(在现行办刊宗旨确立之后）举办的以反思"中国文论的失语问题"为契机、以呼吁"中国文化发展战略应作方向性调整"为落脚点的"中国文论遗产的继承与重构"人文高端论坛，二者一脉相承地体现了《文史哲》与中国人文学界相当一部分学者重振中国传统学术的心声。而置身"五四"新文化运动"打孔家店"以来的反传统大潮中看，《文史哲》杂志自2013年开始设立《重估儒学价值》栏目，则可谓是最醒目、最具针对性与标志意义的"昌明传统学术"举措（儒学无疑是中国传统文化的主干）。与此相关的栏目设置还有《疑古与释古》《文史新考》《审美文化研究》《儒学研究》等，相关作者与编者一道助力打造了《文史哲》"厚重古典研究"刊风的基本面。

再看"植根汉语世界"。如前所述，当今"中国主体"意识的苏醒，与当今中国蒸蒸日上的国运现实息息相关。这一背景下的"昌明传统学术"，因而必然有其间接或直接的现实关怀。以冯天瑜的《"封建"考论》出版及其影响持续发酵为契机，《文史哲》编辑部于2010年举办的"秦至清末：中国社会形态问题"人文高端论坛，以及《文史哲》杂志所设立的《中国社会形态问题》专栏，不但"以今（最新的政治哲学理念）观古"地对"秦至清末中国社会形态"提出了一系列新估，而且也在古典研究允许的范围内折射了一系列"以古观今"的洞见。这是古典人文研究不纯走逃避现实的"象牙塔"路线，而在各种许可范围内努力"植根汉语世界"现实这一旨趣的一种体现。至于2015、2017、2018年三度举办的"儒学与自由主义的对话"人文高端论坛，更是直接体现了从古典研究的深海浮出当代现实水面的情怀。

仅有"昌明传统学术"与"植根汉语世界"这两条宗旨，对一份主打中国古典研究的名刊来说是否足够呢？答案是否定的！在"古今中外"交汇的四重语境下，无论是"昌明传统学术"还是"植根汉语世界"，毫无疑问都既不可能是一味复古，也不可能是自我封闭。

《文史哲》久久为功对"秦至清末传统中国社会形态"的重估，本身就是在当代视角下进行的"重估"。《文史哲》近年来锐意推动的"儒学与自由主义的对话",更是直接将本土古典资源同现当代西方主流意识形态摆列一台,试图在与现当代西学资源深度切磋的基础上打造"儒家或东方生活方式"的当代版本。而正如爆发于21世纪初、迄今余音不绝的"中国哲学的合法性"问题大讨论(《文史哲》有幸刊发这场大讨论的三个导火索文本之一)所显示的那样,任何旨在"昌明传统学术"的"重估"与"打造",归根结底都要落到"锻铸人文新知"这一实处。《文史哲》人清醒地知道,中国传统学术真正昌明之际,必然也是它大量生发能经得起国际学界普遍推敲的论题与理论之时。

"古今中外"四重语境下的"锻铸人文新知",断不是关起门用"拿来"的衣装将"旧货"外在地包装一番就可以实现的,而是必须拿出"融入全球文明"的巨大勇气和恒久劳作,脱胎换骨般地促成中华传统文化的"创造性转化、创新性发展"。就此而言,《文史哲》中文版《海外中国学研究》栏目的设立、其对汉语西学研究状况的反映,就绝不只是一种为了使刊物形象"好看"的装饰,而是内在地从属于"昌明传统学术,锻铸人文新知"这一充满张力的时代目标。类似地,《文史哲》国际版(JOCH)的创办,除了具有助力中国文化"走出去"、平衡中西相互了解严重"不对称"格局(当代中国对西方文化的了解远远超过当代西方对中国文化的了解)的功能之外,同时也有着"放马过去"近距离察看国际学界的学术反应,以便谋求更行之有效的"昌明传统学术,锻铸人文新知,植根汉语世界,融入全球文明"之道的深层考虑。

上述这一切,都与《总书记回信》的宏阔立意相吻合。可以说,对《文史哲》办刊宗旨"昌明传统学术,锻铸人文新知,植根汉语世界,融入全球文明"进行全面、深刻的认识与贯彻,就是对《习近平总书记给〈文史哲〉编辑部全体编辑人员的回信》嘱托的生动实践!

■ 改革开放以来的《文史哲》办刊历程之我见[①]

20世纪迄今，中国思想界主要有三大支配性思想派别，它们分别是：中国文化保守主义、舶自近现代西方的自由主义、经由俄国认识的马克思主义。在20世纪的前两次大规模思想文化与政治运动（新文化运动、思想改造运动）中，后者依次取代了前者原先据有的支配性地位。

改革开放以来，马克思主义继续在意识形态领域保持主导地位，上述三大思想派别所构成的具体格局，则进入了深刻的调整期。一方面，经由新文化运动入驻中国的自由主义，始终以"在野"的身份在知识界长期保持影响力；另一方面，在新文化运动期间被打倒在地的以儒学为代表的中国传统文化，扛过了1980年代的"反传统"时风之后，在学界、民间持续升温。进入21世纪以来，中国人文学术气候的变迁趋向日渐明朗："现代化=西方化=自由主义化"这一公式，被日益自觉的"中国主体"意识与"本土化"转向所平衡。

《文史哲》在改革开放尤其是21世纪以来的办刊历程，正是上述调整与变迁的见证。我们从以下五个方面简述之：

其一，改革开放以来的文艺学先是在思想解放的新时期语境下，较大程度地迅速恢复了在"思想改造"与"1950年代美学大讨论"期间深受批判的文艺独立倾向，继而在长期维持多元并存格局的基础上，于21

[①] 原题《当代中国人文学术的"本土化"转向》，原载王学典主编，陈峰、李梅、邹晓东著：《〈文史哲〉与中国人文学术七十年（1951～2021）》，山东大学出版社，2021年。此系该书第三编引言。

世纪以来表现出向本土文艺传统寻根的意向。

文艺独立是自由主义政治观在文艺以及学术领域的延伸。新文化运动期间，为了打破传统儒家政治与儒家价值观的主导与牢笼，以陈独秀为代表的新文化运动旗手曾发出过"学术独立""文学独立""史学独立""音乐独立""医药、拳技独立"等呼吁。由于"为文学的文学""为艺术的艺术"等主张具有脱离政治现实、拒绝政治领导的倾向，以毛泽东为代表的中国共产党人在领导中国红色革命过程中，通过《在延安文艺座谈会上的讲话》（1942）等文献与措施对之进行了坚决的纠正。这种纠正在共和国建政初期的"思想改造"运动中得以全面铺开，1950年代的美学大讨论之所以重点批判朱光潜此前的美学思想，根本原因在于这种康德-克罗齐式美学思路鼓吹"直觉""移情""距离""超功利""纯形式""无所为而为地关照"，"主张艺术脱离现实而另造一世界"。这种纠正（思想改造）在"文革"期间走向极端，使"百花齐放、百家争鸣"的文艺与学术方针暂时彻底沦为昙花一现，对整个国家的文艺与学术事业造成了有目共睹的抑制与破坏。"文革"刚刚结束，中国文艺界便痛定思痛，大范围地热烈讨论《人民日报》于1977年12月31日刊发的《毛主席给陈毅同志谈诗的一封信》（毛泽东在这封信中正面谈论形象思维），通过为"形象思维"正名，解除了套在广大文艺工作者头上的"紧箍"。此后，在思想解放的春风与改革开放的大潮鼓荡下，中国文艺界一直在"四项基本原则"等政治底线的约束下，享有较大程度的创作、研究，以及引进西方文艺流派与思潮的自由。新文化运动时期的"文艺独立"情结，在改革开放以来的多元化格局中，很大程度上成为了现实。

但"多元化"并不意味着"均等化"，在特定时势下，不同的"元"在感染力、影响力方面，实际上是存在巨大差异的。作为对上一时期教条主义意识形态极端盛行局面的反拨，新时期的文艺独立运动尤其青睐带有"反封建""反传统"（在崇尚"独立""自由"价值的新文化运动叙事中,"封建"与"传统"是不可分割的一体两面)性质的西方现代、后现代思潮。这就导致了一个尴尬的局面:在中国大陆以自己的"特色"鲜明的制度安排,而非一味照搬西方发达国家政治模式日益复兴之际,包括文艺学在内的当代中国人文话语,却仍然陷溺于一些学者所谓的"文化殖民"境地。换言之,21世纪前后的中国人文话语,与当今中国的"特色"现实明显疏离,既无力解释亦无心去支撑正在来临的中国复兴。

文艺学研究界的一些中外学人,对这种不匹配做出了意味深长的反应。其中,中、日、韩三国学者的"重估东方美学的世界地位"笔谈(2001),以及与反思"中国文论的失语问题"密切相关的"中国文论遗产的继承与重构"人文高端论坛(2008),尤能体现中国主体意识的苏醒。在向学界报道2008年的这场人文高端论坛时,《文史哲》同仁指出"中国文化发展战略应作方向性调整"。以中国文论为例,用曹顺庆的话说就是,重建中国文论之路在于中国文论的中国化。

其二,中国历史学界不断突破固有理论及概念牢笼,通过触摸本土历史经验探索本土历史理论。

针对上一时期学界流行的原有套路,在《文史哲》专栏《中国社会形态问题》上发表的一系列研究论文纷纷指出,"五种生产方式"概念不适切中国古代社会现实,国家"权力"较单纯"经济"因素对中国传统社会更具主导力。在拿捏新术语重新概括秦至清末中国社会性质的过程中,学者们深深认识到:相关历史研究绝对绕不开"中国史观"的重建问题,对传统中国社会形态的重估必须与带有本土气派的历史理论探索同步推进。在2010年举办的题为"秦至清末:中国社会形态问题"的《文史哲》人文高端论坛期间与之后,对"国家权力主导"论的揭橥、对"传统中国专制"说的矫正、对"华夏国家起源"理论的新探等,一直在不断刷新着学界对传统中国社会形态的史实认知与价值判断。

其三,21世纪初,中国哲学界爆发了声势浩大的"中国哲学的合法性问题"大讨论,中国哲学的特质论与优越论、西方哲学的普世论或中心主义,以及各种在这两个极端之间徘徊、调和的观点在这场大讨论中纷纷登场。

中国哲学(史)学科自20世纪初建立之日起,便始终面临着"依傍西方哲学"(认为这种"依傍"损害了中国哲学的固有特质)与"中国没有哲学"(认为相关的中国传统思想不配被称为"哲学")的双重指摘。后者出自以黑格尔为代表的西方中心主义者。前者来自中国学术传统内部,蕴含着对西方中心主义的不满,但囿于长期低迷的国运和悬殊的中西实力对比,一直缺乏大张旗鼓表达诉求的主客观条件。随着改革开放以来中国国运的持续向好,中国主体意识日趋自觉,中国学界用包括"中国哲学"在内的本土传统文化资源为中国立言的意向日渐萌生。21世纪初的"中国哲学的合法性问题"大讨论,正是在此背景下爆发的。这场大讨论的导火索文本之一——王元化先生署名的《关于中西哲学与文化的对话》长篇学术访谈——正是在2002年的《文史哲》上刊发的。此后,《文史哲》又先后从这场新世纪大讨论中引申出了"中国哲学话语体系的范式转换"(2009)、"如何构建中国特色哲学社会科学体系"(2018)这两个充满建设性的议题设置,在古今中外四重语境下探讨非复古、非封闭的本土人文话语系统的建构途径。

其四,以儒学为代表的传统文化持续复兴,"重估儒学价值"成为醒目的研究议题。

如果说发生在20世纪中国的"反传统"运动是以"五四"新文化运动"打孔家店"为开端和最醒目的标志的话,那么,21世纪以来日趋明朗的中国人文学术的"本土化"转向便理应以"重估儒学价值"为枢纽。在世纪之交、纪念五四运动80周年的1999年之际,"五四运动的反省与超越""五四运动与传统文化"等议题就已经是学界热点。进入21世纪以来,"德治""和谐"等传统儒学元素被陆续吸纳为治国理政的思想资源。中共十八大以来,高层更是有意识地释放出鼓励中华优秀传统文化复兴的信号。2013年,习近平总书记考察曲阜,强调孔子及儒家思想是中华民族传统文化的重要组成部分,在中国历史上发挥了极为重要的作用。与上述从总体上积极估计儒学价值的趋向相呼应,2013年,《文史哲》杂志开始设立《重估儒学价值》栏目,并于2015、2017、2018年三度举办"儒学与自由主义的对话"人文高端论坛。2019年,《文史哲》编辑部更是以"儒学价值及其现代命运"人文高端论坛纪念五四运动100周年,"儒学与'五四'的和解"问题在本次论坛的专题报道中被明确点了出来。

在《文史哲》主编及团队的策划推动下,儒学与自由主义在中国本土迎来新一轮对话。与新文化运动时期,儒学在那一轮对话中主要是被动挨打不同,本轮对话由预见到了中国人文学术正在进入"本土化"转向的学术机构搭台,先后围绕"'性本善'还是'性本恶'""'贤能政治'的可行性及其限度""个体与社群孰先孰后"议题展开。本着"不入主流,难成一流"的意识,以王学典主编为代表的《文史哲》同仁深刻认识到,以儒学为代表的中国传统文化必须和在世界上占主流地位的思潮、理论展开对话,只有通过这种层次的对话中国文化才能为世界所理解和接受,也只有在诸如此类的对话过程中本土传统文化才能实现创造性的现代转化。

其五,包括《文史哲》在内,一系列学术刊物创办英文版,助力中国文化走向世界。

当今正和平崛起的中国,是一个经历了长达一个世纪的"反传统"风潮激荡的中国,也是一个经历过全方位的"西学东渐"与"改革开放"重塑的中国。当下之中国对西方与西学的显性认知,甚至超过了对自己的历史与传统的了解和珍视。然而,本土历史与文化传统通过深层的"历史积淀",事实上仍在活生生地影响着当代中国,构成支撑中国"特色"发展模式的"文化—心理"结构因素。我们看到,在经历经济、社会高速发展的基础上,当下的中国正在自觉调用传统文化资源,以求更深刻地认识自己的来路、更好地规划自己的去向。相比之下,西方"发达"国家由于习惯了居于"中心"的优势地位,其对中国现实、文化、历史的了解远不及中国对西方的了解。一方面,中国持续攀升的综合国力与世界影响力,要求中国必须建构与之相匹配的文化软实力;另一方面,由于对中国文化传统缺乏深入系统的了解,西方世界惯于使用"国强必霸"的逻辑,观察中国的复兴及其对欧美文明构成的"挑战"。《文史哲》国际版(JOCH)以及其他各种汉语学刊英文版的创办,一个重要使命便是帮助西方学界更好地理解人文中国。

融古典学术研究与现实关怀于一体,是《文史哲》创刊之际便已奠立的刊风基因,是《文史哲》70年来绵延不绝的办刊传统。这一基因和传统,在改革开放以来的《文史哲》办刊历程中,日益获得了创造性发展。今天的中国比历史上的任何时期都更接近中华民族伟大复兴的目标。伟大的复兴,内在地要求伟大的文化引领与文化支撑。对本土优秀传统文化进行创造性转化、创新性发展,使之更有效地为当今所用、为后世续航的任务,正变得比以往任何时候都更加迫切;助力中国文化走出去、通过人文学术交流增进中外相互了解的实际需求,也比以往任何时候都更有必要更上一层楼。在新时代条件下,《文史哲》理应长足发扬融古典学术研究与现实关怀于一体的办刊传统,在百年未有的世界大变局中为国家和人类文运的亨通做出自己应有的贡献。

第二编

为『中国人文学术十大热点』鼓与呼

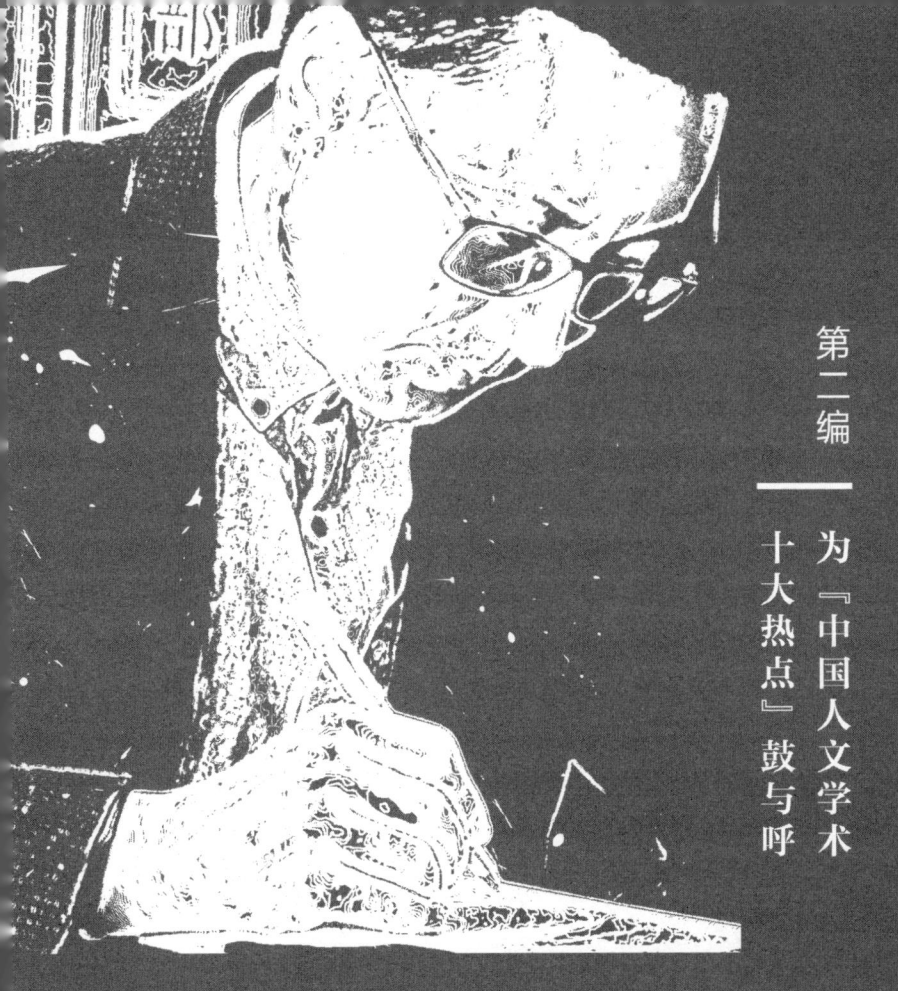

  学术期刊本质上是一种媒体，是众多学术研究成果的首轮传播者，力争上游的学术期刊必须争取一流的学术知名度和传播力。和《中华读书报》一起评选、发布"年度中国人文学术十大热点"，正是《文史哲》杂志近年来进行知名度和传播力建设的重要措施，每年的春季也因此成为《文史哲》编辑部一年之中最繁忙、最热闹的时节。"热点"评选与发布活动本身也需预热、加热，尤其是在起步之际。2015年，处于"拟聘任"状态的我，有幸全程参与首届"中国人文学术十大热点"的出炉，并实录发布会现场的热议和鼓励。四年后，在年度"中国人文学术十大热点"连续第五次发布之际，我又撰文用"短时间隧道意义上的创造性历史记录"概念为这项事业鼓与呼。

■ "该人文学者登场了"[①]

——"2014年度中国人文学术十大热点"发布会学者评议实录

按： 当今中国的精神气候正在经历深刻重构，《文史哲》杂志与《中华读书报》联合评选发布"年度中国人文学术十大热点"，既是想为后世留一份学术备忘录，更是想通过精心呈现优质学术公共话题，介入当今中国人文学术的重塑。本文是与会学者在2015年首发式上评议"2014年度中国人文学术十大热点"之实录，整理发表这篇实录之际，笔者尚不是《文史哲》编辑部的正式一员。此番参与"《文史哲》杂志第五届人文高端论坛"筹办、参与"热点"文案推敲、在论坛上作学术发言、会后撰写发表多篇报道的过程，既是我与《文史哲》编辑部的一次亲密接触，事后想来，又不啻一场大型综合面试。

2015年5月1日，济南，由《文史哲》杂志与《中华读书报》联合评出的"2014年度中国人文学术十大热点"在《文史哲》主办的第五届人文高端论坛上正式发布。参加论坛的学界名家对评选结果讨论热烈。以下是评议实录：

王学典（《文史哲》主编）："2014年度中国人文学术十大热点"的评选活动是由《文史哲》和《中华读书报》两家联合主办。这一活动的初衷就是推动大家对人文学术的高度关注。

[①] 据研讨会现场录音及速记档案整理，原载《中华读书报》，2015年5月6日，头版。收入此书时有所修订。

我个人有一个稍微大一点的观察，那就是最近两三年以来，整个人文研究的精神气候正在重构。我的判断是在未来一段时间之内，社会科学高速发展的局面将盛况不再。与社会科学高速发展三十年的终结相对应，人文学术重新主流化的局面会出现。正因如此，我们认为启动这项活动的时机非常成熟。至于如何保证这个评选活动的权威性，我们两家编辑部非常广泛地征求了各界学者的意见，最初选出了五十个学术热点，然后经过一轮评审淘汰掉三十个，最终从剩余热点中评定了现在大家所看到的十项学术热点。

我们的评选活动在多大程度上具有权威性，将由在座的诸位做一个初步的鉴定。我们会陈述具体内容、入选理由，请大家做出评判。这个活动是第一次进行，我们也想一直坚持下去，所以评选活动存在哪些问题，操作性如何强化，权威性怎样保证，也需要在座的诸位专家给我们提出意见。我先讲到这里，下面由王玮先生从他的角度谈一谈。

王玮（《中华读书报》总编辑）：中国的人文学术离开我们社会生活的中心舞台已经很久了。在一个崇尚物质的时代，人文学术被边缘化是必然的。现在中国的经济发展、社会发展已经到了我们开始很有信心谈论中华民族伟大复兴的时候，我觉得民族复兴的一个重要标志就是中国的人文理想、价值理念被世界认同，也就是说，中国的人文价值追求、中国的发展道路能够成为世界的人文价值理想、世界的发展道路。如果这一点做不到，说"伟大复兴"，恐怕不够。

中华民族伟大复兴的使命最终要由人文方面的建树来实现，所以王学典教授提出来做这个活动我们觉得非常好，我们两家的合作也是想推动中国人文学术的进步，为中华民族伟大复兴的实现做出自己的一些贡献。希望大家多多指点，帮助我们把这项工作做好，一年一年坚持下去，做成一个品牌。

《文史哲》副主编周广璜公布"2014年度中国人文学术十大热点"及解析辞。十大热点条目如下：1.马克思主义与儒学的关系引起空前关注；2. 皮凯蒂《21世纪资本论》中译本出版，以《资本论》为代表的马克思主义重回学界视野；3. 习近平在文艺工作座谈会上的讲话：文学艺术发展出现方向性转折；4. 从"燕京学堂"事件到"新清史"论争：西方学术话语体系能否准确呈现中国？5. 民国学术评价问题引发热议；6. 简帛文献等新材料的整理与研究进一步深入；7. 政治儒学与陆台新儒家之争；8. 明清钓鱼岛文献与甲午战争诗歌研究；9. "历史虚无主义"概念引发普遍关切；10. 汤一介、庞朴、田余庆等著名学者辞世，古典学术传承问题备受瞩目。）

高全喜（北京航空航天大学人文与社会科学高等研究院教授、院长）：我觉得最近关于何为中国、边疆地理这一方面关注的比较多，应该入选"十大热点"。

王学典：我们的评选寻找的是一些带有标志性的东西——它的研究一直在持续，而这一年度恰好有某些标志性的东西，以此来作为当年入选的理由。如果一项研究一直很热，但是没有标志性的东西，我们也无法把它选入其中。

萧功秦（上海师范大学历史系教授）：我想强调一点，第十条当中"国宝""大师""泰斗"这样的评价过高了，能够认可这一说法的估计20%不到，80%的人不会认同，因为他们的缺陷太大了。我认为他们只是一些处在旧的范式和新的范式的转变当中的过渡性人物，有很多的弱点。这里对他们的评价降低了我们对"国宝"的标准，隐性成本极高。

陈明（首都师范大学哲学系教授）：当年张岱年被称为"国宝"的时候，我就对《南方周末》的记者发表了一个看法：一个国家可以没有国宝和大师，但是不能没有国宝和大师的标准，因为那只会意味着永远失去了产生国宝和大师的可能。像田余庆先生是我的同乡，我对他的敬意是很多的，但他完全是在陈寅恪所开创的路数之下从事研究。那些人成为大师，陈寅恪该怎么办？不过，作为媒体这样说也可以，因为如果太较真就犯了我当年的错误。当时因为这样说，好多人说我不厚道。

林安梧（台湾慈济大学宗教与人文研究所教授）：我个人的看法是，像这样一个提法提出来，变成一种话语大家来讨论就是很有价值的。至于国宝或者大师的标准，我也不认为他们的古典学术就是好，现在古典学术好的也有一些人。

关于政治儒学的讨论用这个方式提出来是不错的，我觉得那不是港台和大陆的问题，因为我不认为李明辉代表港台，太老旧了。这样的十个热点提出来以后，诸多评论再引申出来，这个意义是很大的，包括刚刚谈到的那些争议。我也看到现在年轻一辈在古典学术上真的成长起来了，而那一代人是被牺牲的，他们的古典能力和上一代差太远，跟下一代比我想又有差距，这是真的。

陈明：刚才说的港台儒学和大陆儒学，本质上应该是一个中国现代儒学和当代儒学的关系，只是因为当时讲习惯了，就把它们导向了一个横向的空间关系，实际上是时间的关系，这一点最好能够指明。

林安梧：港台儒学至少存在三四个流派，当然有一些是比较低调，这一点都是可以讨论的。一个话题提出来讨论是最有价值的，不是把这个话题定下来。这个评选在语句的使用上其实已经很努力地避免政治化，我觉得这一点相当好。我非常赞同"历史虚无主义"这一条的表达，这样的一种表达把一个可能是政治意识形态的问题，转到学术的，包括方法论的讨论之中。

高全喜：热点问题毕竟不是纯学术研究以及成果的展示。我觉得这十条还算是学术层面的热点，它倒并不标志着学术层面的代表作。有一些很好的研究，但没有变成话题。

王学典：学术热点与学术水准严格说来是两个问题，或者像林先生刚才说的，我们是想从中锻造公众学术话题。选出的这十点，如果有两三个能够变成公共学术话题，变成2015年的话题或者今后几年的话题，我们的目的就达到了。

萧功秦：其中有两三个话题我根本不知道，所以我要去看一看，不能落伍了。

原祖杰（四川大学历史文化学院教授）：我有点感慨，这么重要的工作怎么现在才做。你们这个点子确实非常好。"十大热点"中的第一条的提炼是一个新的方法。我们提出一个热点，要么是新观点，要么是新方法，要么就是新材料。我看到这些"热点"以后，一个是感到这个工作的必要性，另外一个就是反映中国的一些问题，真正能够体现新方法、新观点的问题，这种热点太少了。

谢文郁（山东大学哲学与社会发展学院教授）：我基本上是对这次选出的"十大热点"表示赞赏，认为会有很好的影响。刚才陈明强调了港台儒学和大陆儒学时间上的先后关系，我觉得目前我们在阐述这些热点的时候非常强调"和谐"。港台深受西方所谓自由民主的影响，这一话语体系大大限制了它，使得它在寻找中国未来政治制度的时候一定要局限在西方的框架之内；而我们目前所谈的是，应该就在符合中国历史传统的政治气氛里面去寻找，我们的根基应该从我们的传统里面去找。我认为这是两种非常核心性的、本质上的不同，不是纯时间上的问题。

孙向晨（复旦大学哲学学院教授、院长）：首先表示祝贺，这是非常好的十大话题。我以前也参与过一些热点评选，平心而论这个评选还是比较好的，起码从我的角度来讲是这样。热点的评选要真正能反映出这个时代的状况，无论这些话语是在体制之内还是体制之外，是在核心刊物上的还是在辑刊上的。只要形成了人文领域中的热点，就应该加以反映，不管是通过哪个载体表现出来的，要有这个眼光。在咱们这个之外，另外也有些评选可能太注重学界内部重要学者的意见，提出的内容太体制化了，对于很多社会热点把握得还不够，不能反映出社会的真实状况。我自己是做近代西方哲学研究的，从培根到笛卡尔，从霍布斯到休谟，从帕斯卡尔到斯宾诺莎等，所有这些时代的开创性人物都是在当时的大学之外的，是他们，而不是当时大学的那些教授们，才是时代精神的真正体现者。我们要注意到转型时代的特点，一定要真正体现整个社会的热点，包括体制外的、以各种方式呈现出来的东西，只要它是一个真正有生命力的、鲜活的东西。祝贺《文史哲》和《中华读书报》的评选能够反映出这个时代的热点。

王学典：非常感谢大家的意见，我们感到收获非常大。第一次做这个活动，在准确性上存在很多问题。因为这个活动上马很仓促，包括活动的安排都是临时的打算。好在得到了这么多先生的支持，使我们也富有底气；大家对这项活动的肯定，也坚定了我们继续做下去的信心。

刚才也跟各位说了，最近人文学术、人文学者非常忙。当然，社会科学家同样忙，经济学家也到处被请，但是人文学家被请的频率越来越高。这就意味着人文学术重新主流化的时代已经到来。我个人认为，目前的中国主流社会科学，包括经济学、政治学、法学，走到了一个需要与中国人文价值再结合的关口，以便更好地解释中国经验、认识真正的中国。这样，人文学术的地位就被空前地突出出来了。加上王玮兄所说的，我们国家的建设也达到了这个层次，人文学术精神的重建被历史性地提上日程。这两方面共同促使人文学术成为焦点。所以我们发布"2014年度中国人文学术十大热点"，想"火上浇油"，进一步把这个趋势向前推进。对在座的诸位热心于这项活动，给予我们这么多建议，表示由衷的感谢，也希望随着人文学术的主流化，大家会越来越忙；大家越忙，这个时代就会越正确。如果都是政治学家、经济学家，都是林毅夫、吴敬琏在发言的话不行，事实上他们已经说了三十年了，现在该人文学者登场了！

■ "中国人文学术十大热点"是怎样炼成的？[①]

按：2019年早春，在本年度人文高端论坛筹备会上，王学典主编代表编辑部将撰文回顾"年度中国人文学术十大热点"五年历程的任务交给了我，并说"先写写看看"。本文写作中，我铆足了劲儿，努力将自己的最佳识见开发出来，贯注进去！约一个月后，在第二次筹备会前一天，我将初稿发到了编辑部微信工作群里。第二天下午正式开会前，王学典主编高兴地对我说："一中午没休息，在看你这篇文章！写得很好！"刘京希副主编稍后帮我处理了一些表述，王学典主编则为之重拟了这个类似"钢铁是怎样炼成的"的题目，此文就算大功告成。那时，我想：与有荣焉，能为《文史哲》鼓与呼！

一、"五年一小庆"

2015年5月1日，《文史哲》杂志与《中华读书报》首度联合发布"中国人文学术十大热点"，以下为"2014年度中国人文学术十大热点"之首条"马克思主义与儒学的关系引起空前关注"的解析辞（节录）：

> 20世纪的中国是在反传统中度过的……近三十年来，如何看待儒学在当代社会的存在和地位，主流意识形态的态度始终暧昧……

[①] 原载《中华读书报》，2019年5月15日，头版头条+第5版整版。由于版面容量限制，报纸版略有压缩。此系原稿。

中国已经走出剧烈动荡的激进年代,和平崛起的历史任务,内在地要求主流意识形态向更具包容性与建设性的方向演进……马克思主义与儒学的关系问题遂引起空前关注。

上述融历史纵深、时代张力于一体的首条热点解析辞甫一登场,便令与闻者心头一震:眼下这个时代,究竟是否容得下这般识见与勇气?

迄今,这台由名刊和名报联手打造的"选秀"大戏,已经成为中国人文学界的年度惯例。越来越多的学者,如今每逢仲春、暮春,都会隐隐约约想起:该到《文史哲》杂志与《中华读书报》联袂盘点往年中国人文学术论题的时节了!

在《文史哲》杂志与《中华读书报》启动自己的学术热点评选活动之前,《学术月刊》杂志社早已联合《光明日报》理论部等单位,连续十三年(始于2003年)发布"年度中国十大学术热点"了。该活动堪称中国人文社科热点评选领域的"老大哥"。然而,盖因缺乏有力道的同

2015年,《文史哲》杂志与《中华读书报》首次联袂评选发布上一年度中国人文学术十大热点;2019年,本书作者撰写发表《"中国人文学术十大热点"是怎样炼成的?》,对五年来的尝试进行阶段性回顾与总结

台竞技者，再加上其"热点"侧重于社会科学领域，该活动虽一枝独秀，却始终有形单影只之憾。2015年，《文史哲》杂志与《中华读书报》携其棱角分明、刚健有力的热点条目与深度解析辞入场之后，中国人文社科学界的热点评选与发布这潭水，似乎一下子热闹了起来。

热点评选与发布行当被全面激活的具体表现之一就是，"老大哥"（以《学术月刊》和《光明日报》为代表的"年度中国十大学术热点"评选发布者）盖有所触动，故不动声色地全面提升了热点论证与热点发布的规格。具体表现之二是，创刊四年来一直生龙活虎的《南国学术》杂志，于2018年3月联手澳门科技大学社会和文化研究所，向学界郑重抛出了他们组织遴选的"2017年度中国历史学研究十大热点"，并于2019年3月再次发布"2018年度中国历史学研究十大热点"——试图另辟"专业化"蹊径，在热点评选与发布的"朝阳产业"当中抢占属于自己的盘面。以上这两个情况，在一定程度上皆可视为《文史哲》杂志与《中华读书报》联手入市之后，所造成的"溢出"效应。

《文史哲》杂志与《中华读书报》联合评选发布的"年度中国人文学术十大热点"之所以会在学界造成比较明显的"搅动"效应，原因在于：它具有醒目的"介入"性。热点标题与解析辞，既力求深度介入学界动态，也追求有效介入当下时代。这种双重"介入"，其实也是一种双重"冒险"。前者，介入得越深，就越难回避"学术评价的客观性"这个老生常谈的大难题（热点评选，无疑是一种评价）。后者，不管介入得深还是浅，总会触及"学术与意识形态的关系"这一敏感问题（意识形态毕竟是"时代"的重要组成部分）。

值得庆幸的是，这桩事业就这样，一年年地累积了起来。俗话说，"十年一大庆，五年一小庆"。庆的是过去，但干事创业之人，心中所系的则是未来。值此五周年节点，回望我们的"盘点"之路，将我们在这些年的摸索中形成的理念、策略、愿景，稍稍整理一番，向学界诸君汇报，并聆听诸君点评，无疑会有助于这项事业在将来更上一层楼！

二、制造"学术现象",弘扬"高级趣味"

据说,美国新闻人号称持守"我来过,我走了,此地没有发生过事情"的职业信条,强调新闻工作不介入所报道的事态这一原则。那么,由杂志和报纸联合举办的学术热点评选与发布活动,是否也具有"新闻性",而应尽量持守"不介入"的原则呢?实际上,即便在严格意义上的"新闻"行业内部,"不介入"也只是一种不切实际的职业理想。任何采访与报道,首先是记者与媒体被相关事态吸引,接着便是记者与媒体以采访和报道的方式介入这些吸引他们的事态——报道所引发的社会效应姑且不表,仅采访期间的交往、交谈,就足以影响涉事者的情绪和观念,并因此而对事态之"所是"造成影响。然而,在不曾认真审视过这个问题,动不动就急于标榜"客观""中立"的现代人那里,上述似是而非的"不介入"理想,却正有着广阔而巨大的市场。

回到"年度中国人文学术十大热点"评选这桩事业——现在,我们正生逢"大数据"时代,鼓吹"客观""中立"信条的人或许会说:"热点"之"热",不正在于点击量高、谈论者多吗?"学术热点评选"这种事儿,何不干脆直接用"数量统计"说话?相比之下,所谓"介入式的热点评选与发布模式",岂不正容易被主事者与从事者的"主观偏好"所诱导,乃至为不透明的"人为操纵"大开后门吗?

不得不承认,人文学术热点评选与发布,总体上属于学术评价活动。许多学者和读者也确实都希望,学术评价活动能早日成熟到"科学的数学化"程度。在当今中国部分高校,"用数量说话"的学术评价与管理办法正大行其道,但具体做法无非就是"按既定的指标数数儿"。这样做,有它的便利之处:可以把评判责任一干二净地推给数字("宁信度,无自信也"),斩钉截铁地将纠纷降到最低程度。但恶劣处则在于:它直接导致裁判者"重量,不重质",竞争者"不做学术,做指标"。——原本想引进一位铁面无私的数字法官,协助驱逐学术界中不成器的"低级趣味儿",到头来,学界之中反而人人觉得有必要招待好各种"低级趣味儿",以便帮助自己"凑数儿"。毕竟,在不讲究"识见"的数字法官面前,"低级趣味儿"也是真金白银的生产力!

但学术的本性,毕竟还是倾向于让"高级趣味"得天下。一个相关表现就是,在极力于"数数儿"游戏中周旋、腾挪、拓展生存空间的同时,学者们普遍开始对"恶法导致低级趣味儿泛滥"的弊病指摘不断。而鉴于怨声载道的舆论压力,各种量化测评机构遂不得不更积极地尝试调整自己的计分方案——增设或废除某些因子,升高或降低某些因子的权重——以使自己的测算结果,尽量吻合某些明显的学界评价共识。由此观之,学界与刊界非但不应拱手将评价权让给量化测算(评价)机构,反而宜尽可能地制造识别度较高的"学术现象",标举成色更足的"高级趣味",以此迫使这些机构参照"内行"之人的眼界,去矫正其测算模型。《文史哲》杂志与《中华读书报》的同仁们,在2014年底、2015年初首次启动"年度中国人文学术十大热点"评选活动之际,虽尚未考虑得这么清晰,但总归也正是本着"面向人文学术这件事情本身"的念头,才冒险开始了这项"介入式的热点评选与发布"事业。

真正意义上的"人文学术热点",与其说是一个截止到某时刻的"数量统计"概念,不如说是一个指向未来的"传染态势"概念。确实,虽有新意但传播乏力的新奇见解,无论如何都算不得当下的"热点"。就此而言,拥有可观的点击率和被言说频率,乃是"人文学术热点"的基本指标。然而,这只是一个必要指标;并且,何为"可观的点击率和被言说频率",也无法一概而论。考虑到学术界金字塔中下部(以学力论),云集着基数巨大的平凡者群体,若仅按点击率和被言说频次测算,则"热点统计"之结果,恐怕只能是"过气的大路货云集"。而学者从内心深处感兴趣的"人文学术热点",则是那些充满新意或至少是卷土重来的,且能与时代风气持续、深入地交互作用的论题。这种论题往往先是在少数学人中间兴起,但在学界金字塔中上部(以学力论)极具感染力，且容易引发一系列争议。这种带着强劲的感染力与争议性的新兴论题，才是"学"本位意义上的"热点"！《文史哲》杂志与《中华读书报》所力图追踪的，正是这种"人文学术热点"。

随着时间的流逝，越来越多的学者和读者日益明显地感受到：在《文史哲》杂志与《中华读书报》联手发布的前三届年度热点中，诸如2014年度的"马克思主义与儒学的关系引起空前关注""从'燕京学堂'事件到'新清史'论争：西方学术话语体系能否准确呈现中国？""民国学术评价问题引发热议""政治儒学与陆台新儒家之争"；2015年度的"坚守启蒙，还是光大传统：学界纪念《新青年》创刊一百周年"；2016年度的"哲学社会科学工作座谈会召开，'本土化'渐成人文研究之主流取向""自由主义遭遇大面积质疑，学术气候正在发生重大变迁""贝淡宁《贤能政治》出版，政治治理的中国模式再引全球热议"等条目，确实合乎"带着强劲的感染力与争议性的新兴论题"这一"人文学术热点"的"高级趣味"标准。

当然了，也许还有其他"带着更强劲的感染力与更强劲的争议性的新兴论题"，被《文史哲》杂志与《中华读书报》"年度中国人文学术十大热点"评选与发布活动，不小心遗漏过去甚或（在一些评论者看来）故意视而不见了。没办法，人文学术研究与评价，就是带有这种"测不准"性——热点评选与发布，因而极易招致新的争议，从而酿成新"热点"。在未来，学界或可顺势组建专门的平台，鼓励各种学术热点评选与发布机构，以及不同层次的学者，品论各种"学术热点"评选结果之得失。唯有如此，各种或明或暗的"介入性"，才能在全方位的角力中不断"面向人文学术这件事情本身"，不断达至相对"平衡"之格局，而更有效地弘扬"高级学术趣味"。

令人欣喜的是，在过去几年中，《文史哲》杂志与《中华读书报》这桩"制造学术现象""弘扬高级趣味"的新事业，确乎在一定程度上，起到了"促使量化评价机构矫正其测算模型或测算结果"的正面作用。

而纵观六十八年的办刊历史,则可以说,"年度中国人文学术十大热点"评选与发布活动,再次激活了《文史哲》在汉语学界所扮演的角色。目前,这份素有"高校文科学报之王"雅号的老牌名刊,在主流的指标式评价体系中的位阶正稳步上升,"年度中国人文学术十大热点"评选与发布活动与有功焉!

三、预见大势、介入大势、见证大势

  人文学术热点之评选与发布,主事者胸中必须有大势!如若不求捕捉"大势",别说"年度十大",就是"年度三十大""年度五十大",甚至"年度一百大",也找得出来。但效果又会如何呢?"科学"气质较重的人文学者,往往青睐"客观地反映或中立地复现"之类的学术理念,认为年度人文学术热点的评选与发布应如实反映当年的学术活动数据。且不说"大数据"有太多维度,变换观察角度,数据所反映的"热点面相"甚至会变得迥然不同。只说一点:如果连续几年"客观地反映或中立地复现"出来的"热点",都是转瞬即逝的昙花一现之物,串联起来支离破碎,根本不足以解释这几年的人文学术走向——试问,这样的"学术热点评选与发布"还能维持得住人气,并促进人文学界的自我认识吗?

  前面已经指出,再专业的新闻报道,严格来讲,亦无法"置身事外"。记者之所以愿意采访,媒体之所以愿意报道某事态,归根结底是因为该事态的"新闻价值"吸引了记者和媒体。在"吸引"与"被吸引"的意义上,记者、媒体与事态原本就是连为一体的;后来的采访与报道,只不过是这种"连为一体之事态"在时间中的继续扩展罢了。只要想想那些因上了新闻,而得到实质性关照或帮助的幸运者,这种"一体性"就一点也不难承认。类似地,"人文学术热点之评选与发布"必然是对人文学界当下态势的深度"介入",其目的是:通过聚焦高品位的学术现象，协助学者深化对学界与学术现状的认识。学者一旦受此影响而强化、深化甚至改变了自己的原有认识，则严格来讲，学界的学术现状便与之俱变。受此影响的学者越多，其原有认识被强化、深化、改变的程度越重，"学术热点评选与发布"对学界当下态势的"介入"就越深。就此而言，"学术热点评选与发布"作为一种"介入式评价活动"，其"客观性"或"公正性"根本不可能是截止到某时刻的"数据统计"意义上的一锤子买卖。学术热点评选与发布的"实在性"，归根结底只能在学界多方的长期互评中，以"学术声誉"或"公信力"的形式慢慢析出。既然如此，光明磊落的行事者，与其力不从心地抵制"介入的主观性"（归根结底是在抵制介入者自己的学术识见），因畏惧俗见而似是而非或装模作样地矢口否认，倒不如勇敢、积极地利用之。"勇敢"的意思，就是坦然面对发布之后的"多方评判"。这，就是《文史哲》杂志与《中华读书报》的"介入式的热点评选与发布模式"的方法论原理。

　　《文史哲》杂志与《中华读书报》携相关同仁，在热点评选上的"介入"力度到底有多大，其具体手法又是如何呢？兹举几例，略加叙说，亦让读者了解部分内情。

　　2016年，在官方、民间多轮呼应之后，以儒学为代表的传统文化复兴基调已然显题化。在这一年的9月3日，上海儒学院在复旦大学高调揭牌成立。不久之后，2017年1月，中共中央办公厅、国务院办公厅联合印发《关于实施中华优秀传统文化传承发展工程的意见》，将"着力构建中华优秀传统文化传承发展体系"确立为"建设社会主义文化强国的重大战略任务"。此时，恰值《文史哲》杂志与《中华读书报》正紧锣密鼓地组织"2016年度中国人文学术十大热点"评选时节。原本，"上海儒学院成立大会暨学术研讨会"已然引起较大关注，就现象的显示度而言，可谓理当入选。而此时，又有岁末年初两办所印发文件的加持，其宏观意义之大更是自不待言。

但问题在于，早在发布"2014年度中国人文学术十大热点"之际，相关同仁们即已经预感到中国人文学术格局正在进入深刻的变迁期。本文开头引述的2014年度热点之首条，已经高屋建瓴地从"和平崛起的历史任务，内在地要求主流意识形态向更具包容性与建设性的方向演进"的角度，对以儒学为代表的传统文化复兴现象（官方提倡是重要表征之一）进行了解说。"2015年度中国人文学术十大热点"第6条，则以"坚守启蒙，还是光大传统：学界纪念《新青年》创刊一百周年"的名义，从现当代中国思想史角度，对"当今传统文化尤其是儒学全面复兴的大潮"，进行了另一番追问与解析。有此两大条目在先，2016年上海儒学院成立之事即便再显眼，似乎也不值得作为儒学或传统文化复兴的例证，塞进"2016年度中国人文学术十大热点"中去再炒一番了。

当此两难之际，《文史哲》主编王学典教授慧眼独具地指出：在当下之中国，传统文化尤其是儒学研究机构如雨后春笋，让人应接不暇，乃至产生审美疲劳——但上海儒学院的成立，何以仍令学界关注？毫无疑问，这是因为上海拥有举足轻重的地缘优势！那么，这种地缘优势在历史上是如何形成的，对儒学又意味着什么呢？上海之所以具有独特的地位，岂不正因它先是作为"十里洋场"成为"西化的中国大都市"，后又在改革开放中成为"市场化"的"现代中国大都市"之典范？而"西化""市场化""现代化"，不正是近代以来，中国传统文化尤其是儒学最突出的博弈对手？此言一出，举座叹服，后经多番锤炼，遂有了"上海儒学院成立，儒学与市场的博弈进入新阶段"这一"2016年度中国人文学术十大热点"第5条。

在"2016年度中国人文学术十大热点"发布仪式现场，该条热点一石激起千层浪。一方面，多位来自上海、北京等地的儒学学者，在座谈环节诧异："与市场的博弈"这一提法究竟是凭什么提炼出来的？另一方面，与会者又受此"博弈"论启发，进而发现："上海儒学院"之成立，其中确实蕴含着学术与权力、保守与开放、地域与地域等多重博弈。围绕该热点条目与解析辞的评议，仿佛又酿成了一条"新热点"。

就本文上节提出的"热点是带着强劲的传染性势能的新兴论题"这一界定而言，从发布现场的热烈反应来看，"上海儒学院成立，儒学与市场的博弈进入新阶段"入选"2016年度中国人文学术十大热点"，可谓当之无愧。特别是与会者们根据自己所掌握的情况，较为集中地严肃质疑该热点标题后半句"是怎么来的"。这反过来说明：在专家学者们心目中，《文史哲》杂志与《中华读书报》充满介入性的"年度中国人文学术十大热点"评选与发布活动，总体上还是以"学界的学术现象"为依据的（否则，又何必去计较"与市场"这三字的出处问题呢？）。

现在来看，锲而不舍地追踪并显示"当下中国人文学术之气候与格局的重大变动"，构成了这五届"年度中国人文学术十大热点"一以贯之的活灵魂。每个年度，总会有大约六成热点与此直接相关。每一年，都会有感受到这个"活灵魂"的读者如此疑虑：主事者对于"大势"的这种概括，是不是操之过急了呢？对此，也许可以反过来这样看：如果每年都能举出大约六条表征"中国人文学术之气候与格局正在经历重大变迁"的"现象级"论题，那么，可不可以至少在"触动学界进一步正视并深入思考"的意义上得出"当下中国人文学术之气候与格局进入重大变动期"的总体判断呢？前面指出，"人文学术热点评选与发布"的初衷就是，通过托举典型"现象"，协助学者深化对学术大势的认识。没有足够的簇集效应，反而完不成"显示大势"这个任务。

实际上，《文史哲》杂志与《中华读书报》当初之所以决定从2015年开始评选发布上一年度的中国人文学术十大热点，正是因为相关同仁一叶知秋般地及时感受到了这场正在热身中的深刻变动。而正是因为有了这种"预见"般的心理准备，参与"年度中国人文学术十大热点"评选与发布活动的同仁们，才能始终怀着创业般的热情，持续酿造出饱含着学术识见与思想张力的热点标题与热点解析辞。其中，"张力"是指：尽管主事者对"时代大势"有自己的判断，但细心的读者会发现，操刀人在凝练热点标题与解析辞时，实际上更在意用观察视角和问题意识夺人，而非一味儿向读者漫灌"大势"。

例如：2014年度热点第1条，其实是将"马克思主义与儒学的关系"作为一个问题呈现出来的；第4条在凸显学界的"本土化"与"民族文化的主体性"诉求的同时，标题用的却是问句，意在引导读者思考"西方学术话语体系能否准确呈现中国"。

又如：2014年热点第5条谨依据葛剑雄等学者的异议，指出"民国学术评价问题引发争议"；直等到争议进行了四个年头之后，2017年热点第6条才断言"民国学术被神化的趋势得以遏制"，并接着铺陈出了有待系统探讨的、更大规模的现当代中国学术史问题——"20世纪学术版图如何重绘受到关注"。

再如：2016年热点第3条，表面看是在附从官方推崇"阳明学"之风潮，但细审解析辞却发现，该条委实是在以小见大：将共和国前三十年的哲学学术、改革开放三十年来的中国思想界，以及当下正在发生的新取向并置一框，以充满张力的实际案例，旁敲侧击地呼应"正确处理改革开放前后的社会主义实践探索的关系""以改革开放的眼光看待改革开放"这一极其严肃的时代课题。盲目跟风当然是有失学者身份的，但学者也不宜矫枉过正，任凭特定的逆反心理，坏了自己的宏观学术趣味。

对于那些来头不那么"大"的选题，例如2014年热点第10条"汤一介、庞朴、田余庆等著名学者辞世"，2015年热点第2条"儒学研究呈分化态势"，2016年热点第9条"南昌西汉海昏侯墓墓主身份确定"，2017年热点第9条"张献忠江口沉银得以证实"等条目，热点评选与发布者仍然力求"宏观意义"，而提出了"古典学术传承问题备受瞩目""'宋学'本位，还是回到'汉学'？""公共考古学浮出水面""公众考古学势头强劲"等解析。相形之下，那些尽管也很精彩，但"面上意义"不甚明显的专业选题，在评选与发布活动中，就只好被忍痛割舍了。

平心而论，这种尽量宏大其意旨而力求"拔高"的倾向，恰好与《文史哲》强调"思想性"的办刊传统相吻合。在编审过程中，《文史哲》同仁们时常思考这样一个问题：如何才能维系文史哲三科的有机统一，而非把刊物拆分为"文学研究"+"历史研究"+"哲学研究"之拼盘？基本答案是：只有中等以上宏观程度的视角、问题、思路，才能犹如看不见的手，将论文与论文、学科与学科、过去的《文史哲》与现在的《文史哲》有效关联起来。《文史哲》杂志与《中华读书报》联合举办的"年度中国人文学术十大热点"评选与发布活动，犹如一面放大镜，让读者们进一步看到了《文史哲》力求见证大势、努力为学界发现论题的热情。

四、"在创造历史中记录当下中国人文学术"

2014年12月，《文史哲》杂志主编王学典教授，曾以中国史学理论研究会副会长身份，在河南大学发表《在创造历史中研究历史——"历史与现实关系"的再审视》的演讲。本节的标题"在创造历史中记录当下中国人文学术"，即衍生自这篇演讲的题目。演讲者指出："历史与现实的关系"，"最令人困惑，简直是剪不断理还乱"；无论如何，"生活在现实中的历史学家实际上根本躲不开现实，他就在现实中"；"历史学家不是历史过程、历史变迁的冷眼看客，而是始终身处历史发展的洪流之中"；"换句话说，历史研究的对象实际上是把自己对象化在时间隧道另一端的自我"。史学理论家针对历史研究的这一评论，也完全适用于"年度中国人文学术十大热点"的评选与发布活动。只是，后者的"时间隧道"更短，各种"制约"因素更加突出，故而更需要卓越的"洞察力和判断力"，帮助主事者与从事者更有效地"披沙拣金"。

"事实上，历史学家在以往历史创造中所起的作用被严重低估了。"无论是西方历史学家论述资本主义，还是中国古人编纂"二十四史"，抑或范文澜、翦伯赞、吕振羽分别在《中国通史简编》、《中国史纲》（第一卷）、《简明中国通史》中对"原始社会"种种"无阶级"现象的渲染——"历史学家所传播的历史观点对历史创造者的渗透和支配是一个非常普遍的事实"。总之，"史学家不仅在历史之中，同时更是新的历史的创造者"。"年度中国人文学术十大热点"评选与发布活动，既然具有"短时间隧道"意义上的史学性，那么，出于史学理论与方法论理念的自觉，它便理当追求"在创造历史中记录当下中国人文学术"。这其实也正是前面所谓的"介入式的热点评选与发布模式"的根本旨归。

这五年一路走来，学界现在当愈发能切身感受到：如何理顺中国人文学界在从民国学术向共和国学术转型过程中所奠定的红色基因，及其在改革开放以来所积聚起来的"与世界接轨"的思想学术能量，以及更久远的以儒学为代表的中国传统文化三者之间的关系，已然成为决定着当下中国人文学术去向的重大时代课题。只是在五年前，很少会有人相信，中国人文学术真的将要迎来全局性的时代变迁。如今，随着变迁进程的加深，上述"三方"角力所引发的紧张感，又转而难免使"身在庐山中"人不识此山全貌。术业皆需专攻，《文史哲》杂志和《中华读书报》携相关同仁，凭借学术媒体之优势，五年间，始终坚持"在森林中见树木，以树木表现森林"的热点评选与发布策略。春秋五度，"年度中国人文学术十大热点"不仅呈现了时势，而且以其充满学术与思想张力的刚健解析，深度介入了这期间的学术气候变迁。可以说，《文史哲》杂志与《中华读书报》"年度中国人文学术十大热点"评选与发布活动，已经大致找到了这个时代的"共通感"；"在创造历史中记录当下学术史"的史家情怀，正初步变成现实！

（感谢《文史哲》副主编刘京希教授，协助笔者全面推敲行文细节；感谢《文史哲》史学编辑孙齐博士以及其他同事，提供文献线索与修改建议。）

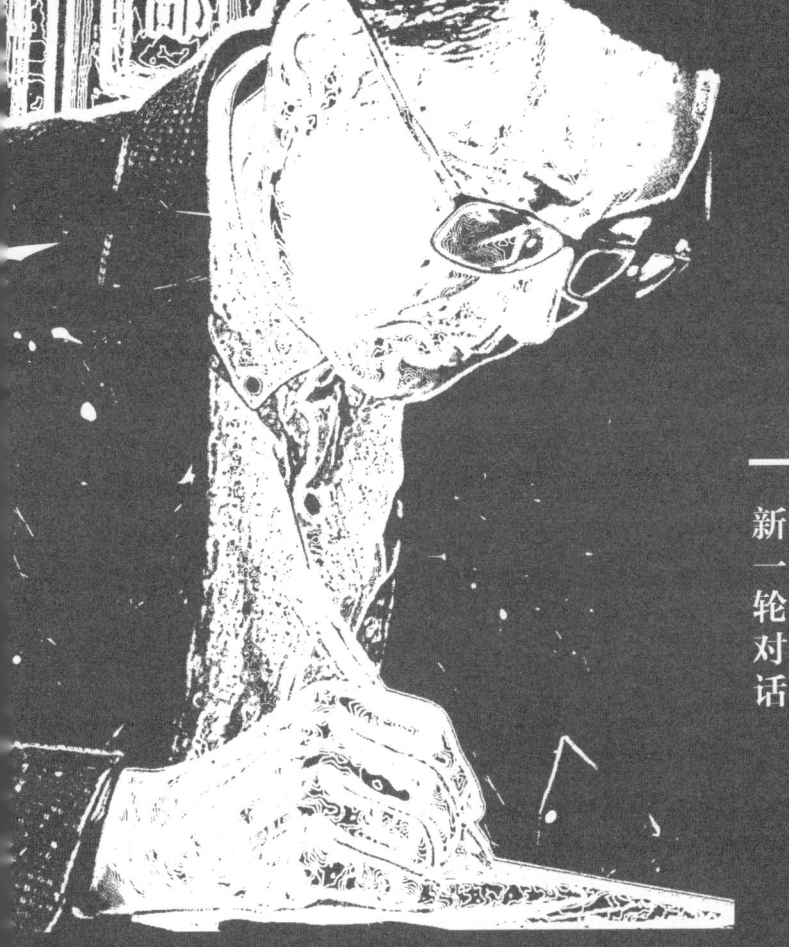

第三编 亲历儒学与自由主义的新一轮对话

"不入主流,难成一流"这句话,对有志于干事创业的群体、单位、个人皆成立。初入学者编辑行当的我,很大程度上并未脱下"在校学生"的皮,总觉得古典研究高贵于当下现实,总担心纯学术研究会被现实关切污损。亲历《文史哲》编辑部举办的三次"儒学与自由主义的对话"人文高端论坛,让我切身体会到了传统"文化—心理"结构的现实生命力。如果说以儒学为代表的中华传统文化需要通过介入当今世界大流才能实现创造性转化、创新性发展的话,那么,我自己的学者编辑生涯也理应广大其眼量,充分正视、有效利用古典学术研究同当下时代课题的血肉联系。读完本编三篇文字,估计读者也会产生这种感受。

自由主义从激进转向务实[①]

——《文史哲》杂志人文高端论坛之五侧记

按：此文系笔者接受"大型综合面试"（参见第二编第一篇文章作者按）期间所作的侧记一篇，反映的是《文史哲》编辑部首度策划举办"儒学与自由主义的对话"人文高端论坛的实况，涉及《文史哲》团队第一次发布"年度中国人文学术十大热点"前夜的忙碌、论坛策划者欲挑动论战但苦于找不到"激进自由主义学者"人选的无奈、部分儒家学者试图对自由主义反戈一击的情态，以及我本人在会场上的发言，等等。

一、连夜推敲"热点"发布辞

本届论坛以"2014年度中国人文学术十大热点"发布作为开幕式，这几乎是在筹备工作最后一刻才做出的决定。之前，作为"热点"主要发布方，《中华读书报》原本打算在北京组织专门的发布仪式。最终，鉴于多方面考量，特别是考虑到两条"热点"涉及儒学，而本届论坛恰好以"儒学与自由主义的对话"为题，"热点"发布遂与论坛开幕式合并。这可忙坏了《文史哲》编辑部的编辑人员。

一方面，必须赶在开会之前的几天，请相关专家写好比较详细的热点解析辞。另一方面，按照合作义务，《文史哲》编辑部必须抽调编辑对热点解析辞进行浓缩，形成每条约三百字的定稿。

---

① 原载《中华读书报》，2015年5月13日，第5版。收入此书时略有修订。

2015年4月30日下午是论坛正式报到时间，晚饭过后仍有学者陆续到达。与此同时，《文史哲》编辑部一正三副四大主编，外加执笔解析辞定稿的编辑齐集会场，集体对解析辞做最后推敲。集体推敲的过程并不轻松，时间很快由晚七点到了晚九点，又由晚九点到了晚十点。而负责发布式PPT制作的李扬眉副主编，则干脆熬过了凌晨一点。

功夫不负有心人。发布式一炮打响，"热点"条目本身连同解析辞的切入角度，一并得到与会专家高度评价。

二、很难找到激进的自由主义者了

本届《文史哲》杂志人文高端论坛，从去年秋天的编辑部务虚会开始，就已经在酝酿与策划之中了。在那次内部会议上，王学典主编曾如此研判形势："传统与现代就像跷跷板的两端，一方抬头，另一方必然反弹。目前，儒学复兴呈星火燎原之势，新一轮的古今中西之争一触即发。"《文史哲》服膺"知出乎争"的格言，乐见两军混战人仰马翻。本届论坛冠以"'性本善'还是'性本恶'：儒学与自由主义的对话"的题目，实际上正有挑动论战之意。

然而，似乎已经很难找到激进的自由主义者了。第一轮邀请函发出之后，从收到的论文题目和发言提纲来看，"儒学和自由主义并不矛盾"的观点占主导地位。面对曾经强势的自由主义话语，以及势同水火的自由主义与儒学之争，学界似乎正在进行深度调和。然而，作为策划者，我们还是希望能够找到有力的对头——激进地反儒学的自由主义学者。

为了达到这个目的，联络人请求部分确定与会的学者，推荐深受他们尊重的自由主义学人。尽管我们和盘托出了"寻找对头""挑动论战"的初衷，结果却并未因此收获哪怕一位激进的自由主义学者。纵观学界气候，自由主义从激进转向务实，或走向所谓的成熟，已经有一段时间了。历史文化传统深刻影响政治制度的设计与运作，这一认识，已经成为训练有素的自由主义学人的普遍共识。

三、部分儒者试图向自由主义开炮

带有儒家情结的学者，却时不时地想刺激一下自由主义。

慕朵生认为，自由主义的历史渊源在于基督教，"人人生而平等"基于"上帝造人"，"法治精神"旨在对治"人性堕落"，"政教分离"源于"人神或圣俗二分"。"五四"新文化运动以来，自由主义者批判质疑儒家文化，乃至投身基督教怀抱，乃是中华文明衰微的重要原因。作为对比，儒家"政教合一"传统则植根于"天人合一""圣俗不分"思想。基于文化自觉的考虑，慕朵生认为应该对自由主义保持警惕。

颜炳罡教授针对会议主题，并站在儒学立场上，提出应该"以仁义为体，以自由为用"。众所周知，近代以来，中国人一直用"体—用"范畴回答各种各样的问题。"体"是"本根""主体"，"用"是"作用""显用"。中国哲学原本讲究"体用不二"，牛之体不能有马之用，然而，置身现代化与全球化处境，颜教授希望能基于儒家"仁义"本体，去吸纳其他文明之精华。"以仁义（而非自由）为体"这一提法，明显蕴含着"以儒家立场为本"的诉求。

四、究竟何为"自由"？

众所周知，陈寅恪以"独立之精神，自由之思想"，评价王国维之死。但是，鉴于王国维之死带有浓厚的"殉清"与"殉中国文化"（"三纲""大伦"是这种文化的核心，而这，常常被认作"自由"的对立面）色彩，唐文明教授追问：这究竟是怎样一种"自由"？作为回答，唐教授提出了所谓的"伦理自由"概念，并认为，基于现代以来出现的个人自由观念对传统"五伦"进行规范性重构，仍是我们应当面对的重要时代课题。此论一出，即引起与会者的强烈反响。黄玉顺、方朝晖两位教授，试图从学理上予以进一步补充。林安梧教授则认为，王国维身处"三纲"与皇权意识高压底下，根本没有真正的自由可言。萧功秦教授在承认唐文精彩的同时，毫不客气地表示，此乃"走火入魔"的附会之作。张祥龙、谢文郁两位教授则强调，特定的西学话语（特别是政治上的自由主义话语）不能垄断关于"自由"的话语权。

高全喜教授试图将讨论从"自由"拉回"自由主义"。他指出，自由主义有多种形态，在理论上、制度实践上皆然。实际上，苏格兰启蒙思想的自由主义、法国启蒙思想的自由主义、德国启蒙思想的自由主义、古典自由主义、现代自由主义，在人性问题上众说纷纭。自由主义是一个非常庞大的话题，我们不能把它过分简单化。实在想做简单化处理的话，那就只能大致说一下自由主义最重要的核心，讲一讲它们共同针对的核心问题是什么。而无论如何，自由主义和自由的关系，都是一个无可回避的问题。与此相关，郭萍博士和黄玉顺教授强调，应该从"前主体性"即生活本身角度，回答个体自由是如何产生的这个问题。

问题于是回到"究竟何为自由"。对此，孙向晨教授勾勒出一个较为宏观的图景。他指出，西方思想史上存在两种自由观念，一种以霍布斯、洛克为代表，另外一种以卢梭、康德为代表。霍布斯传统很明确地讲权利和自由是一回事，这是一种强调个人权利的自由。康德一路则讲自律，乃是一种道德性自由。权利的自由和道德的自由是非常关键的区分。这两种自由概念都带有个体本位特征，但是个体不足以使个体自己立起来。所以，黑格尔除了讲基于财产的外在的自由和内在化的主体性自由之外，特别指出还需要一种社会自由、伦理自由，需要在伦理生活里面把自由展开。与此相关，谢文郁教授指出：在儒家，责任意识的建立过程往往带有外在强迫性，比如通过家族制约的形式进行；然而，一旦你接受了相应的责任意识，对你来说这就不再是一种强迫。这里面并非像林安梧教授所说的那样"没有自由可言"。

此外，针对颜炳罡教授的"体—用"论构想，张祥龙教授提出商榷。张教授认为："自由为用"如果是指限制性的、狭义的"自由"，那未尝不可；但若上升到人之为人层面，较之其他动物受制于本能这一情况，"自由"（在更深长的时间意识中做选择）实则构成了人的本性。当然，这种"本性"意义上的"自由"，已经超出狭义的"自由主义"，而成为一般意义上的"哲学"问题。

五、权利政治还是责任政治？

回到政治哲学议题——能否相对简明地概括中西政治传统的差异呢？谢文郁教授提出的"责任政治"与"权利政治"这一分野，引起了与会学者的浓厚兴趣。

谢教授指出，康德在分析自由与责任的关系时认为，自由是责任的基础，出于强迫的不叫责任。自由主义即这种理念的落实，它强调基本权利，包括财产权、言论自由权、结社权，乃至持枪与推翻政府的权利。这些基本权利受宪法保护，自由主义因而首先是一种"权利政治"。但是，社会成员需要在一定的责任意识中行使这些权利。以美国为例，自由主义的政治体制不负责培养责任意识，这个任务主要通过另一个社会机构即基督教教会完成。对此缺乏认识而简单移植这种"权利政治"体制，在世界各地已经造成了有目共睹的社会灾难。

中国两千多年来的体制，谢文郁教授认为，则采取"责任在先，权利在后"的模式。这种"责任政治"模式要求政府主导社会成员责任意识的培养，社会成员则在各尽其责的基础上享有权利。传统社会里的宗族、科举、书院、学派，均具有培养责任意识的功能。官员的责任意识由此而出，相应的政治治理亦很注重维护上述责任意识培养机制。就此而言，慕朵生先生特别提到"政教合一"，可谓切中肯綮。当然，在过去两千多年的运行过程中，这个体制也有很多问题暴露出来。其中，最严重的就是最高领袖的培养问题，即如何培养天子或皇帝的责任意识。

作为主持人，高全喜教授怀疑谢文郁教授过分夸大了基督教在责任意识培养方面的功能。对此，孙向晨教授援引"美国的法律可以让美国人为所欲为，宗教则让他什么都不能做，禁止他想入非非"一语，替谢文郁教授辩护。颜炳罡教授则试图从"仁义为体，自由为用"角度，对"责任政治"与"权利政治"这一划分提出质疑。颜教授认为，"中国人的权利和责任根本上是一致的，责任就是他的权利，权利也是他的责任，这里面不能分先后，把责任、权利分为两边，打成两个东西"。实际上，这种"责任、权利根本为一"的提法，既让人想起"责任出于自由"的康德式界定，亦可以从孔子"从心所欲不逾矩"的修身境界角度加以理解。当然，这是两条不尽相同的思路。

六、君主困境与群众路线

诚如谢文郁教授所言，儒家"责任政治"的最大困境表现为最高领导人的责任意识培养问题。邹晓东博士（本书作者）称之为"儒家君主困境"。邹晓东博士在发言中指出，关于君主施"教"，《大学》《中庸》提供了两种不尽相同的模式。《大学》基于"知识（传统共识）现成"意识，突出"知而不行"问题，将"自觉实行"意义上的"诚其意"视为"修身"之本。与此相应，对于那些自觉性不足的民众或小人，《大学》允许以君主为代表的执政者运用声色威势"强迫其自觉"。这种模式的盲点在于，传统只能在理解中发挥作用，再好的传统都有可能被误解，君主的理解如果存在偏差，上述威势教学势必助长社会灾难。

邹晓东博士进而指出，《中庸》比《大学》更进一步，将普遍发生的"过之""不及"问题与"鲜能知味"的认知理解问题挂钩，充分注意到"知识—理解"问题的关键重要性。为此,《中庸》开篇提倡"天命之谓性,率性之谓道",预设人生而固有的"内在向导"作为"真知"的来源。顺此思路,《中庸》按理可以开出类似"人人平等"的自由主义方案。但是,由于深刻的"真知"问题意识,《中庸》随后提出了"何为真正的率性/如何做到真正的率性"问题,并因此在很大程度上取消了修身者自行率性的可能。如此一来,出神入化的至圣"教—化",就成为"真知"问题的最终出路。然而,邹晓东博士认为,这更多只是一种想象。作为替代方案,邹晓东博士主张取消"真正的率性"问题,而以动态的"异议表达(所有社会成员)—寻求共识(执政者主导)—继续体察(执政者与被治理者一道)"模式作为"真知"问题的处理方案。对此,任锋教授表示,这很有一点"群众路线"的意味。邹晓东博士则坦陈,在他看来,中国许多现行政治理念实际上都带有深刻的传统底蕴。

唐文明教授则对上述演示颇为不满,认为邹晓东博士对经书和解经传统缺乏敬畏。在他看来,《大学》《中庸》作为《礼记》中的两篇,思路总的来说应该一致才对。谢文郁教授则指出,尊重经书文本和遵守特定解释是两回事,不应混淆。不过,对于邹晓东博士给出的"真正的率性"提法,谢文郁教授认为值得商榷。

七、缺乏个体本位意识,导致目前道德缺失?

沈顺福教授从当前的道德缺失危机谈起,认为:两千多年来中国传统文化缺少自主决断和自由选择的观念,个人只能被动接受圣贤关于何为善恶的告诫,而没有形成独立的、理性的价值判断机制。最后,他得出结论:价值判断机制的缺失,使传统儒家无法有效地适应于市场经济时代。换而言之,只有树立个人自己做主的观念,从而建立起价值判断的机制,才能从根本上化解当前的道德缺失危机。此番言论,可谓自由主义思路在本届论坛发出的最强音。

对此,孙向晨教授的发言颇有"补偏救弊"效果。孙教授指出,支撑起现代社会的"个体",并不是一个道德意义上的个体,而是一个权利意义上的个体。个体本位思想的积极意义在于,尊重每一个人的自由、权利和尊严;其消极意义则在于,教条化的个人主义往往导致社会生活的无根化、松散化。最后孙教授认为,儒家真正要做的不是努力从传统文化"开发"现代价值形态,而是应该从制度设计层面考虑如何消解现代个体本位带来的消极影响。就此而言,林安梧教授的"公民儒学"建构与陈明教授的"公民宗教"设想,乃是很有意义的尝试。但是问题在于,本世纪以来的城市化建设运动导致乡下人少了、宗族解体了,现实中的儒家究竟还有哪些集体生活模式,可资纠正现代"个体本位"之偏颇呢?

八、冷静的东西已经取代了情绪化的东西

本届论坛,最后安排萧功秦教授作总结发言。萧教授从1984年进入公共学术领域而未间断,迄今已历三十一载,乃是与会学者中资历最老者。萧教授从回顾中国学术界的变化谈起。

他指出,20世纪80年代初期,中国的学术生态可以概括为三点:第一是情绪化,只要你说一句话,其他人马上就会本着各自的"自由"情怀批判几句;第二是西化,极端的反传统;第三是学理比较空虚,不需要学理性,只要你有感觉就可以发言,在这里发言10分钟就跑路,在那里讲上10分钟再跑路。今天的学术界与那时相比已经有了很大的不同。第一点不同,它有非常深厚的知识积淀,这个积淀不是一天两天完成的,而是二三十年沉淀下来的。第二点不同,每个人都有自己的专业领域,在专业领域说的话都非常有道理。第三点不同,比较冷静,冷静的东西已经取代了情绪化的东西,情绪已经不能解决问题了。萧教授觉

得这是可喜的变化，也是时代变化的缩影。他作为这种变化的见证人，觉得很欣慰。

萧教授还说，自己参加过不少学术会议，而《文史哲》选择的确实都是各路的精英，都是聪明人。于是乎，谈起来特别舒畅，一听就懂，不需要多说什么，大家马上就能相互理解，迅速达到一种理解的愉悦。许多与会学者都在自己的专业领域有相当的发言权，这一点令他印象非常深刻。

作为学术总结，萧教授指出，现在社会思潮已经非常多元化了，因而出现了某种意义上的社会"撕裂"，网络上的分裂尤为强烈。对于秦晖教授提出的一个问题，萧教授非常有共鸣，那就是：到底有没有共同的底线？或者，这个共同底线在什么地方？这不是一个纯粹的理论问题。在当前的集体文化经验中，有一种共同的东西开始出现，那就是儒家文化、传统文化。为什么这么说呢？据萧教授观察，思想界至少正在形成如下几点共识。第一，西方那一套已经丧失其普世性地位，左派、右派都开始将其作为一套地方性知识取其精华、去其糟粕。第二，中国本土的文化被视为可资吸收的资源，不是完全可以抛弃的东西。左派、中派、右派都已经开始有这种认识，而随着时间的延续，这种认识只会越来越广泛，比方说社会主义核心价值观中的平等、和谐、公正，这在儒家文化当中是特别强调的。自由派当中开始出现儒家自由主义（如黄玉顺教授所言），强调人心内在的自由可以作为选择的基础。尽管自由与道德的关系非常复杂，但是一个非常重要的领域已经开启，包括唐文明教授在内都试图从这方面开出新路。第三，似乎可以说存在一个儒家权威政治模式。儒家"选贤任能"的贤能政治理念，在对当政者进行道德约束的同时赋予其人生价值，对于当政者实际上非常重要。儒家文化完全可以作为调动官员积极性的资源，比如"当官不为民做主，不如回家卖红薯"等强调为官责任意识的提法，对于现实中的官员实际上是很有意味的。萧功秦激励道：在座的各位研究儒家文化的学者，是不是可以就此开出新的领域来？通过这种方式，我们的文化共识、共同底线如果能够建立起来的话，我们的文化就会迎来更新的高潮。

萧功秦教授感谢论坛组织者选择了这么好的题目，作为大家讨论的核心问题。他认为，这样的主题不是拍脑袋一下子想出来的，而是从很多学术观点与学术现象中提炼出来的，论坛的选题体现了《文史哲》杂志的学术洞察力。

■ 执笔邀请函：初稿与定稿

按：2017年秋，编辑部把筹备《文史哲》杂志人文高端论坛之七的工作提上了日程。这届高端论坛打算继续推动儒学与自由主义的对话，对话主题设定为"个体与社群孰先孰后"。王学典主编和刘京希副主编命我拟一份邀请函，我欣然领命。邀请函虽说带有一定的"公文"性质，但未必不可以趁机凝练、抒发一下自己的相关识见。更何况，人文高端论坛的邀请函代表着《文史哲》杂志的脸面，执笔邀请函何其荣幸哉！初稿完成后获得了大家的点赞认可，后来，王学典主编又以其老辣的文笔，对初稿进行了修订。其中，他将我写的"实际上，现代以来"替换为斩钉截铁的"海通以来"，带给我的小小震动至今仍在心头不时浮现。

一、初稿（邹晓东拟）

较之现代自由主义，儒家更擅长通过传统思想与政治权威，将社会成员规范在群体之中。即便"自作主宰"意识极强的儒家思孟学派或心学传统，其"自我"意识也仍然是以指向他人、群体、共同事业的"责任感"为内核。就此而言，儒家的"个体"是在"社群"中定义的。

但是，考虑到文化传统与社会权力结构具有可变性，儒家社群主义似乎缺乏稳固的学理根基，似乎应该让位于"牢不可破"的原子个体主义。实际上，现代以来，伴随着西方冲击与中国传统宗法礼制的全面崩坏，国人长期在"反传统"情绪中，一再试图用现代自由主义的"个体权利至上"原则重新组织中国社会。然而与此同时，"社群主义""角色伦理学"，乃至鲜明的"反个体主义"等思潮却在西方思想界此起彼伏，"原子个体"的无根性被一再彰显并深受批判。社群与个体究竟孰先孰后，遂成为一个悬而未决的理论问题。

目前，在以儒学为代表的传统文化复兴被纳入国家文化战略的大背景下，社群与个体的关系问题再度成为汉语思想界探讨与交锋的焦点。有人站在百年来的"新文化"立场上，主张自由主义的"权利个体"概念乃现代性的门槛。反对者则指出，"权利个体"在西方国家之所以能够结成有序的社群，其秘密正在于西方社会另有渠道维护其传统社群价值观。——当代的中国与儒学究竟应该如何看待"社群"与"个体"的关系？这不仅是一个具有学术争鸣价值的话题，更是当下中国思想建设所无法回避的基本问题。

鉴于此，山东大学《文史哲》编辑部计划于2018年春，举办题为"社群与个体：孰先孰后——儒学与自由主义的对话"的第七届人文高端论坛。诚盼海内外方家辗转相告并鼎力支持！

二、定稿（王学典主编审定）

较之现代自由主义，儒家更擅长通过宗法血缘与政治权威，将社会成员规范在群体之中。即便"自作主宰"意识极强的思孟学派或心学传统，其"自我"意识也仍然是以指向他人、群体、共同事业的"责任感"为内核。就此而言，儒家的"个体"从来都是在"社群"中定义的。

海通以来，由于原有基础受到巨大冲击，儒家社群主义似乎应该让位于"牢不可破"的原子个体主义，主流思想界长期在"反传统"情绪中，一再试图用现代自由主义的"个体权利至上"原则来重新组织中国社会。与此同时，"社群主义""角色伦理学"，乃至鲜明的"反个体主义"等思潮仍在西方思想界此起彼伏，"原子个体"的无根性被一再彰显并深受批判。社群与个体究竟孰先孰后，遂成为一个悬而未决的理论问题。

当下，在以儒学为代表的传统文化复兴被纳入国家文化战略的大背景下，社群与个体的关系问题再度成为汉语思想界探讨与交锋的焦点。究竟应当如何看待"社群"与"个体"的关系，不仅仅是一个学理问题，更是当下中国思想文化和价值观建设所无法回避的基本问题。有鉴于此，山东大学《文史哲》编辑部定于2018年4月20—23日，在曲阜市举办以"个体与社群孰先孰后：儒学与自由主义的对话"为主题的第七届人文高端论坛。

儒学与自由主义对话：替代还是融合

——《文史哲》杂志人文高端论坛之五、六、七成果概述

按：第一次受命为《文史哲》杂志人文高端论坛写综述时，我就暗暗下了一个决心：绝不将其写成看似中立、客观、面面俱到，实则绝对免不了删削、嫁接，且在阅读体验上令人"混沌"的堆砌之作。我曾读过谢文郁老师年轻时撰写的一篇会议综述，不是按着人头或场次堆砌素材，而是勇于按照听会心得重新组织会议焦点、亮点、特色的叙述线索，这让往往味同嚼蜡的综述反而成为会议精华的创造性宣示。我想，我也要努力用这种"有我之境"的文体，为公家效力！几年下来，竟有同事半戏谑半欣赏地称之为"晓东STYLE"。眼下这篇文字，在原有的三篇会议综述基础上又做了一番提炼与充实，集中呈现了三届"儒学与自由主义的对话"的概貌。

一、引言：儒学与自由主义迎来新一轮对话的契机

自晚清以来，从现代西方舶入的自由主义理念，逐渐占领了中国政治理论与道义的制高点。但尽管西强中弱的时代背景一再抬升着这种政治理念的调门，相应的制度与实践在中国大地上却一直不曾生根。显然，无论以袁世凯为代表的北洋政府，还是以蒋介石为代表的民国政府，皆算不上这种自由主义政治的忠实践行者；在移植自由主义的西方政治模式的同时，这两个时期的政客们又大量收编了本土传统政治习惯，二者间相互掣肘的效应极大地削弱着实质性的政治统合。而中华人民共和国成立以来，无论是曾经遭遇的曲折与挫折，还是孜孜以求的振

兴与复兴，亦皆轮不到这种自由主义站到前台为之负责。但尽管如此，自由主义对现当代中国政治实践的"道义"压力，却始终存在。

改革开放40余年来，中国在一种有限度的自由市场体制（中国特色社会主义市场经济）安排下实现了经济社会的迅速发展与全面繁荣，并本着事实胜于雄辩的姿态提出了掷地有声的"四个自信"。"四个自信"除了来自对"普遍规律"的遵从之外，更着意宣示当代中国异于西方的"特色"。那么，在与"四个自信"相对应的道路、理论、制度、文化"特色"中，那些有别于西方自由主义的元素是从何而来的呢？马克思主义自是当仁不让的答案！但为什么是马克思主义，而且是中国化马克思主义（中国特色社会主义），而非现代西方自由主义，在近代以来"数千年未有之大变局"的中国落地生根（深度"中国化"）了呢？

哲学诠释学中的"理解前见"与"视域融合"概念，颇有助于我们思考这一问题。简而言之，像中国这样的"超稳定"文明—政治体，即便遭遇了近代以来的那种"数千年未有之大变局"，其固有文化与政治传统也依然会作为"理解前见"，在变革年代潜移默化地影响人们的认知和选择。可以说，能在历史进程中站稳脚跟的"拿来主义""向西方学习""对外开放"成果，没有一个是机械嫁接的结果，而只能是本土与外来、古代与当代"视域融合—意义再创造"的"效果历史"。由此观之，以儒学为主干的中华传统文化，至少正是现当代中国在整体上拣选马克思主义并不断将其中国化（特色化）（而非移植现代西方自由主义）的"理解前见/固有视域"的重要组成部分。进入21世纪以来，以儒学为代表的中华传统文化在官方许可与提倡下的强劲复兴态势，以及尤其是"坚持把马克思主义基本原理同中国具体实际相结合、同中华优秀传统文化相结合"这一任务在中国共产党成立100周年之际的明确宣示，进一步印证了上述诠释学审视所洞见到的关联。

自20世纪初新文化运动以来，自由主义与儒学一直主要是以"死对头"的面目，呈现在中国人面前。尽管进入21世纪以来，中国学界的自由主义学人一度表现出"保守化"趋向，日益承认文化传统在政治生活中的实在性与积极意义，个别自由主义学者甚至急剧转入传统派阵营，但目前，"贤能政治与选票政治、国家干预与自由市场、个人主义与社群主义、三权分立与党的领导等方面的思想交锋，已成为当下国际政治思想界的重要议题"。而在中国主体意识日益自觉、本土传统文化走向复兴的大背景下，一部分儒家学者又试图转守为攻，主动对自由主义发起某种挑战。上述张力十足的态势意味着，推动儒学与自由主义进行新一轮对话的时机似乎已经具备。鉴于此，《文史哲》杂志于2015、2017、2018年，三度举办"儒学与自由主义的对话"人文高端论坛，主题分别是："'性本善'还是'性本恶'""贤能政治的可行性及其限度""个体与社群孰先孰后"。以下，我们依次"参观"这三届论坛之概貌。

二、2015年对话达成共识：中西制度差异与性恶性善无关

人性论往往被视为根底之学。人们倾向于将中西政治制度上的差异，归结为中西主流文化，尤其是中西主流政治哲学对"人"的基本看法有所不同。长期以来，儒学主导下的传统中国德治或人治特征与西方法治传统之间的差异，是人们津津乐道的一个中西比较话题。在人性论为"体"、制度设计为"用"的思考模式下，"性善论"常常被视为儒家德治或人治的根基，"性恶论"则被认为是包括自由主义在内的西方法治传统的前提。这种观点虽不免以偏概全，但深究下去似也不无道理。在宋明儒学中，导源于先秦思孟学派的"性善论"被奉为儒家道统真理，荀子则因"性恶论"主张而被排斥在儒门正统之外。现当代的相关考辨则进一步发现：《荀子》中虽有《性恶》一篇，且着实强调"善假于物""明礼义以化之"，带有突出的"外铄"论色彩，可一旦涉及"明"何以可能、"化"何以可能，凭借什么去"明"、凭借什么去"化"的问题，诸如"虚壹而静，谓之大清明""心之官则思"等"准性善论"

命题便会在《荀子》中登场。就此而言，儒学从根本上离不开"性善"基因。西方自由主义虽然不乏理性主义光辉，比如将达成社会契约视为人类理性的自然选择，但霍布斯关于"人对人是狼"的"自然状态"预设，却使我们联想到荀子的"性恶"说。更何况，源远流长的基督教"原罪论"，更是给人一种"西方性恶论"的印象。就此而言，谓西方人性论以"性恶论"为底色、西方法治传统与自由主义意识形态以"性恶论"为基底，似乎至少也是一种"片面的深刻"。既然如此，儒学与自由主义的对话归根结底便理应往人性论层面落脚，让"性善论"与"性恶论（原罪论）"在对话中充分过招。否则，脱离人性论而谈制度、论文化，会被认为是浮光掠影。

进言之，如果能着实确证"中国（儒家）vs 西方（自由主义）=性善论 vs 性恶论"这一公式，则此后，各层面的中（儒学）西（自由主义）对话与比较研究，就必须更自觉地往人性论尤其是这一公式上落脚。而如果否证了这一公式，则此后，中（儒学）西（自由主义）对话与比较研究，似就有必要在人性论之外重新开辟基础论域，或至少是在"中国（儒家）vs 西方（自由主义）=性善论 vs 性恶论"之外开辟新的基本议题，比如说，将中（儒学）西（自由主义）对话与比较研究的道场大规模转移到社会科学的地盘上。总而言之，无论研讨会朝哪个方向进展，从人性论起手推动儒学与自由主义的新一轮对话，都会稳赚不赔。在并不具备（不充分具备）上述"后见之明"的情况下，《文史哲》杂志于2015年4月30日至5月2日举办了题为"'性本善'还是'性本恶'：儒学与自由主义的对话"的第五届人文高端论坛。实际上，这届论坛在很大程度上达成了"否证"效果，在一定范围和时间内形成了"儒家与自由主义两派学者有了共识：中西差异与性恶性善无关"的学术现象①。

---

① 邹晓东：《儒家与自由主义两派学者有了共识：中西差异与性恶性善无关》，《中华读书报》2015年5月13日，头版。

具体来说，在本届论坛上，尽管有学者对"规范性"还是"描述性"进行了区分，强调儒家性善论侧重在"规范"意义上把握人的"应然性"，经验论自由主义则是在经验事实层面"描述"人的"实然性"，由此衍生出了"道德主义"与"法治主义"的历史文化分野①，但更多论坛嘉宾却认为"中西制度差异与性恶性善无关"。秦晖教授直接否定了"西方性善，中国性恶""中国人重视道德，西方人重视制度约束"的成见②。高全喜教授亦表示，"那种认为自由主义主张人性恶、儒家主张人性善，所以两派的政治观、社会观等两相对立的看法，是一种流俗之见，可能具有相对的合理性与论辩价值，但肯定存在重大偏颇"③。方朝晖教授试图用历史考据讲话：在中国，性善论在先秦、汉代儒学中皆不占主流地位，即便在宋明两代，以及在深受宋明儒学塑造的清代（以及清末）学术界，反对性善论的声音仍然不少；在西方，性恶论的主张者马基雅维利、霍布斯所支持的不是自由民主制度而是君主专制，提倡自由民主政治的洛克、孟德斯鸠、卢梭等人则持有一种近于人性善的立场④。也就是说，"传统中国或儒家人性论以性善论为主流""西方古典自由主义人性论以性恶论为主流"的成见，经不起基于中西思想史事实的推敲。

实际上，人性论本身具有复杂性。在论坛上，梁涛教授顺着其《荀子人性论辨正——论荀子的性恶、心善说》⑤一文的理路，指出：健全的"心性—政治"理论须同时兼蓄"向下堕失""向上提升"两种

---

① 何中华：《儒家与自由主义：人性论分野及其历史文化后果》，《文史哲》2016年第1期。
② 邹晓东：《性善与性恶：儒学与自由主义的对话——"〈文史哲〉杂志人文高端论坛之五"述评》，《文史哲》2015年第4期。
③ 高全喜：《自由主义的人性论问题》，《文史哲》2016年第1期。
④ 方朝晖：《人性善恶与民主、专制关系的再认识》，《文史哲》2016年第1期。
⑤ 梁涛：《荀子人性论辨正——论荀子的性恶、心善说》，《哲学研究》2015年第5期。

生存倾向，儒学和自由主义实际上均表现出了兼蓄性善论与性恶论的格局。谢文郁教授在和梁涛教授讨论时指出，人性论在"兼蓄向善、趋恶两种倾向"的同时必须以某种方式设定向善的动力强于趋恶的倾向，否则，"兼蓄"就会导致"善恶势均力敌，人在善恶之间难上难下"，或者导致"恶性强于善性，人注定只能是魔鬼般存在"的理论困境。此外，针对将基督教"原罪论"同儒家"性恶论"相混同的流行误解，谢文郁教授做了简要的澄清。他指出，性善论者孟子与性恶论者荀子根本上讲都是从人性（humanity）内部寻找善的源泉，基督教原罪论则强调在信心中领受外来恩典，是在人性之外寻找善的源泉[1]。就此而言，不能将宗教意义上的原罪论与人性论意义上的性恶论混淆起来，不能望文生义地将基督教原罪论同某些自由主义思想家的性恶论预设相混同。以基督教原罪论佐证"西方人性论以性恶论为底色"的思路，至此亦被切断。

非但人性论是复杂的，人性论与制度论之间的关系同样变化多端。正如任剑涛和林安梧两位教授所指出的那样，从来没有一种国家治理模式是建立在单纯的性善论或性恶论基础上的，基于人性论证制度乃是一种"迷思"[2]。进言之，与其说政治制度与政治理论是人性论预设的衍生品，不如说人性论是回护特定政治学说的理论用具。例如，在张祥龙教授的演示下，霍布斯的相关论说便表现出了随理论构造所需任意拿捏人性论的特征。张祥龙教授指出，霍布斯强力预设"人对人是狼"的"自然状态"，这近乎《荀子·礼论》所说的"人生而有欲，欲而不得，则不能无求。求而无度量分界，则不能不争；争则乱，乱则穷"的状

---

[1] 邹晓东：《中国自由主义从激进转向保守——"'性本善'还是'性本恶'：儒学与自由主义的对话"人文高端论坛侧记》，《中华读书报》2015年5月13日，第5版。

[2] 邹晓东：《性善与性恶：儒学与自由主义的对话——"〈文史哲〉杂志人文高端论坛之五"述评》，《文史哲》2015年第4期。

态。然而,"亲子之爱"现象对"人对人是狼"的"性恶"预设构成了深刻的挑战。但是,为了捍卫自己的政治学体系,霍布斯宁肯去蹩脚地挑战"亲子之爱"现象。人性论在霍布斯理论构思中的从属地位,由此可见一斑。

既然"人性论"如此软弱,那么,在打破了"中国(儒家)vs西方(自由主义)=性善论vs性恶论"这一迷思之后,儒学与自由主义的对话似乎就应该尽可能彻底地摆脱人性论哲学的笼罩,直接转场到现实感与经验性更强的社会科学领域切磋。《文史哲》杂志接下来所举办的两届"儒学与自由主义的对话"人文高端论坛,确实表现出了这种倾向。尽管如此,我们还是有必要进一步追问:制度论究竟在多大程度上可以抛开人性论的回护与解说呢?毕竟,制度既是管理人的制度,也是人所设立,且需要人去调试、维护的制度——就此而言,制度论可能始终都无法自外于人性论。"中国(儒家)vs西方(自由主义)=性善论vs性恶论"的教条固然应该颠覆,但"儒家与自由主义两派学者有了共识:中西差异与性恶性善无关"的意义不应过分夸大——实际上,它只是否证了"中国(儒家)vs西方(自由主义)=性善论vs性恶论"这一具体成见,并没有从根本上切断制度论与人性论之间的内在关联。长远来看,锤炼更实在、更靠谱的人性论,与打造更合理的制度论,始终都是相辅相成的一体之两面。

三、2017年对话:追问"贤能政治"的可行性及其限度

《文史哲》杂志于2017年举办的"儒学与自由主义的对话"人文高端论坛,着实摆脱了"玄学"争辩,而将擂台主要摆在了经验感更足的政治学领域。加拿大籍在华学者贝淡宁教授携其"贤能政治"概念,成为了在本届论坛上为儒家政治传统代言的"洋擂主"。

2016年,贝淡宁所著的《贤能政治:为什么尚贤制比选举民主制更

适合中国》（以下简称《贤能政治》）一书，在中国翻译出版①。对照该书英文标题 The China Model: Political Meritocracy and the Limits of Democracy（中国模式：精英政治与民主限度）可知，"贤能政治"相当于"精英政治（Political Meritocracy）"，它被一位西方政治学者用来对"中国模式"进行概括。在该书作者看来，"中国模式"之所以青睐"贤能政治（精英政治）"，一个关键且不乏合理性的原因在于民主制有其局限和弊端。对此，《文史哲》主编王学典教授如此评论道，"像贝淡宁这样的西方学者早已熟知自由主义的困境，只是苦于找不到反击的突破口。如今，挟中国经济、政治、文化之威望而盛赞中国式贤能政治之优长，正是其在西方学界内部对自由主义反戈一击的有力武器"②。

问题在于，站在自由主义角度看问题的学者，能接受贝淡宁对儒家式"贤能政治"的鼓吹吗？"五四"新文化运动以来，自由主义始终构成现当代中国三大学派之一，"有了一定气候就要表现出来"。用自由主义批判儒家传统，长期被视为中国现代性启蒙的核心任务；褒扬儒家传统，则往往会被批判者不容分说地贬为开历史倒车。故此，当贝淡宁《贤能政治》中文版面世之际，中国本土的自由主义学人自然是跃跃欲试，欲将批评意见一吐为快。

趁此机缘，2017年4月14—17日，题为"贤能政治的可行性及其限度：儒学与自由主义的对话"的第六届《文史哲》杂志人文高端论坛拉开帷幕。

贝淡宁教授在主旨发言中，围绕领导人产生机制这一问题，对中西政治差异进行了比较。他表示，大部分有理性的人都会认可诸如"不应

---

① 贝淡宁：《贤能政治：为什么尚贤制比选举民主制更适合中国》，吴万伟译，中信出版社，2016年。
② 这是《文史哲》主编王学典教授站在中国本土立场上对贝淡宁现象的观察与评说，参见王学典：《十八大以来儒学变迁之大势》，《中华读书报》2017年12月13日，第5版。

该折磨人""不应该杀人"之类的价值观,"但关于怎么选拔政治领导、政治统治者,却并没有什么普世价值观,而是要视不同社会的文化、历史和国情而定"。他认为"尚贤制比选举民主制更适合中国",并从"国家的规模""国家的历史背景""三十年来中国已经初步形成了选拔、提拔领导的有效机制""实证调查表明多数中国人更认同贤能政治而非西式民主政治""用一人一票的制度来选拔高层领导可能会破坏贤能政治的优点""贤能政治比刚性的社会制度更能适应快速变化的当今社会"六个方面,对"尚贤制比选举民主制更适合中国"这一观点进行了论述。贝淡宁指出,民主可以有多种实现形式,如协商民主,而不一定非得是一人一票。就此而言,贤能政治并非就是民主政治的对立面,而是完全可以成为民主的一种实现形式。他特别强调,一人一票的选举制,会破坏贤能政治的尚贤制。也就是说,西式自由主义和中式贤能政治,二者作为民主的不同实现形式,具有结构性差异。

高全喜、方朝晖、黄玉顺等学者围绕贝淡宁新著与论坛发言,探讨了一系列重要问题,包括:(1)贤能政治究竟是一种完整的政治体制,抑或只是一种领导人选拔模式?(2)使贤能政治保持理想运行状态的前提与约束条件是什么?笼统的历史文化传统与国情说能否构成这种前提与约束条件?(3)中国古代政治,从理论与现实两个层面看,是否真等于贤能政治?(4)即便中国古代政治确属贤能政治,且已经积淀出了相应的民族"文化—心理"结构,那么,面向现在和未来,这种历史积淀结果是否应该加以改变?有无可能加以改变?具体怎样加以改变?(5)贤能政治倾向于推崇精英权威,在实践上是否存在通往极权主义的危险?有无可能加以避免?具体应如何加以防范?(6)贝淡宁"贤能政治"中的概念混乱[①],等等。

---

① 其中,(5)(6)出自黄玉顺教授的论坛发言,相关内容可参见黄玉顺:《"贤能政治"将走向何方?——与贝淡宁教授商榷》,《文史哲》2017年第5期。

除了对贝淡宁相关论说进行评议外，围绕上述问题，中国学者之间也发生了较为激烈的争论。高全喜教授率先指出，贝淡宁教授所批判的对象，即"一人一票的民主制"，"似乎并不是实实在在真正存在的"。高教授指出，"即便美国，它是不是一人一票的民主制，也是大大存疑的"，现代西方民主制除了投票之外还设置了一系列的其他架构作为前提和约束。与此相应，高全喜教授虽然同意"贤能政治作为选拔领导人，以及考核领导人，甚至治理社会的一种工具性的东西很好"，但同时指出：贝淡宁教授所泛泛而论的"文化""历史""国情"，无法作为贤能政治的制度性约束条件。较之古代的德治与人治，高全喜教授认为，"古代和现代民主的区别就在于是否讲法制"。他在发言中特别表示，"中国有党的领导体制以及人大、政协制度"，借助有效的法制约束，就会是一种"走向现代的民主法治的贤能政治"。高全喜教授的发言虽然表达了对贝淡宁论述的批评，实际上却更是从技术层面对贝淡宁"贤能政治并非就是民主政治的对立面，而是完全可以成为民主的一种实现形式"观点的补正。

对于高全喜教授发言中的批评部分，清华大学方朝晖教授则认为，该批评乃是"比较典型的现代自由主义偏见"，犯了政体决定论的错误。方教授指出，"不能把中国古代的君主制等同于贤能政治"，他特别强调，"古代君主制不是建立在贤能制基础上的"。关于贤能政治的可行性，基于中国古代"庸人政治、坏人当政"的负面历史经验提出的反驳，严格来讲并不成立。关于约束条件问题，方朝晖教授指出，贤能政治虽然明显属于德治，但这并不意味着贤能政治是没有标准和制度的，历史上的科举制正是相关标准的制度化实施。

围绕"投票选举"制度是否与"中国的国家历史背景"良性相容这一问题，任剑涛教授从中引申出了对李泽厚先生于20世纪80年代提出的"积淀论"的评论。任教授指出，"积淀论在解释历史文化原有结构的时候确实有效，但积淀论最大的问题就是没有动态感，尤其是没有现实感"。换言之，积淀论无法解释文化与制度的可变性，在一定程度上带有"历史决定论"倾向。实际上，民族"文化—心理"结构既是过往历史积淀的结果，亦是当下和未来积淀的改造对象。问题在于，不断改进民族"文化—心理"结构（民族性）的方向感和动力，尤其是破除现有"文化—心理"结构中居主导地位的不良因素的动议，有时难以在现有"文化—心理"的笼罩下自行生成并壮大起来，故而需要额外的解构、批判因素从旁介入。

在论坛学术总结环节，《文史哲》副主编刘京希教授从三方面概括了本届论坛的研讨成果：其一，贤能政治在本质上属于发展政治学范畴，而非一般政治学；其二，贤能政治与民主政治不在同一个位阶上，后者可称为政道，前者则只能算是一种治术；其三，缺乏充分的法治与宪制基础的贤能政治，存在走向反面的巨大风险。一年之后（2018年），刘京希将上述评论进一步发展为《尚贤制抑或民主制？——"贤能政治"论争述评》一文。在该文中，他进一步指出，贝淡宁的贤能政治主张是西方社群主义、精英主义与东方儒家政治文化资源的杂糅，其致命缺陷在于尚未周延地解决"由谁来选贤"这一事关权力来源合法性的根本问题，也尚未自足自洽地提出监督权力运行的制度安排。这些问题，归根结底无不涉及"人类社会政治文明发展演进的终极目的究竟是什么"这一重大问题[①]。

2018年底，贝淡宁对黄玉顺、刘京希等学者的评论进行了回应。针对黄玉顺教授提出的"概念混乱"问题，贝淡宁对自己所理解的政治尚贤制与民主的关系进行了澄清，将其所捍卫的理想政治制度命名为"垂直的民主尚贤制"——基层民主，上层尚贤，中间可进行政治实验。在他看来，既认同政治民主制又肯定政治尚贤制并没有什么错。至于这种

---

① 刘京希：《尚贤制抑或民主制？——"贤能政治"论争述评》，《文史哲》2018年第3期。

尚贤制该如何应对"体制外群体没有机会进入权力等级体系,没有参与更高政治职位竞争的必要渠道"的现实问题,贝淡宁分别借鉴了章永乐教授和曹峰教授相关论文中的两种启发:一是认为,"群众路线能够帮助基层民众获得参与政治的机会,帮助精英对群众的需要做出更积极的回应";二是表示,老庄传统对选贤任能的根本怀疑与不屑,"能够赋予得到社会尊重的其他生活方式如'萌文化'以合法性,这些生活方式让政治尚贤制的'失败者'看到生活的意义"①。

四、2018年对话:推究个体与社群孰先孰后

自由主义的哲学基础是"个体主义"。不少中国学者也同意,"个体"意识的自觉与对"个体"本位的强调和维护,是迈进现代性思维与现代性社会的门槛。尽管近代以来颇有论者曾激烈批评传统中国"知有个人而不知有群体",但随着"个体"本位的现代性启蒙思潮在中国兴起,越来越多的论者却又转而认为"崇尚集体主义而压制个体主义"才是儒学与中国传统文化的主要特征。在通常意义上,西学东渐大潮激荡下的中国现代性启蒙,主要是一种鼓吹"个体"本位,并基于这种本位打击传统儒学的运动。但是,"个体主义"作为一种理论,远非无懈可击。2015年,美国学者罗思文出版了新著《反对个体主义:从儒学角度再思道德、政治、家庭与宗教的基础》中,力求从多学科、多角度揭破"孤立个体"概念的虚构性。说到底,所谓"个体主义"其实也是持论者在"群体"中获得的一种自我意识,"个体主义"的根深植于"群体

---

① 贝淡宁:《论中国垂直模式的民主尚贤制——对读者评论的回应》,吴万伟译,《文史哲》2018年第6期;章永乐:《贤能政治的未来——评贝淡宁〈贤能政治:为什么尚贤制比选举民主更适合中国〉》,《中国政治学》2018年第1期;曹峰:《先秦道家对于贤能的思考》,《人文杂志》2017年第10期。

生活"之中。顺此以观，被认为具有"崇尚集体主义"基本特征的儒学，正面临着从自由主义那里扳回一局的理论机遇。

有鉴于此，《文史哲》编辑部遂于2018年4月20—23日，以"个体与社群孰先孰后"为主题，第三次举办"儒学与自由主义的对话"人文高端论坛①。

经济学者韦森教授在论坛发言中依据当代研究，区分了方法论的个体主义②和规范的个体主义：前者提倡用个体行动与个体间的互动解释社会传统与社会变革，后者则是一种广泛强调自我支配、自我控制、不受外来约束的价值观③。韦森教授在发言中梳理指出，尽管"个体主义"这个词直到19世纪初才出现，但其精神在西方文化与社会历史中源远流长。在西方社会的文明进程中，个体主义作为一种生活方式、人生观与世界观，具有整体性和普遍性的意义，构成了西方人赖以把握和世界的关系的基本方式和生存状态。这个意义上的个体主义，在西方，不但可以追溯到中世纪，而且构成了罗马法和早期基督教伦理的共同品格。与其说个体主义是西方现代化进程的一个结果，不如说是有了个体主义才有了现代西方社会（启蒙运动、大革命、私有财产、市场经济、自由选择、人人权利平等、民选政府、法治社会）。在这个意义上，韦森教授指出，个体主义是整个自由主义的底色，自由主义则是以个体主义为本位的现代社会构建中的一种信念的外显和制度化，二者的基本统一之处在于共同强调个人的权利和人与人之间的平等关系。韦森教授的专业梳理，可谓全面印证了"自由主义"崇尚"个体本位"的见解，为论坛策划者所期待的"儒学vs自由主义=个体主义vs社群主义"对垒切磋局面

---

① 以下叙述基于论坛速记档案，并参考了刘京希、李梅的《"个体与社群孰先孰后：儒学与自由主义持续对话"综述》（《文史哲》2018年第4期），不再一一注明。
② 韦森教授在发言中用的是"个人主义"，兹统一调整为"个体主义"。
③ 前者未必不是作为普遍价值观的后者在学术领域的体现。

的形成做出了一半的贡献。

同为经济学者的姚洋教授在此基础上先是强调，在自由主义语境下平等①是关键。紧接着，他指出，平等只是一个应然判断而非实然状态，平等意义上的个体主义因而难以现实地推导出社会，因为现实政治一定是有等级的，进入特定等级都需要相应的资格。在现实中，自由主义所推崇的绝对平等、抽象平等，是无法实现的，在某种程度上也是一种粉饰。相形之下，儒家则务实地承认等级与资格，在向有资格者开放职位竞争机会的基础上，按照不同时期的升迁标准，培养并遴选贤能者。总体来看，这是一种先有秩序再谈自由、先承认等级与资格再谈平等的政治模式。换言之，儒家虽不排斥个体自由与平等，但它一定是将社会秩序放在首要位置上。至此，"儒学vs自由主义=社群主义vs个体主义"对垒切磋的局面初步形成。

哲学学者张祥龙教授在论坛发言中表示，儒家在当代的生存乃至期待中的复兴，确实与如何看待、处理儒学与自由主义的关系息息相关。他指出，姚洋教授认为"儒家虽不排斥个体自由与平等，但它一定是将社会秩序放在首要位置上"，这固然合乎现实中的经验观察，但在理论上，如何圆通"等级、资格意义上的秩序优先"与"不排斥个体自由与平等"的矛盾，这同样也是一个重要问题。对此，张祥龙教授从"儒家的根基是家与个体间的关系"角度，极具创意地补充了相应的哲学分析。张祥龙教授认为，在以"亲—爱"为源的家庭关系中，个体不具有存在论地位（人不是存在论意义上的独立实体），但具有人格②地位。这

---

① 王心扬先生在论坛现场发表评论指出，"平等"分"机会平等"与"分配平等"。西方自由主义或资本主义社会也讲"平等"，然而更侧重"机会平等"。社会主义阵营及西方世界的批判声音，则主要是从"分配平等"角度立论。姚洋发言中的"平等"兼具"机会平等"与"分配平等"二义。

② 张祥龙教授所谓的"人格"是这样界定的：人格是指各种好恶情感和相应行为的统一结构。

种人格地位，首要地是在与亲人们的原发关联中，在追随自己所爱的人格榜样（其核心是最重要的、最及时的和最深切的关爱）、共同经历伦理生活（"为义争于父"）的过程中，得以养成的。这种基于"家—主体间关系"的人格养成机制，也从一开始便不断将独立人格或个体人格意识赋予了儿女。可以说，张祥龙教授的分析论述，为"'个体主义'其实也是持论者在'群体'中获得的一种自我意识"这一见解，提供了一个鲜活的示例。

在类似思路上，孙向晨教授评述了黑格尔的"家庭以及同业工会作为国家的基础"这一思想。按照这一设想，个体不是国家的基础，以个体为基础的契约也不是国家的本质，国家有它自身的伦理本质。这些由西学术语包裹着的思路使人不禁感到，黑格尔俨然儒家"集体主义"思想在西方的知音与回响，尽管黑格尔曾大张旗鼓地鄙薄"中国没有哲学"[1]。不过，孙向晨教授也坦言，上述解读若放在当今西方学界，很可能会被说成是"解读者受了自己背后的中国式思维诱导，而对黑格尔《法哲学原理》断章取义"的结果。这也从一个侧面透露出，"个体本位"的自由主义观念在当今西方，仍然据有难以撼动的主流势力。罗斯文、安乐哲也好，贝淡宁也罢，这些另类思路的持有者，在西方学界仍是少数派。

类似地，尽管姚洋、邓曦泽、陈明等学者在发言中指出，通常被归入"社群主义"阵营的儒学，其中不乏包容"个体性"的空间，但"儒学压制个体自由"的观点和印象仍然深入人心。在论坛发言中，任剑涛教授便在同张祥龙相反的思路上，强调了家庭关系中的家长宰制子女、子女反抗宰制的一面[2]。方朝晖教授顺势指出，家庭关系中的这个"宰

---

[1] 黑格尔：《哲学史讲演录》第一卷，贺麟、王太庆等译，上海人民出版社，2013年，第96、97、113、117—118页。

[2] "五四"新文化运动期间对"家"与"宗法礼教"的大破坏，正是出于反对"家长宰制"、追求"自由平等"的初衷。

制—反宰制"维度,或家庭关系堕入这种"宰制—反宰制"局面的可能性,将直接危及家作为人格养成基地的地位。而按照孙向晨、任剑涛两位学者的共同论述,黑格尔之所以会提出以"依赖"关系与"爱"的情感为特征的家的伦理性原则,一个重要原因就是,他对洛克式"父权"宰制意义上的"家"本质界定不满意。就此而言,西方内部至少也在一定程度上存在着"个体与社群孰先孰后"之争。

针对不少与会者持有用"关系"概念界定儒学根基的倾向,谢文郁教授认为这"看似具体实则混沌"。谢教授指出,这种谈法容易给人造成一种印象,即在西方、在现代性中不存在"关系"。但实际上,"关系"是普遍存在的,仅凭"关系"二字根本无法判分中西——除非将被设想为儒学根基的"关系"规定得足够狭窄,例如像张祥龙教授那样专门在"家庭之爱"的情感中界定儒学的基础性"关系",否则,泛泛地谈论"关系本位"是无意义的。进言之,既然张祥龙教授确立为儒学根基的"家庭之爱的关系"只是诸多"情感—关系"中的一种,这似乎并不排斥从在其他"情感—关系"出发构建出合宜的社会制度的可能性。举例来说,在上帝信仰较为普遍的西方社会,基于"信上帝"情感与"教会团契"关系,是否也能组成合宜的社会?服膺自由主义理念的世俗个体,排除其他支撑因素,是否拥有专属的"自由主义情感—关系"帮助他们结成社会?这种结合是否稳定?宗教传统与儒学传统所鼓励的各种典型情感,在什么意义上、多大程度上赞助或破坏着政治联结(关系)?政治制度与政治运作能否又如何去维系作为其组织基础的"情感—关系"?

可以说,本届论坛尽其所能地纠正了"个体本位主义"在现代以来的汉语学界长期过度享有的优越感。由于当今中国去传统中国未远,所谓的"个体本位的现代性启蒙"始终且行且止,在中国语境下纠正这种"个体本位主义"的不当优越感相对容易。与此同时,我们也必须看到,消解了"个体本位主义"的不当优越感,并不意味着"健康的社群主义"就会自然兴起。目前的中国拥有着（且仍在继续获得）较历史上任何时期都远为驳杂、深邃的思想理论资源，而如何对包括儒学和自由主义在内的古今中外资源进行创造性的恰当熔铸，迄今仍是一桩任重而道远且不容回避的未竟工作。

五、结语：在交锋中融合创新

2015年是新文化运动100周年，2019年是"五四"运动100周年。而反思新文化运动的立场、重估新文化运动的价值，实际上，是20世纪末以来中国思想学术界的一个重要动向。众所周知，新文化运动之"新"乃针对以儒学为主干的中国传统文化之"旧"而发，舶来的现代西方科学（"赛先生"）与现代西方自由民主制度（"德先生"）被奉为"新文化"运动的二"先生"。20世纪下半叶以来，"后现代"思潮在西方渐成气候，在进行政治与人文"解构"的同时，其对与"赛先生"息息相关的"现代科学主义""现代科学崇拜"的批判，同样发人深省。尽管如此，由于目前的中国正处在努力实现"现代化"（科学技术是其硬指标）的关键进程中，尚不具备大张旗鼓地批判"现代科学主义/现代科学崇拜"的现实基础与心理基础。故此，中国学界近来对新文化运动的反思与重估，仍主要集中在哲学社会科学领域。

新文化运动一度将近代中国在世界舞台上的落后挨打局面，归咎于儒学旗帜下的传统政治制度，相应地提出了"打孔家店""要少——或者竟不看中国书（多看外国书）"等口号。这些口号在现代中国被提出并流行的重要背景是，作为价值理念的现代自由主义理念早已深入西方人心、政治架构、社会组织，并凭借"西强东弱"的实力格局占据了世界话语权的制高点。尽管包括马克思在内的一些西方人士已经认识到，这种现代自由主义理念与制度存在种种弊端，甚至配不上其所宣扬的"最不坏的制度"称号，但对包括儒学在内的其他文明系统来说，现代自由主义至少仍是西方发达国家的主流意识形态[①]。有道是,"不入主流,难成一流"。儒学作为中华传统文化之主干,欲在眼下正深刻进行着的百年未有的世界大变局中,切实改变偏安一隅的"地方性知识"地位,就必须勇敢地同在现当代西方发达国家居主流地位的自由主义进行深度对话。

哲学诠释学的"理解前见"与"视域融合"概念,为我们重新审视传统儒学之于现当代中国的正面价值,撑开了巨大空间。进入21世纪以来,中国自由主义学人一度认识到,自由与民主并非是在真空中运行,一国之传统文化(尤其是主流传统文化)所蕴含的价值取向,往往是抑制社会分裂、促成政治共识的重要资源和凭借。在这种背景下重启儒学与自由主义的对话,显然蕴含着"重估儒学价值"的意图。《文史哲》杂志于2015、2017、2019年三度举办"儒学与自由主义的对话"人文高端论坛,在一定程度上显扬了儒学与自由主义趋于和解的趋势。其所达成的"儒学与自由主义之间并不存在绝对的人性论鸿沟""自由主义与儒学均赞成选贤任能,关键在于凭借什么样的制度实现相关理想""中国与西方皆在一定程度上存在个体与社群孰先孰后之争"的结论或阶段性认识,有助于儒学摆脱其在新文化运动那一轮对话中所蒙上的巨大阴影。尽管如此,要想提出既充分汲取传统儒学智慧,又足以化解现代自由主义挑战,复有效借鉴包括自由主义在内的古今中外其他资源特定优长的新的理论,仍需继续深思。但无论如何,有一点可以肯定:现有对话所表现出来的"在交锋中融合"的趋势,长远来看一定会延续下去。尽管出于反抗长期以来之"压迫"的冲动,一些儒家学人难免会对自由主义反唇相讥,尽管长期以来的"西强中弱"格局会使一些自由主义学人不免带着"盛气凌人"的惯性(目前,

---

[①] 王学典:《"双创":文化强国建设之路》,《人民政协报》2020年12月14日,第10版。

自由主义理论的系统性、精细度、丰富性也确实远在儒学之上），但就上述三届对话所显示出的态势来看，"不是像在100年前那样力求彼此取代，而是在深度融合的同时谋求理论创新"应会成为儒学与自由主义新一轮互动的长远趋向。

第四编 和《文史哲》一起触碰大议题

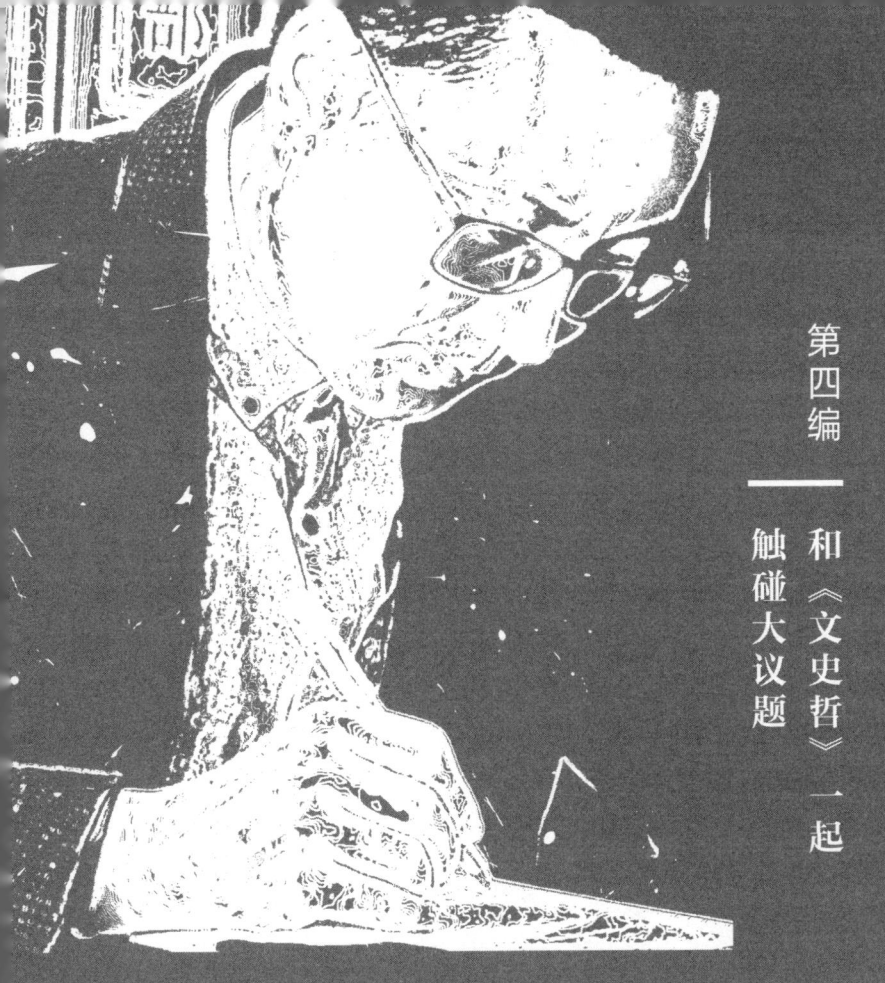

"预流"并"引领学术潮流",是《文史哲》心向往之的办刊境界。关注宏大议题,并就宏大议题发出杂志的声音,以杂志的名义指点学术江山,是实现上述追求的不可或缺环节。但杂志自己既不会发声,也不会作文,这个任务必须由办刊人代理。从业六年多以来,我因而有机会"聊发少年狂",与《文史哲》一起触碰大议题,"指点学术江山"。本编三篇文字所触碰的三个大议题皆与我本人的学术研究领域直接相关。其中,第三篇文字显示《文史哲》乃21世纪以来"中国哲学的合法性问题"大讨论的策源地(之一),这着实令我这个从事哲学(史)研究的学者编辑倍感欣喜。

重估孟荀二分的传统儒学格局[①]

——《文史哲》国际版2020年第1期《编者导论》

按：对于儒学而言，孟荀关系是一个重要议题。进入21世纪以来，"孟荀之争与统合孟荀"的学术探讨持续激荡，我除了自己的研究外，作为责任编辑，在《文史哲》中文版2020年第2期上编发了《孟荀之争与统合（笔谈）》，推出郭沂、刘悦笛、梁涛三位学者的一组笔谈。《文史哲》国际版（JOCH）很快便注意到了这组笔谈和相关学术动态，遂邀请我在更大范围内围绕这一主题帮助《文史哲》国际版组稿。JOCH第6卷第1期最终刊发了杜维明、黄玉顺、梁涛、郭沂、任剑涛五位学者的五篇专题文章，成规模地向国际学界推介汉语学界的相关动向。我也受邀为该期的主题文章撰写编者导论，于是就有了下面这篇文章。

《文史哲》国际版第6卷第1期封面与封底；《重估孟荀二分的传统儒学格局》英文版首页

[①] 较2020年中文稿，本文略有修改和扩充。

孟子（约公元前372年—公元前289年）持"性善论"观点，荀子（约公元前313年—公元前238年）持"性恶论"观点，这在《孟子》与《荀子》这两部先秦儒家经典中，有着鲜明的记录与展现。孟子在世的时间比荀子略早，在荀子开始著书立说之际，颇具声望的孟子大概已经离世，其"性善论"业已传播开来。故荀子及其后学在提倡"性恶论"及相关学说时，会针锋相对地以孟子及其"性善论"作为批评的靶子。那位为汉帝国意识形态立法的著名儒者董仲舒，曾顺着《荀子》的思路批评"性善论"曰，"今谓性已善，不几于无教而如其自然，又不顺于为政之道矣"（《春秋繁露》）！荀子和董仲舒的上述逻辑，深深感染着推崇儒家教义的人们，塑造了汉唐儒学"重荀轻孟"的基调[1]。这种逻辑，概括为一个反问，那就是：性若善，则施教与受教有何必要？

宋明儒学彻底扭转了汉唐儒学的这种基调。早在儒学（孟学）于唐宋之际开始复兴之前，汉传佛教已经就人是否拥有佛性、在何种程度上拥有佛性的问题进行了长期的富有成效的探讨，并最终落脚到禅宗"自性本自清净""自性本不生灭""自性本自俱足""自性本无动摇""自性能生万法"的观点上。禅宗的这一观点，是汉传佛教在实地修证过程中长期进行理论争辩与辨析的结果，其基本逻辑是：修证者若非事先已经具备完足的"佛性"（"清净之性""自然之性"）充当其修证活动的内在根据，则无论外在条件如何殊胜，都不可能通过自己的修为圆满地证悟"佛"之境界。上述义理一经揭示，便会显出难以反驳的逻辑力量。

"出入释老"而力求复兴儒家道统的宋明儒者，自然难以抗拒这种学理优势。于是，儒学在宋明时代的复兴，从一开始便打上了深刻的

---

[1] 尽管在汉唐时代孟子和荀子常常被相提并论而有所谓的"孟荀同尊"之说（参考梁涛：《超越尊孟抑荀，回归同尊孟荀》，《文史哲》2020年第2期），但是从董仲舒乃至韩愈的立论思路来看，汉唐儒者的思维方式总体上是带着荀学的推崇君师治教这一基调的。

"性善论"烙印,且随着时间推移大有日益彻底化与纯粹化之势。因为孟子是早期儒家最显赫的"性善论"提倡者,稍后的荀子及其后学则是孟子性善论的果断反驳者,宋明主流儒者在发扬光大儒家"性善论"的同时,亦旗帜鲜明地采取了"褒孟贬荀"的立场。这种儒家性善论的逻辑,一言以蔽之就是:性若不善,则施教、受教以及自修又何以可能?

以上就是传统儒学"孟荀二分"格局的由来。其背后的"性若善,则施教与受教有何必要""性若不善,则施教、受教以及自修又何以可能"这一悖论,堪称困扰了儒学二千多年的"迷思"[1]。现当代儒家哲学研究界的相关代表性成果,皆在一定程度上触及了这个悖论,自觉不自觉地受相关思考范导、驱动。这些研究成果,大致可划分为以下四类。

其一,以牟宗三为代表的港台新儒家,继续服膺宋明以来的"性善论"传统。在援用、高举康德的"道德自律"概念解说孟子及宋明心学性善论的同时,牟宗三甚至将康德笔下的人的有限知性能力强化为"智性直观",以此在认识论维度上大刀阔斧地推扩其"性善论"主张。与此同时,牟宗三还在宋明儒学内部严判"正宗"与"别子",不遗余力揭发朱熹及其所推崇的《大学》,认为其中令人遗憾地包藏着《荀子》式的"他律"思维。牟宗三的相关研究虽然在其既定范式下极尽"精微"之能事,堪称宋明以来"褒孟贬荀"的儒学格局的延续与深化,但20世纪初的废科举、废帝制尤其是新文化运动毕竟已经彻底打翻了宋明以来的儒家道统,牟派相关研究由于谨守孟子及宋明儒学(尤其是心学)的"性善论"原则,其在现代中国人文学术语境下时或被贬称为"判教"与"护教"之学。

其二,稍后于牟宗三,中国儒家哲学研究界,兴起了一股延续至今的为荀子鼓与呼的热潮。出于对宋明以来"褒孟贬荀"传统的反弹,这

---

[1] 邹晓东:《性善与治教》,华东师范大学出版社,2020年,第5页。

些研究者们试图替荀子洗刷"性恶论者"的污名。其中,刘又铭认为,荀子其实持有"孟子之外的另一种性善观,可以称为弱性善观,或人性向善论"①。周炽成反复论证,"荀子是性朴论者而非性恶论者"②,否则的话便无法回答"既然人性是恶的,那么,善从何来"这一根本追问③。梁涛认为,"性恶、心善"才是完整的荀子人性论④。这些研究成果在为荀子辩诬、消解"孟荀二分"成见的同时,亦在很大程度上使《荀子》解释孟学化了。换言之,来自孟学"性善论"的"性若不善,则施教、受教以及自修何以可能"这一追问的强劲压力,是荀子研究者们做上述翻案文章的基本动力所在。可以说,这种翻案文章,在很大程度上是以回避、淡化历史上公认的孟荀差异,也即否认《荀子》具有异于《孟子》的特质为代价的。以这种方式"挽救"荀子的理论名声,即便在一定程度上取得了效果,最终还是难逃"以荀子为孟子附庸"的格局。

其三,进入21世纪以来,所谓的"政治儒学"开始在中国大陆勃兴。按理说,"政治儒学"的兴起有助于促使学界关注荀子式"君师治教"观念,荀子"性恶论"作为论述"施教"与"受教"必要性的前设,其分量与价值因而有望从根本上获得重估。然而,正如一些学者所指出的那样,由于中国文化传统中缺乏深彻的"罪"与"拯救"意识,荀子式"性恶论"始终缺乏进一步展开的机缘,当前中国大陆"政治儒学"界对荀子"性恶论"理论潜力的挖掘,远不如处在基督教神学背景

---

① 刘又铭:《当代儒学的基本理念》,载庞朴主编:《儒林》(第四辑),山东大学出版社,2008年。

② 周炽成:《荀子:性朴论者,非性恶论者》,《光明日报》2007年3月20日,第11版。

③ 周炽成:《逆性与顺性——荀子人性论的内在紧张》,《孔子研究》2003年第1期。

④ 梁涛:《荀子人性论辨正——论荀子的性恶、心善说》,《哲学研究》2015年第5期。

下的波士顿南派儒家自觉。作为波士顿南派儒家的代表人物,南乐山（Robert Cummings Neville）与白诗朗（John Berthrong）一方面尝试以基督教"原罪论"会通荀子的"性恶论",另一方面又试图借鉴荀子和儒家的"礼教"思维回应基督教的"原罪"问题[①]。不管波士顿南派儒家的这种"耶儒融合"设想能否站得住脚,它至少有助于启发非基督教语境下的儒学研究者们,去充分正视荀子异于孟子的特色主张,并乐观地估计荀学特色义理的广阔前景。

其四,另有少数学者本着"理论创新"的愿景与激情,试图将两千多年来一直处于"二分"格局的孟子、荀子思想统合起来。中国人民大学的梁涛,近年来明确举起了"统合孟荀"的大旗。实际上,早在20世纪90年代,郭沂即曾将孟子、荀子的特色理论分别命名为"内在论"与"外在论",且在"道德过程论"的名义下表达了统合内在论与外在论的意向[②]。梁涛近来认为,人类生存活动划分为"道德领域"和"政治领域",《孟子》侧重前一领域而《荀子》侧重后一领域。这样一来,"统合孟荀"的课题似乎可以通过将"道德领域"与"政治领域"拼合为一个完整的人类生存世界而实现[③]。此外,刘悦笛则试图通过重新辨析、安排"天""性""情""心"概念,将孟子、荀子的特色义理架构在一起[④]。

上述第四类研究中的倡议与举措,尤其自觉地向学界提出了"统合孟荀"的议题和任务。为了更好地完成这一任务,研究界须沿着以下三

---

① 蔡德贵:《试论美国的儒家学派》,《当代儒学》2015年第2期。
② 郭沂:《〈大学〉新论——兼评新儒家的有关论述》,载《新儒家评论》（第二辑）,中国广播电视出版社,1995年。郭沂:《第二章:〈大学〉的思想》,载张岂之主编:《中国思想学说史·先秦卷》（上）,广西师范大学出版社,2007年,第276页。
③ 梁涛:《统合孟荀 创新儒学》,载赵广明主编:《宗教与哲学》（第七辑）,社科文献出版社,2018年。
④ 刘悦笛:《孟荀"天—性—情—心"统合论——从"心统情性"新视角兼祧孟荀》,《文史哲》2020年第2期。

个方向继续发力：第一，对孟、荀各自的特色义理分别进行深度解析，充分把握二者的实质性分歧之所在，在学理层面充分澄清统合的焦点与难点之所在；第二，从《孟子》《荀子》文本解释、孟荀在问题意识与思维方式上的异同、统合孟荀的可能思路这三个方面，对两千多年来的孟荀关系史进行全面、深入的梳理，以便接下来的"统合"工作可以充分站在前人（巨人）的肩膀上；第三，在上述两方面工作的基础上，进行"理论创新"意义上的"孟荀统合"。

《文史哲》国际版 2020 年第 1 期刊发的几篇主题论文，与上述三个努力方向密切相关。其中，黄玉顺教授的《孟荀整合与中国社会现代化问题》，以及任剑涛教授的《孟荀之外的第三条儒学进路》两文，显示了某种特立独行的洞察力。黄文侧重分疏荀学在帝制时代与现代社会中所实际具有和可能具有的迥然不同的功能：一是在"独尊儒术""阳儒阴法"的格局下为皇权做支撑，二是在中国社会现代化之际充当现代性启蒙的传统思想资源。这种鲜明的反差，令人耳目一新。黄文特别强调，应以现代价值为标准，对孟荀思想加以"损益"和整合。任文则如其题目所示，认为现代儒学的突破并不在统合孟荀，而在承续董仲舒进路。具体来说，要既在理论上综合诸家之长而成就通纳百家的儒学思想体系，又在实践上有原则地切入现实政治运作，从而将儒学的理论雄心与政治志向熔冶一炉，以此令诸家难以望其项背。

最后，值得特别一提的是，最近这一波"孟荀关系"讨论热潮，由旅居美国的李泽厚先生的《举孟旗　行荀学——为〈伦理学纲要〉一辩》①这篇文章触发。2017 年上半年李文面世之后，杨泽波教授旋即于下半年发表商榷文章《仍是一偏：论李泽厚的新旁出说》②。梁涛教授

---

① 李泽厚：《举孟旗　行荀学——为〈伦理学纲要〉一辩》，《探索与争鸣》2017 年第 4 期。

② 杨泽波：《仍是一偏：论李泽厚的新旁出说》，《探索与争鸣》2017 年第 7 期。

则进而于同年10月，联合杜维明先生，在中国人民大学组织召开了"统合孟荀与道统重估"学术研讨会，将"孟荀关系"课题提到了儒学基本格局的重估与重整的高度。在此背景下，《文史哲》中文版于2020年第2期推出了一组题为"孟荀之争与统合"的笔谈。而与《文史哲》国际版以"重估孟荀二分的传统儒学格局"为主题遴选、编发本期文章相同步，杜维明与梁涛教授合编的《统合孟荀与创新儒学》一书亦紧锣密鼓地在齐鲁书社处于组稿、排版、校对过程中。作为编者，我们特别感谢杜维明先生、梁涛教授在本期组稿过程中为我们提供的相关便利。

■ 重审儒学与"五四"的关系[①]

——《文史哲》杂志人文高端论坛之八综述

按：此文是笔者迄今为止在《文史哲》编辑任上撰写的唯一一篇相对"规矩"的论坛综述，与第五编的《儒学与"五四"能和解吗?》这篇侧记对读，更能显出文体与文风上的平实——尽管它同样贯穿着笔者的主观设计。"学术编辑"绝非只是"为他人作嫁衣裳"，而是大有创造性工作的余地。报道学术论坛的综述或侧记同样如此，其中蕴藏着报道者软性地展示其主观识见、实现其自身价值的用武之地，那种能令读者眼前一亮的深度报道更是学术期刊（作为学术论坛主办者）塑造其卓越形象的必要"法器"。

2019年是"五四"运动一百周年，这一时间节点的沉甸甸分量举世皆知。如何策划一场有历史穿透力的纪念研讨会，乃是像《文史哲》编辑部这样的学术单位所无法绕开的一道年度考题。

众所周知，"五四"一向被视为新文化运动的醒目标志，而新文化运动的基本旨趣之一，则是要打倒以儒学为主干的中国传统文化。若在过去，例如在20世纪八九十年代，简单顺应这种"反传统"惯性而讴歌"五四"，可谓天经地义。但如今，情势已经发生显著而深刻的改变。在纪念"五四"九十周年的世纪之交，以儒学为代表的本土传统文化即便

[①] 本文曾以《重审"五四"与传统的关系——"儒学价值及其现代命运：五四运动百年纪念"学术研讨会综述》为题，原载《文史哲》2019年第4期。此系原稿（《文史哲》版的前身）再修订版。

已经跃跃欲试，但平心而论，那尚不足以重塑中国思想界的大气候。21世纪以来，尤其是在刚刚过去的六七年间，以儒学为代表的本土传统文化强劲复兴的态势，则在全国上下明显加速。既然已经感知到了思想气候的这种变迁趋势，那么，究竟该用怎样的议题设置，去纪念"五四"运动一百周年呢？

《文史哲》编辑部鉴于本刊近十余年来已经形成了比较突出的"厚重古典学术研究"刊风，加之早在2008年已针对"西化"心理及本土传统文化的"失语"问题发出过"中国文化发展战略应作方向性调整"的呼吁，以主编为代表的同仁们遂最终决定积极因应思想气候变迁所造成的张力感，将论坛标题确定为"儒学价值及其现代命运：五四运动百年纪念"。

2019年5月4日，来自南开大学、华东师范大学、北京大学、四川大学、中国社会科学院、清华大学、首都师范大学、河北大学、河南大学、中国海洋大学、山东师范大学、山东大学、南京大学、复旦大学、同济大学、广州大学、厦门大学等学术单位的近四十名学者，会聚山东大学中心校区。在《中华读书报》与《澎湃新闻》等媒体的全程关注下，《文史哲》杂志人文高端论坛之八"儒学价值及其现代命运：五四运动百年纪念"正式上演。

按近几年的惯例，本届论坛仍以《文史哲》杂志与《中华读书报》联合发布"年度中国人文学术十大热点"作为开幕式重点。这也是两家连续第五次联手发布"年度中国人文学术十大热点"。《文史哲》主编王学典教授在开幕式致辞中介绍说：该热点评选秉持"不制造热点，但推波助澜"的工作尺度，力求通过现象聚焦与论题凝练，表现当下中国人文学界的脉动与大势。他还介绍说，今年大约有500位学人，以不同形式参与了热点评选活动。随后，李扬眉副主编代表《文史哲》杂志和《中华读书报》宣读了"2018年度中国人文学术十大热点"条目与解析辞，其中，"人文社会科学界隆重纪念改革开放四十周年，以'中国主体意识'为中心的学术转型成为学界自觉诉求"位列2018年度十大热点之首。实际上,"中国主体意识的自觉"正是前述"思想气候变迁"的实质。正是这种自觉,使得"五四"一百周年纪念有了非同以往的重要意义。

论坛东道主《文史哲》主编王学典教授,在开幕式致辞中这样阐释论坛主题:当今中国正在持续发展,并稳步崛起。这和1919年"五四"运动发生之际,列强环伺而国家疲弱,面对领土主权之辱只能由青年学生怒吼"还我青岛"的时局,已经完全不可同日而语。站在国运持续向好大背景下的一百年后的今天,我们又该如何看待力主"打孔家店"、追求"全盘西化"的"五四新文化运动"(与多数学者在论坛发言中的术语用法相一致,本文均是在"五四新文化运动"并举的意义上简称"五四")呢?王学典主编特别指出,"五四"只是以激烈的方式将"如何对待我们自己的传统""如何对待西方"的问题摆上了桌面——它对问题的回答则并不让人满意,直到如今,中国思想界都远未解决好这组问题。对此,多位学者嘉宾深表赞同。

接下来,汪荣祖、杨国荣、温儒敏、罗志田四位先生,先后以"'五四'打孔驳议——兼论儒为今用""'五四'思想与传统儒学""'五四'辩证:传统的颠覆与赓续""为己或为人:'五四'个人解放的悖论"为题,进行主题发言。

汪荣祖先生指出:"五四"在反传统与全盘西化上的激进姿态,很大程度上是受了19世纪西方浪漫主义的感染。特别地,"五四"旗手们未能冷静地意识到,科学技术或可全盘西化,但人文价值无法全盘西化,在非理性的浪漫激情中,以全盘西化的名义剧烈颠覆儒学所主导的中国传统价值观,结果只能使整个社会秩序陷入错乱。稍后,李若晖教授针对曹禺话剧《雷雨》中的周朴园形象所做的专题发言,可谓与汪荣祖先生的这一评判遥相呼应。李若晖教授指出:无论以中国传统文化为标准,还是从西方现代道德来看,《雷雨》中的周朴园的发迹手段都是丧尽天良的，其始乱终弃的情史都是令人发指的。但在周朴园所处的那个时代，"打倒传统"的呼声已经令儒学所代表的中国传统价值观威信不再，仅舶来皮毛的西方人文价值观又远不足以框定现实生活中的是非。这种大破之后无法大立的态势，恰好给周朴园提供了以"西学""新道德""自己开创的全新道路"等名义尽情粉饰其罪恶的无限空间！

杨国荣先生在批评过"五四"时期所流行的"凡好皆好，凡坏皆坏"的文化本质主义式的"二分"偏见之后，转而重点展示了传统儒家的"仁—诚"观念对"五四"学人接触、拥戴"德先生""赛先生"的潜移默化的推进作用。这一观察意味着，即便那些主张全盘西化的"五四"旗手，其实也从未与传统儒学一刀两断。诚如方朝晖教授稍后在专题发言中所言，"五四"以来的中国学人亟须正视本土的深层传统"文化—心理"积淀，将典型的中国传统"文化—心理"结构同中国的现代性诉求与现代化之路有机结合起来。

温儒敏先生机智地发现，汪荣祖、杨国荣两位先生针对儒学与"五四"关系的发言"其实已经有所交锋了"。在他看来，"好的学术讨论就应该有所交锋"。在自己的主题发言中，温儒敏先生指出：革命派、启蒙派、文化保守主义对"五四"的论述和评价各不相同，但无论如何，将"五四"放在整个中国的大历史格局中来考虑，其矫枉过正的激进姿态还是有其合理性的。在他看来，重要的是，在今天，我们不能以复兴儒学为名，行拒绝现代文明之实。与此相关，任剑涛教授在稍后的专题讨论中探讨了"五四"以来中国所面临的"挣脱帝国的牵绊"问题。具体而言，中国作为"后发外生的现代国家"，如何"才能迈过传统国家的门槛，迈进现代国家的天地"？其中的内外阻力究竟是什么？应对之道究竟何在？

"五四"的合理性与所谓的"挣脱帝国的牵绊"，均与中国的"现代化"转型相关。站在相应立场上，学界通常将"五四"视为高扬"个体主义"的现代性启蒙运动，并常常惋惜这种"西式个体主义本位的现代性启蒙"很快便因本土传统"文化—心理"结构的羁绊而举步维艰。和这种流行见解相反，罗志田先生在主题发言中承认，"五四"时期确实存在"个人解放悖论"，也即"从家庭中解放出来的个人，最后被投入一个更大、更现代、更具有约束力的群体性网络之中，在这个体系中，个人几乎没有自己的比较独立的位置"，但他强调，这一悖论并非像许多学者所认为的那样，是出于包括儒学在内的中国传统文化对西式现代性启蒙的羁绊。在罗志田先生看来，包括儒家《大学》等在内的中国传统文化资源中，并不缺乏"顶天立地的个人主义"，反倒是作为社会组织理论的西方自由主义的强势舶入，使得越来越多的近现代中国知识人，将中国传统之"人"转而解释成了"属于国家、社会与家族的人"。就此而言，欲重新审视儒学与"五四"的关系，必须做两件事情：其一，全面摸查中国本土的"个人主义"传统资源；其二，认真调查"集团主义"在近现代的西学东渐。

罗志田先生的发言使我们认识到，儒学与"五四"的关系确实有待重审。但仅就任务量而言，要进行系统性重审也并不简单，更何况，这其中还存在着理论视角的拣择与历练，叙述框架的打造与拿捏等大问题。诚如温儒敏先生所言，现实中的"五四"极其复杂。"五四"的复杂与"五四"研究的丰富多彩，在改革开放以来"五四"阐释日益多元的局面中有着具体的表现。陈卫平教授在发言中对一系列代表性阐释进行了点评。他比较乐观地认为，通过对多元阐释进行同情之理解，在深入辨析"'五四'究竟是否全盘反传统""'五四'实际上是在建设中国文化的新形态""'五四'作为马克思主义中国化的开端"等问题的基础上，研究者应该可以得出接近历史实况的"五四"认知与"五四"叙事。

正因"五四"本身具有复杂性，力图触摸"五四"历史实情的纪念论坛必然丰富多彩。在三场专题发言与讨论中，学者们围绕一系列大大小小的议题，进行了睿智、饱满、精彩的发言。

如前所述,"五四"关涉的是中国的现代化转型问题,从一开始便尖锐地涉及如何对待传统文化的问题。围绕"传统与现代的关系"这一无可回避的问题,多位学者进行了发言。

其中,曾亦教授从"庶民的胜利"角度,考察了"'五四'前后对孔教的批判"。他指出,在这场批判中,传统时代以传承道统为己任的"劳心者"被彻底打倒,儒家文化传统因此中断。

何中华教授则站在唯物史观角度,将"五四"以来儒学等传统"文化"因素被视为中国落后挨打的总根源的流行看法,定性为"令人尴尬的倒果为因"。按照唯物史观,社会存在决定社会意识,就此而言,传统文化作为一种社会意识即便有妨碍社会进步的一面,但归根结底,这仍然是由社会存在(而非传统文化本身)造成的。将传统文化视为中国落后挨打的总根源,意味着主张"社会意识决定社会存在",堪称对唯物史观的背叛。

间小波教授围绕儒学的"家国和美的救济师"角色,展示了儒学在政治立场上介于"君至尊"与"民至上"之间的中道状态。间教授特别提到了"从16—17世纪'儒学内含的民至上的思想成了欧洲启蒙运动的思想资源之一',到19世纪以降创造性地吸收了儒学资源的西方政治思想转而'东渐'"这一中西文化交流史上的另一个"轮回"。在此基础上,他指出,传统儒学至少部分地内含着"五四"所崇尚的、与"西学"及"现代性"相一致的思想资源。就此而言,"传统与现代"绝非势同水火。

刘悦笛研究员进而描绘了一幅"大启蒙"的宏观图景。他认为,"启蒙"中包含着的那些可被人类普遍接受的价值原则,也可以在包括中国传统文化在内的东方文化里找到。通过揭示、阐释这些普遍原则,中国本土传统与现代西方文化可以在"大启蒙"的意义上沟通融汇起来。这样一来,现当代中国与现当代西方之间,就只存在"启蒙范式"的差别,而不存在"非启蒙与启蒙"的二分。进言之,"中国式启蒙"

还可以凭借其特有的"情理结构",为现代世界提供更为"平衡"的参考方案。

以"白话文运动"为代表的"文学革命",及其用改良之文载新文化之道的各种创发,无疑是"'五四'新文化运动"带给中国文化界的一场史诗式剧变。围绕"'文学革命'与文学创作"专题,共有五位学者做了专题发言。

张宝明教授在发言中考察了"《新青年》'主撰'及其同仁"。他发现,"五四"先驱改造国民性的"立人"大业,经历了从"心身两全"到"以德为主"的蜕变,其以道德换血来造就新国民、新国家的理念,恰与传统儒家的"修身治国之道"如出一辙。传统"文化—心理"结构之于"五四"人的潜移默化作用再次体现。

谭好哲教授回顾了"五四"时期的"人生论"文艺思想。他化用鲁迅的观察,指出:觉醒了的人把眼睛投向了社会,想从现实的认识来求改革的道路;觉醒的人用他的眼睛碰撞了自己,想从自我的扩张里面叫出改革的愿望。这二者,都是将文学落实到人生上来的方式。作为时代精神的表征,上述一外一内两种"为人生"的文学方式,在充满"改革"意识这个关键点上根本相通。"'五四'新文化运动"时期虽有"学术独立""文学独立""史学独立""音乐独立""医药、拳技独立""为艺术的(而)艺术""忠于艺术的冲动"等口号的提出,但上述这种"人生论"的文艺思想所标榜的显然不是"为文艺而文艺"的文艺独立姿态。

此外,魏建教授还以《女神》研究为例,检讨了"'五四'文学研究的历史教训",袁一丹博士在题为《新大陆的旧文苑》的发言中尝试发掘文学革命的前史,刘晓艺博士在发言中介绍了"'五四'新文学家的旧诗创作"。

在"五四'新文化':社团、人物与作品"专场,李浩、钟诚、周月峰、魏泉、张春田、刘家峰等学者分别做了《"五四"与鲁迅先生的精神遗产》《〈狂人日记〉与走向政治的鲁迅》《革命的文化运动："五四"后张东荪的新文化方案》《"地方公正言论机关"的尝试：新南社与1920年代"新"字号乡镇小报》《基督教与"五四"新文化运动：以"生命社"为中心的讨论》等发言。这些发言尝试从更具体的层面，触摸"五四"历史的实际状态，生动展示了中西古今要素在"五四"时期互动的复杂局面。

特别值得一提的是，如何重新处理"五四"时期无比尖锐的"宗法礼教"与"个体本位"的关系问题，在本届论坛上取得了一定的进展。

在将《雷雨》作为文化寓言加以诠释的过程中，李若晖教授指出，在"五四"新文化运动当中，旧道德是伪道德，新道德才是真道德，青年们尤其将旧式家庭视为封建落后的标志，于是他们崇尚个性解放，追求爱情，以与旧家庭决裂为新道德实践的标志。但正如汪荣祖先生发言所述，这种破坏性的决裂，引发了全局性的价值观混乱。那么，有无可能将"五四"时期极具冲击力的"个体本位"意识，和传统儒家特别珍视的"家"的价值进行建设性连接呢？对此，孙向晨教授提出：在现代"个体本位"大致确立的前提下，让"家"重新成为个人成长的原始空间，非但不会重蹈"用'家'结构的非对称性为'权力'的主从关系背书"的古代覆辙，反而有助于制衡"个体本位主义"的种种消极效应。此可谓是"修齐治平"的现代版。

有学者甚至进一步提出，儒学未必只能在西式现代性前提下作为制衡者或改良者而存在。黄启祥教授认为，在民富国强的新的时代条件下，儒学"适于一个主权国家内管理国家与教化国民"的本色将重获彰显。汪荣祖先生则认为，在国际关系层面，儒家"王道"甚至有望成为有别于"争霸"意识的新的国际政治理念。

在论坛闭幕式的学术总结环节，河南大学原副校长、历史文化学院教授张宝明先生表示：《文史哲》编辑部凭借其宏阔的学术眼光与高端的学术平台，策划组织了一场真正高水平、跨学科的思想学术盛会；老中青三代学者的文章与发言表现出了"辨析性与批判性""反思性与前瞻性""问题意识与方法方案"高度统一的卓越品质。凭借大学管理者的眼界，他还特别指出：对于目前高校和学界正在探索的学科建设、跨界研究、学科整合等课题，本届论坛委实具有极强的示范意义！

作为一名政治学专家，《文史哲》副主编刘京希教授在闭幕式致辞中这样概括自己的参会感受："五四"与"新文化运动"在"软的"伦理与文化方面措意有余，而在制度设计和法制建设方面则投入不足，这在一定程度上延续了传统中国"文人治国"的特征和软肋。然后，他和王学典主编一致感谢以与会专家为代表的学界精英们长期以来对《文史哲》杂志的支持与厚爱。王学典主编表示：《文史哲》同仁愿和学界有识之士们一道，继续不断地蹚出一条"以问题整合学科"的综合研究之路！

■《文史哲》与"中国哲学的合法性问题"大讨论[①]

按：山东大学素有"文史见长"之誉，虽偶有哲学人提出"哲在其中"的补充语，但在这里，哲学的故事总归要比文史显得逊色不少。2019年，我接受了撰写《〈文史哲〉与中国人文学术七十年（1951~2021）》下编的任务。从那一刻起，我就在心里盘算：如何能在我这一编把《文史哲》与哲学的故事讲出彩来？功夫不负有心人。在浏览过刊的过程中，我惊喜地发现：2002年第2期上署名王元化的《关于中西哲学与文化的对话》这篇学术访谈，正是直接引发21世纪以来"中国哲学的合法性问题"大讨论的"导火索"文本之一。怀着为自己所在的学科"打个翻身仗"的兴奋头儿，在领导和团队的认可支持下，于是有了下面这篇用学术研究的方式讲述"《文史哲》通过切入'中国哲学的合法性问题'大讨论，感知正在来临的以'本土传统资源现代化'与'外来古今资源本土化'为两翼的中国哲学社会科学'中国化'转向"故事的论文。

2001年9月，法国后现代思想家德里达在中国上海，同王元化先生就中西文化异同问题，进行了一次两个多小时的对话。其间，德里达从他的"解构"思想出发，很大程度上（尤其是与黑格尔相比）其实是在赞赏的意义上，称"中国没有哲学，只有思想"。《文艺报》与《中国图书商报》在当年12月，分别以《中国有哲学吗？——德里达在上海》与

[①] 与田芳合作，原题《"本土化"转向的活例：〈文史哲〉与"中国哲学的合法性问题"大讨论》，原载《孔子研究》2021年第3期。此系修订稿。

《是哲学，还是思想——王元化谈与德里达对话》为题，对此进行了报道①。《文史哲》则于次年3月刊发了由王元化先生本人署名的《关于中西哲学与文化的对话》长篇访谈②，对这次对话的内容进行了深度讲述。以上信息迅速引起中国哲学（史）研究界乃至整个中国学界（文化界）强烈而广泛的关注，直接引发了长达十余年的"中国哲学的合法性问题"大讨论。这场大讨论余响不绝，迄今仍在不断生发出关于中国

王元化：《关于中西哲学与文化的对话》，《文史哲》2002年第2期

学（史）学科究竟应该何去何从的新思考与新争鸣。《文史哲》杂志因有幸参与"导火索"文献的制作与刊发，而成为这场事关中国哲学（史）学科在21世纪走向的大讨论的重要策源地之一。

回头梳理这段当下史，最值得究的问题莫过于：德里达原本善意的"中国没有哲学，只有思想"之论，为何会在当今中国引起轩然大波，擦枪走火般地引爆21世纪初的"中国哲学的合法性问题"大讨论呢？对此，《文史哲》同仁也有一个深长的思考过程。2008年，在举办

---

① 陆扬：《中国有哲学吗？——德里达在上海》，《文艺报》2001年12月4日，第4版；王元化、钱文忠：《是哲学，还是思想——王元化谈与德里达对话》，《中国图书商报》2001年12月13日，第14版。

② 王元化：《关于中西哲学与文化的对话》，《文史哲》2002年第2期。

"中国文论遗产的继承与重构"人文高端论坛之际,《文史哲》同仁即曾联系"中国本土文论传统的失语问题",提出过"中国文化发展战略应作方向性调整"的观察与评论①。此后,综合中国文、史、哲三科在迈入新世纪之后陆续表露出的一系列带有共性的新迹象,并联系日益清晰的自下而上、自上而下的中华传统文化复兴热潮,《文史哲》主编和同仁们日益强烈地感受到:一场以"本土化"或"中国化"为实质的哲学社会科学大转型,正在中国大陆乃至整个华语世界拉开帷幕。爆发于21世纪初的这场"中国哲学的合法性问题"大讨论,可谓这场大转型的一个活例。基于这种认识并结合相关时势,《文史哲》杂志先后又引申出了"中国哲学话语体系的范式转换"(2009)与"如何构建中国特色哲学社会科学体系"(2018)这两个议题设置,尝试对21世纪初的这场大讨论进行建设性承接。从最初相对被动地参与"导火索"文本的制作与刊发,到自觉站在时势研判的制高点上对"中国哲学的合法性问题"大讨论进行建设性的议题设置与承接,这一连串动作典型地体现了《文史哲》坚持学术与现实对观,力求"预见大势、介入大势、见证大势"的办刊传统。

本文拟在古今中西四重语境下,结合现代学科意义上"中国哲学(史)"在中国的百余年历史,从"'中国哲学(史)'学科由来已久的身份尴尬""德里达、王元化2001年对话:引爆'中国哲学的合法性'问题的导火索""从《文史哲》角度看'中国哲学的合法性问题'大讨论的代表性命题""扩展性追问与前瞻:非复古、非封闭的'本土化'中国人文学术何以可能?"四个方面,透视作为哲学社会科学"本土化/中国化"转向之活例的这场"中国哲学的合法性问题"大讨论。

---

① 刘培:《"中国文化发展战略应作方向性调整"——"文史哲杂志人文高端论坛:中国文论遗产的继承与重构"在山东大学举行》,《文史哲》2008年第3期。

一、"中国哲学（史）"学科由来已久的身份尴尬

有两部作品在中国哲学（史）学科从无到有的创立过程中发挥了举足轻重的奠基作用，那就是胡适的《中国哲学史大纲》（上卷，1919年）与冯友兰的《中国哲学史》（上册，1931年；下册，1934年）。与本土传统学术史著作相比较，这两部中国哲学史共同具有的鲜明特征就是以西方哲学（史）为参照。

胡适在其《中国哲学史大纲》导言中虽未径直承认对西方哲学的依傍，而是从"哲学的定义"出发，将印度、中国、希腊、犹太东西两支四系哲学等量齐观，认为它们都是"研究人生切要的问题，从根本上着想，要寻一个根本的解决"的学问，蔡元培在为此书作序时却替他挑明了："中国古代学术从没有编成系统的纪载。《庄子》的《天下篇》，《汉书·艺文志》的《六艺略》、《诸子略》，均是平行的纪述。我们要编成系统，古人的著作没有可依傍的，不能不依傍西洋人的哲学史。所以非研究过西洋哲学史的人，不能构成适当的形式"。而且，蔡元培不想诱导读者质疑这种学术史撰述的恰当性，故将这种"依傍"定性为"形式"的（而非"实质"的），且表态说这是一种"适当的形式"。

大概是受此鼓舞，冯友兰在其《中国哲学史》上册遂开门见山，这样表述自己的撰述策略："就中国历史上各种学问中，将其可以西洋所谓哲学名之者，选出而叙述之"。这样一来，冯氏《中国哲学史》（上下册）便在议题遴选、阐释进路、学理评判等方面，显示出有意为之的依傍西方哲学的痕迹。对此，陈寅恪提出了委婉的批评，认为冯友兰在取用西方哲学观念时未能像汉传佛教那样进行中国化变易，未能"不忘其本来民族之地位"[①]。这说明，仿照西方哲学（史）建构起来的中国哲

---

① 陈寅恪：《审查报告三》，载冯友兰：《中国哲学史》下册，华东师范大学出版社，2000年，第439—441页。

学（史）学科，在以本土传统学术为底色的中国知识人眼中，一开始即显为身份可疑之物。

如果说陈寅恪作为历史学家还只能在史料辨别与运用，以及制度、法律、公私生活等方面，从外围对援西释中的中国哲学（史）学科建构发表微词的话，那么，深通宋明儒学与佛学的熊十力在新中国成立后的1956年发表的一番讥议，则更加直接地从"崇尚西洋"与"轻视本国"相对立的角度，对年轻的中国哲学（史）学科的"原罪"进行了指摘：

> 自清季以迄民国，治哲学者可以说一致崇尚西洋；不免轻视本国的学术。虽则留学界人士亦谈国学，而覈其实际，大概以中国的瓶子装西洋的酒。至于中国的瓶子有无土产的酒否，似乎不甚过问。①

熊十力的这番微词与他本人的哲学观一以贯之。实际上，早在1933年，熊十力即曾针对冯友兰的"良知是个假定"提法，慷慨陈词曰："这怎么可以说是假定。良知是真真实实的，而且是个呈现，这须要直下自觉，直下肯定"②。熊十力此说，被最具哲学素养的新儒家代表人物牟宗三在其《五十自述》中形容为"霹雳一声，直是振聋发聩，把人的觉悟提升到宋明儒者的层次"，"直复活了中国的学脉"；这种"良知呈现—直下自觉—直下肯定"的中国式思维（中国哲学），被认为远胜于"心思只停在经验层上，知识层上""只认经验的为真实，只认理智所能推比的为真实"的西方哲学思维③。此一区分，后来被牟宗三进一

---

① 熊十力：《谈"百家争鸣"》，《哲学研究》1956年第3期。
② 牟宗三：《五十自述》，鹅湖月刊社，2017年，第88页。熊十力和冯友兰围绕"良知"的这番对话，现在甚至已经被研究者命名为"1933年'良知是个假设，还是个呈现？'的公案"。参见陈迎年：《一桩三重公案：牟宗三良知呈现是康德式的还是黑格尔式的?》，《船山学刊》2020年第4期。
③ 牟宗三：《五十自述》，第88页。

步发展为"中国哲学的特质"论,成为那一代港台新儒家面对"世界人士"的一个重要文化身份标识①。

"中西异质""中优于西(至少在一些重要的甚至是根本的方面)"意义上的"中国哲学(中国文化)的特质"论,在近现代与当代中国语境下具有双重用武之地。在劣势处境中,它可以潜存中国学人心底维系文化自尊;在进取的语境中,它可以作为中国贡献于世界的良方而令中国学人自豪。正因此,无论是在中国积贫积弱的近现代,还是在中国快速发展而复兴在望的当今时代,上述"特质论"都颇有市场。但问题在于,现代以来的中国学人,几乎无人能较纯粹地持守所谓的"中国文化的特质"——至少他们所使用的术语、所采纳的思考框架,无不深受舶来之西学浸润。非但胡适、冯友兰的中国哲学通史撰述深受西方哲学"污染",高扬"中国哲学的特质"的牟宗三,其述其作在深受西方哲学影响方面甚至有过之而无不及——牟宗三先生的中国哲学研究,空前系统而精致地将中国传统思想(尤其是儒家心学)与康德哲学融为了一体!

可以说,冯友兰先后撰著的三部《中国哲学史》②,以及萧萐父、李锦全在改革开放之初主编的那部以世界观或宇宙观、唯物主义还是唯心主义、历史观与社会发展理论、矛盾论与辩证法、逻辑思想、方法论、本体论、人性论等作为基本议题的广为流行的《中国哲学史》

---

① 牟宗三:《中国哲学的特质》,上海古籍出版社,2008年;牟宗三、徐复观、张君劢、唐君毅:《为中国文化敬告世界人士宣言——我们对中国学术研究及中国文化与世界文化前途之共同认识》,《民主评论》1958年元旦号。

② 冯友兰在总结自己的学术人生时有"三史释古今"之说,"三史"通常被认为是作于20世纪30年代的《中国哲学史》(上下册)、40年代的《中国哲学简史》、80年代的《中国哲学史新编》。实际上,在1960年代,冯友兰先生还曾撰写过一套"以马克思列宁主义、毛泽东思想为指南的中国哲学史",在收为《三松堂全集》第7卷时更名为《中国哲学史新编试稿》,以区别于1980年代由人民出版社出版的"从头重写的《中国哲学史新编》"。可参考冯友兰:《中国哲学史新编试稿·自序》,《三松堂全集》第7卷,河南人民出版社,2001年,第6页,以及《第七卷说明》。

(上下卷，1983年)教材①，遑论20世纪八九十年代以来同舶来的海量西方哲学资源相伴生，自觉不自觉地借用着西学视角、概念、理论的中国哲学(史)研究成果，从坚持"中国哲学的特质"角度看，其纯洁性无不深受西方哲学"玷污"。就此而言，百年来②中国哲学(史)的创科与发展史，简直就是一段带着西方哲学的镣铐跳舞的尴尬史③。

在西方，十六七世纪以来，"中国哲学"先是获得了很高的礼遇，后则遭遇不堪的尴尬。

"利玛窦是第一个以西方哲学为标准发现中国有哲学的欧洲人，也是第一个明确提出了'中国哲学'这一概念的人。"④以利玛窦为代表的

---

① 萧萐父、李锦全主编：《中国哲学史》(上下卷)，人民出版社，1983年。冯天瑜在这套教材出版后不久，即发表《哲学史是发展中的系统——萧萐父、李锦全主编的〈中国哲学史〉读后》(《江汉论坛》1983年第11期)，对之给予高度评价。后来，李维武曾在2009年指出，"这套《中国哲学史》在20世纪80年代初出版后被很多大学哲学系作为教材采用，在1980—1990年代产生了很大影响，累积印数达十多万套。2008年，武汉大学文学院张思齐教授完成此书几十万字英译工作，英译本由外文出版社出版"。引自李伟国、刘冰通讯员：《李维武：哲学人的哲学世界》，《武汉大学报》第29期(2009年10月30日)，第3版。

② 自1912年北京大学设立"哲学门"算起，中国哲学(史)作为一个学科建制，在中国本土的历史刚逾百年。参考郑开：《中国哲学学科史》，载韩水法主编：《北京大学哲学学科史》，商务印书馆，2014年，第96页。

③ 在"中国哲学的合法性问题"大讨论爆发之后，许嘉璐在《文史哲》2009年第5期上发表了《卸下镣铐跳舞——中国哲学需要一场革命》一文。对于借助西方哲学资源阐释中国本土哲学(中国传统思想)的做法，他机智地讽刺道，"显然，无论什么人，如果老是随着施特劳斯圆舞曲扭秧歌，慢慢地脚底下也会旋转起来"。在他以及不少中国本土学者看来，中国哲学(中国传统思想)明显被作为解释工具的西方哲学严重地扭曲变形了，而"与这种对中国哲学的扭曲密切相关的是，中国文化从总体上受到了严重的摧残……其间虽有包括被称为现代'新儒家'者在内的众多学者坚持，并且形诸论著，但也无奈西方学术之大潮何"。

④ 张允熠：《利玛窦与西方哲学的中传及对中国哲学的发现》，《北京行政学院学报》2019年第5期；张允熠：《"两极相联"与中西之间——论欧洲近代哲学中的儒家哲学元素》，《文史哲》2018年第4期。

天主教传教士来华的明清之际，中国儒学正值王阳明心学与朱熹理学双峰并峙时期，仍然属于儒学史上性善论思维、主体性（"自作主宰"）意识最为突出的阶段。此时的欧洲则处于主体理性主义启蒙的前夜，"16、17世纪，继希腊哲学被重新发现之后，儒家哲学西传，进一步点燃了欧洲启蒙主义的火种"，"实际上，在文艺复兴到启蒙运动期间，欧洲知识分子'对东方的一切都着迷'"，"欧洲自由思想家认为孔子的学说，是理性的结晶，智慧的宝库"[①]，宋明儒学的性善论思维与主体性（"自作主宰"）意识遂通过跨文化传承的方式融入了欧洲启蒙哲学（包括集启蒙哲学之大成的康德哲学，尤其是他的道德—宗教哲学）之中。

但同样不容忽视的是，利玛窦对他所发现、向西方所介绍的"中国哲学"的学术品质，也是有微词的。个中原因，除了在于其传教士的宗教立场在起作用外，还在于中国传统思想家在论述其思想时缺乏亚里士多德式的逻辑形式，而且，中国本土也没有发展出严格遵守这种形式逻辑、被奉为系统性知识之典范的欧几里得几何学。利玛窦说，"中国所熟习的唯一较高深的哲理科学就是道德哲学，但在这方面他们由于引入了错误似乎非但没有把事情弄明白，反倒弄糊涂了"[②]。实际上，康德同样对孔子思想和中国人发表过微词。在康德登上西方哲学史舞台之际，于莱布尼兹时代登峰造极的"中国文化热"已经开始退潮，康德对中国儒学的了解与借鉴已经变得非常间接[③]。经过康德式不

[①] 张允熠：《"两极相联"与中西之间——论欧洲近代哲学中的儒家哲学元素》，《文史哲》2018年第4期。

[②] 利玛窦、金尼阁：《利玛窦中国札记》，何高济、王遵仲、李申译，中华书局，1983，第31页。转引自张允熠：《利玛窦与西方哲学的中传及对中国哲学的发现》，《北京行政学院学报》2019年第5期。

[③] 马丁：《从孔子到康德：信息的传承如何可能》，载成中英、冯俊主编，中国人民大学国际中国哲学与比较哲学研究中心译：《康德与中国哲学智慧》，第70、72页。

点名地跨文化传承与集成（康德点中国的名，往往是在他对中国文化发表微词的时候）之后，黑格尔干脆将上述微词发展为极具贬义色彩的"中国没有哲学"论断。他说："由此得到结论：我们在这里尚找不到哲学知识。""所以这种东方的思想必须排除在哲学史以外。""首先要讲的是所谓东方哲学。然而东方哲学本不属于我们现在所讲的题材和范围之内；我们只是附带先提到它一下。""孔子的教训在莱布尼兹的时代曾轰动一时。它是一种道德哲学。……我们看到孔子和他的弟子们的谈话，里面所讲的是一种常识道德，这种常识道德我们在哪里都找得到，在哪一个民族里都找得到，可能还要好些，这是毫无出色之点的东西。孔子只是一个实际的世间智者，在他那里思辨的哲学是一点也没有的——只有一些善良的、老练的、道德的教训，从里面我们不能获得什么特殊的东西。"①

总之，流行于17—18世纪欧洲的"中国热"退潮后，黑格尔式的"中国没有哲学"论断在西方哲学界流行开来。早在中国哲学（史）学科在中国本土正式建立（20世纪初）之前，早已翻过了"东学西传"这一页的西方哲学界已就"中国的（东方的）思想"的特质达成了他们的共识，那就是"中国的（东方的）思想算不上哲学"。20世纪初，在1840年以来西强东弱、西学东渐的大背景下，以胡适、冯友兰为代表的海归学者，参照西方哲学而有选择地梳理、阐释中国传统学术，在中国本土草创了中国哲学（史）学科，并进而凭借其沟通中西学界的学缘和外语优势，返过去影响了以美国顶尖哲学系为代表的西方哲学界。留美博士胡适的《中国哲学史大纲》出版于1919年，他是在中国出版了此书之后，1927年才从哥伦比亚大学哲学系正式拿到博士学位的。有研究者推测，哥伦比亚大学哲学系的导师们，在此期间一定

---

① 黑格尔：《哲学史讲演录》第一卷，贺麟、王太庆等译，上海人民出版社，2013年，第96、97、113、117—118页。

对胡适《中国哲学史大纲》在中国的巨大影响有所了解①。此后,冯友兰的《中国哲学史》很快便出版了英译本(上册,1937;下册,1953;到1973年已印刷七版),冯友兰于1946—1947年间在宾夕法尼亚大学的"中国哲学简史"演讲更是大获成功。美国顶尖哲学系此后开始设立中国哲学教职,招收并培养中国哲学博士,由此出现了一批活跃于20世纪七八十年代美国学界的老一辈中国哲学专家。就此而言,"胡适和冯友兰对自黑格尔以来西方学者否定中国哲学的论断做了积极的回应,也为中国哲学争得了小小一席之地"②。这未尝不是一个令中国哲学人鼓舞的迹象。

但这种中西哲学热烈交流的局面很快便急转直下。在冯友兰于宾夕法尼亚大学的"中国哲学简史"演讲(1946—1947)大获成功之后不久,中国大陆即因长达几十年的"冷战"格局与包括美国在内西方世界相区隔。而且,由于受日益教条化与极端化的阶级斗争路线影响,中国大陆的本土传统哲学研究日益沦为直接服务于极端意识形态的"大批判",即便与西方哲学界进行交往,也无法引导西方学界从学术上正视中国传统哲学的"特质"。"港台新儒家"牟宗三、徐复观、张君劢、唐君毅试图以他们自己的方式,拓展中国哲学(中国文化)在世界上的影响力。为此,他们联名发表了《为中国文化敬告世界人士宣言——我们对中国学术研究及中国文化与世界文化前途之共同认识》(1958),向世

---

① 谢文郁在《文本诠释与哲学史研究》(《文史哲》2016年第4期)一文中推测说:"围绕胡适的博士学位问题存在一些讨论。根据《胡适传》(易竹贤著,湖南人民出版社,2005年,第83—90页),胡适于1917年5月22日参加博士论文答辩。究竟当时胡适是否通过答辩,已无可考。我估计是有条件通过,答辩委员会可能要求胡适修改并定稿。但是,这时的胡适已经急不可耐要回国,导致博士学位授予的拖延。一直到1927年,由于胡适在中国的巨大影响,哥伦比亚大学才承认胡适的博士论文,并授予学位。"

② 张立文:《中国哲学的"自己讲"、"讲自己"——论走出中国哲学的危机和超越合法性问题》,《中国人民大学学报》2003年第2期。

界阐述"中国哲学思想在中国文化中之地位及其与西方文化之不同"及其对世界前途的重大意义。但尴尬的是,知道有这份宣言存在的西方人士,寥寥无几。作为刺激美国顶尖哲学系开设中国哲学研究与教学的大本营,中国大陆的中国哲学界在国际学术交流上的长期失声,尤其会给西方学界新兴的中国哲学研究与教学力量造成一种"孤岛"效应,使其缺乏不断表现其重要存在意义的有效环境。在国际上刚刚勃兴的中国哲学研究与教学因而难免走向衰落。

2006年,费尔菲尔德大学曼宇尔·伊姆教授在互联网上发布了关于"中国哲学博士培养危机"的帖子,在业界引起热议。2008年秋,《美国哲学协会通讯》(APA Newsletter)推出专辑(包括1篇主持人手记、9篇笔谈、2份统计数据),对"中国哲学的危机"议题进行深掘。"中国哲学研究的传承危机"一时间成为国际哲学界的一则新闻,华人哲学研究者对之措意尤甚。此信息经余纪元等学者在自美返中访问、讲学过程中透露之后,复又以"中国哲学淡出美国顶尖哲学系"名目,出现在了山东大学儒学高等研究院、《文史哲》编辑部联合发布的《近年儒学研究十大热点报告》(2015年9月28日)中:

> 自20世纪中叶冯友兰英文《中国哲学简史》出版以来,包括儒学在内的中国哲学研究开始在密歇根、斯坦福、加州伯克利等美国顶尖哲学系立足。然而,随着活跃于七八十年代的老一辈中国哲学专家荣休,中国哲学研究已经淡出美国顶尖哲学系,儒学在国际哲学界的处境变得更加艰难。①

---

① 山东大学儒学高等研究院、《文史哲》编辑部联合发布,王学典、李梅、邹晓东执笔:《近年儒学研究十大热点报告》,原载《文史哲》编辑部网站2015年9月28日,https://www.lhp.sdu.edu.cn/info/1002/1239.htm(2021.8.16),复收录于王学典:《把中国"中国化":人文社会科学的近期走向》,上海人民出版社,2017年。

相关资料显示，排名前十的密歇根大学与斯坦福大学哲学系，早先均设立中国哲学教授职位，并培养中国哲学博士。加州大学伯克利分校哲学系后来居上（亦位居前十），亦具备独立培养中国哲学研究生的实力。但现在，这3所顶尖哲学系都不再聘用中国哲学专家，也不再招收中国哲学研究生。更糟糕的是，排名前25的哲学系中，目前连一位对中国哲学研究感兴趣的教员都没有。即便将统计范围放宽到排名前50的哲学系，总共也只有4所大学的哲学系各1名教员对中国哲学感兴趣，但无一具备阅读文言文的素养。仅存的硕果，夏威夷大学哲学系（与曾经的密歇根大学、斯坦福大学、加州大学伯克利分校并驾齐驱的中国哲学研究重镇）近年来人丁兴旺，成为研究中国哲学的最好去处。但因被认为具有"大陆哲学"倾向，夏威夷大学哲学系虽拥有顶级中国哲学项目，其在分析哲学所主导的排名体系中却并不靠前。

原则上，不同文化传统所面对并处理的问题实际上具有很高的相似度，跨传统的哲学互动因而有助于促进对共同面对的问题的理解与处理，有利于维护西方哲学界的生态平衡与思想活力。但在实际中，这只是一种泛泛的道理，可作为一切文化与思想传统在欧美哲学系谋求立足之地的理由，而无法有针对性地维护、拓展中国哲学在西方学界的生存空间。据统计，在美国哲学界，专职的康德哲学研究者：专职的中国哲学研究者=33：1；专职的中世纪哲学研究者：专职的中国哲学研究者=19：1。就现实中的研究力量分配而言，2500年的中国哲学史，仅抵得上中世纪的一个安瑟伦（Anselm）或邓·司各脱（Duns Scotus）。总体来看，美国哲学家对中国哲学知之甚少，普及度相对较高的《论语》《道德经》《易经》，在他们眼中不具备明显的分析哲学性质。在分析哲学主导的英美哲学系，中国哲学居于边缘地位，可以说再正常不过。但是，在改革开放以来，中国的国家实力与国际影响力节节攀升，并进而开始依托包括中国哲学在内的本土传统文化研究与交流，谋求与之相应的国际文化软实力之际,以美国顶尖哲学系为代表的西方哲学界对中国哲学(史)的冷漠,无疑会给了解这一态势的中国学人带来一定的失落感。

二、德里达、王元化 2001 年对话:
引爆"中国哲学的合法性问题"的导火索

进入 21 世纪以来,中国综合国力与国际影响力继续攀升,包括中国哲学(史)在内的中华传统文化在中国本土随之强劲复兴,且颇有代表中国走向世界之势。出现在美国与西方学界的中国哲学研究的传承危机则与此形成了强烈的反差。随着当代中国国运持续向好,中国主体意识日趋自觉,让中国传统文化走向世界、获得世界性话语权的渴望日益突出,中国哲学社会科学界总体上势必会要求洗刷诸如"中国没有哲学""中国古老文明无论多么灿烂辉煌,毕竟没有达到比较高的理论思维水平"的屈辱[①]。

正是因此,著名的后现代西方思想家德里达在 2001 年中国之行期间并无恶意(甚至可以说是满怀善意)地发表的"中国没有哲学,只有思想"言论,一经《文艺报》《中国图书商报》《文史哲》等报刊介绍开来,中国哲学(史)界的敏感神经便不可遏抑地激动起来,围绕着"中国哲学的合法性问题"迅猛地爆发出一场延续至今的热议。

德里达与王元化关于中国哲学的谈话的具体情况,王元化在事后接

[①] "本来,说中国没有哲学,就如同说西方没有儒家、道教和四大发明一样,并不值得大惊小怪。问题是,目前全世界踏上的现代化、全球化的道路,是西方人开拓的,而且评价标准也是由西方人定的。在这样的背景下,如果说中国没有哲学,那在很大程度上被看做是一种侮辱,这意味着中国古老文明无论多么灿烂辉煌,毕竟没有达到比较高的理论思维水平。显然,遭遇这样的问题,我们很难心平气和地当它仅仅是一个学术问题。"(张志伟:《中国哲学还是中国思想——也谈中国哲学的合法性危机》,《中国人民大学学报》2003 年第 2 期。)

受采访时这样介绍道:"我们在就餐时,他说了一句'中国没有哲学,只有思想',这句话一说完,在座的人不禁愕然。他马上做解释,说他的意思并不含有褒贬,而哲学和思想之间也没有高低之分。他说中国没有哲学,只有思想,这话丝毫没有文化霸权主义的意味。他对这种看法的解释是:西方的哲学是一个特定时间和环境的产物,它的源头是希腊。"

尽管了解"德里达的这种解释是和他解构西方哲学思想有关",也知道"逻各斯中心主义是德里达批判的东西,也是他要解构的东西,他认为西方哲学就是以逻各斯为中心的。因而他说他并不认为哲学与思想之间有高低之分,这是符合他的理论的"[①],但包括王元化先生在内的"在座的人"仍"不禁愕然"。这是因为:在王元化先生看来,"起源于希腊的西方哲学和中国从先秦发端的哲学,从基本方面来说,只是在思维方式和表达方式上不同,而在研讨的实质问题上,并没有太大的殊异,虽然两者往往会作出不同方面的探讨,甚至是相反的结论","一般认为中国哲学缺乏思辨思维,很少接触本体论方面的问题,其实魏晋玄学中的本末之辨、有无之辨、言意之辨等等都涉及本体论的讨论。玄学在两汉经学之后出现,实际上与先秦的名辩哲学有着一定的关联,后者是前者的发展"[②]。

作为黑格尔哲学的资深研读者,王元化先生非常了解"黑格尔在《哲学史演讲录》中也曾经说过中国没有哲学,孔子的《论语》只是道德箴言,因为其中没有思辨思维,甚至也没有严密的逻辑系统"[③]。在中国对话者具有这种不愉快的"理解前见"的情况下,当德里达举重若轻地转贬为褒(至少是将贬义语转用为中性语)宣称"中国没有哲学,

---

① 王元化:《关于中西哲学与文化的对话》,《文史哲》2002年第2期。
② 王元化:《关于中西哲学与文化的对话》,《文史哲》2002年第2期。
③ 王元化:《关于中西哲学与文化的对话》,《文史哲》2002年第2期。

只有思想"时,德里达实际上严重低估了"中国没有哲学"这句黑格尔语录对包括王元化在内的中国知识人所造成的巨大心理伤害。同时,德里达也低估了百余年来的中国知识人在低迷的国运下虽不得不屈从于"文化弱国"的弱势地位,但文化自尊意识始终在他们心底酝酿着反叛那种因国运低迷而招致的文化弱势地位的冲动态势。

更根本的问题在于,德里达对黑格尔这句断语的转用固然是善意的(因为逻各斯中心主义意义上的西方哲学正是他所力图解构的),但德里达的"解构主义"无疑又是西方哲学/西方思想发展到所谓"后现代"阶段的一环。作为对"殖民地情况"[①]记忆犹新的现当代中国学人,让诸如王元化先生将"中国哲学(史)/中国思想(史)"的正名问题拱手让给特定的西方哲学/西方思想操办,这在情感上恐怕存在着难以迈越的心坎[②]。更何况,在王元化先生看来,"后现代哲学在辨同异问题上,有时有些畸轻畸重的倾向"[③]。将中国哲学(史)/中国思想(史)的命名权或定性权,交给这样一种前景堪疑的哲学或思潮的代表者,王先生显然也难以放心。

所以,尽管其温文尔雅的修养和比71岁的德里达大整整10岁的年资使得王元化先生在谈话过程中将"争论"姿态降到了最低程度,尽管德里达"并不含有褒贬""也没有高低之分"的轻松姿态与坦诚气质很有助于使这场谈话看起来风轻云淡,但是,若将上述的文化屈辱感、对

---

① 王元化:《关于中西哲学与文化的对话》,《文史哲》2002年第2期。
② 彭永捷的以下观察值得参考:"人们期望着中国哲学自身的发展,至于中国有没有哲学,有哲学还是有思想,都需要从中国哲学自身的发展来做出说明。中国哲学界已经厌烦了围绕着西方哲学的'指挥棒'来转。现代西方哲学具有活力的创造活动也给中国学人以很大的刺激,他们不仅想学习西方人的哲学或思想,还想使中国哲学或思想也获得西方哲学或思想那样的生机和活力。"(彭永捷:《论中国哲学学科存在的合法性危机——关于中国哲学学科的知识社会学考察》,《中国人民大学学报》2003年第2期。)
③ 王元化:《关于中西哲学与文化的对话》,《文史哲》2002年第2期。

"殖民地情况"的记忆,以及"中国哲学(史)/中国思想(史)"的正名问题、其命名权或定性权归属等因素考虑在内,这场看似轻松的对话对中方知识分子来说实则一点儿都不简单。正如《文史哲》编者所感受到的那样("元化先生谈了一些值得引起学术界重视的思想文化问题",值得"关注思想文化建设的读者参考")[①],这篇访谈(以及报纸上的两篇相关报道)一经刊布,很快便在汉语学界触发了一场时至今日仍在持续深化的现象级"中国哲学的合法性问题"大讨论。

除了《文史哲》2002年第2期发表的那篇王元化先生的访谈之外,《文艺报》于2001年12月4日发表过署名陆扬的《中国有哲学吗?——德里达在上海》,《中国图书商报》则于2001年12月13日发表过署名王元化、钱文忠的《是哲学,还是思想——王元化谈与德里达对话》。现在来看,这两篇报纸报道在时间上皆先于《文史哲》那篇学术专访。特别地,凭借抢眼的标题和新闻报道的时效性,这两篇报纸文章使"中国有无哲学"的话题飞快映入了学界眼帘,其于"中国哲学的合法性问题"大讨论的兴起功不可没。

不止一位这场大讨论的参与者确认,德里达2001年在中国上海发表的"中国没有哲学,只有思想"言论,正是引爆21世纪初"中国哲学的合法性问题"大讨论的导火索:

> "哲学"一词和中国哲学是西学东渐后的产物。然而,西方学者自黑格尔直至今天的德里达,都认为"中国没有哲学,只有思想"。于是,"中国有没有哲学"、"中国哲学是不是哲学"便成了问题,中国哲学学科便存在着合法性的危机。[②]

---

① 王元化:《关于中西哲学与文化的对话》,《文史哲》2002年第2期。
② 张立文:《走出中国哲学的危机,超越合法性问题·主持人语》,《中国人民大学学报》2003年第2期。

2001年9月11日法国著名的解构主义哲学家德里达在与王元化的对话中重提"中国没有哲学,只有思想",使在座的人不禁愕然。虽然他解释说,"他的意思并不含褒贬,而哲学和思想之间也没有高低之分",也"丝毫没有文化霸权主义的意味",但中国哲学的"合法性"问题又被凸现出来。此后就中国哲学的"合法性"问题及中国哲学的危机问题各报刊发表了大量文章。①

无独有偶,2001年9月访华的法国著名哲学家德里达亦认为中国哲学不是哲学而是一种思想,不过他并没有像黑格尔那样贬低中国哲学,而是主张哲学作为西方文明的传统,乃是源出于古希腊的东西,而中国文化则是逻各斯中心主义之外的一种文明。有意思的是,当时在场的王元化先生同样举孔子为例,称《论语》只是道德箴言②。当然,考虑到德里达对逻各斯中心主义的批判,当德里达说中国没有哲学的时候,即使不是赞扬,至少不包含贬义。然而无论如何,黑格尔和德里达都认为中国没有哲学。那么,中国哲学究竟是不是哲学?中国哲学是哲学还是思想?这个问题不仅仅是名词概念使用的合法性问题,它关系到研究中国哲学的立场、观点和方法乃至合法性和可能性等一系列的问题。③

2001年9月,德里达在他的中国之旅中与中国学者对话,明确地说出"中国没有哲学,只有思想"。德里达的说法在许多从事西

---

① 张立文:《中国哲学的"自己讲"、"讲自己"——论走出中国哲学的危机和超越合法性问题》,《中国人民大学学报》2003年第2期。
② 此语是对相关报道的误解。此语实乃王元化先生对黑格尔观点的复述,参见王元化:《关于中西哲学与文化的对话》,《文史哲》2002年第2期。
③ 张志伟:《中国哲学还是中国思想——也谈中国哲学的合法性危机》,《中国人民大学学报》2003年第2期。

方哲学研究的中国学人那里，得到了更多的理解和认同。如果说民族主义在哲学上的表现，我们可称之为"哲学民族主义"的话，那么从海德格尔到德里达的这种类似黑格尔的把哲学作为西方哲学的专名使用的方式，同样激起了中国哲学界的哲学民族主义，虽然德里达声明他的说法"丝毫没有文化霸权主义的意味"。这种哲学民族主义的产生同中国哲学的主体性是联系在一起的……在上述背景下，中国哲学界又开始就"中国有无哲学"问题进行"辨惑"工作。①

上面这几则引文出自2003年的《中国人民大学学报》，它们系依托"重写中国哲学史与中国哲学学科范式创新"研讨会②编发的4篇专题研究论文和1篇主持人语。这组论文的作者张立文（也是主持人语作者）、张祥龙、张志伟、彭永捷均为学界头面人物或当时的新秀，对业已兴起的"中国哲学的合法性问题"讨论热潮发挥了重要的推波助澜和层次提升作用。其中，张立文、张志伟、彭永捷分别在主持人语和专文中四度确认，德里达2001年在中国重提"中国没有哲学，只有思想"正是这场"中国哲学的合法性问题"大讨论的直接起点。

一年之后，在中国哲学史学会2004年会上，仍有学者对此再度予以确认："以德里达2001年9月在其中国之旅中指出'中国没有哲学，只有思想'和这一谈话经由知名学者王元化的接招为契机，反思中国哲学（史）的'合法性危机'以及重写中国哲学（史）的'学科期望'自此又成为一个热门话题。"综上可说，正是德里达2001年在中国上

---

① 彭永捷：《论中国哲学学科存在的合法性危机——关于中国哲学学科的知识社会学考察》，《中国人民大学学报》2003年第2期。
② 南金花：《超越合法性危机 重写中国哲学史——"重写中国哲学史与中国哲学学科范式创新"研讨会综述》，《探索与争鸣》2004年第5期。

海同王元化先生的相关对谈，点燃了21世纪以来的这场"中国哲学的合法性问题"大讨论。《文史哲》杂志作为王元化《关于中西哲学与文化的对话》这篇专访的刊发者，亦有幸成为这场新世纪大讨论的策源地之一。

此外，必须一提的是，21世纪初的"中国哲学的合法性问题"大讨论的另一个直接缘起，是刊发于《中国哲学年鉴》2001年号上的《"中国哲学"的"合法性"问题》这篇文章。该文作者曾在中国社会科学院哲学研究所于1999年10月主办的"新中国哲学五十年"大型学术研讨会上报告过相关内容（题目是《"中国哲学"与"哲学在中国"》），该报告改写扩充成文之后又在2000年9月韩国东洋哲学会为纪念韩国思想家奇高峰而主办的"奇高峰与21世纪东洋哲学"学术研讨会开幕式上宣读过。就这场大讨论一般以"中国哲学的合法性问题"命名而言，上述文本可谓功不可没！上述文本于1999—2001年持续就"中国哲学""哲学在中国""'中国哲学'的'合法性'问题"发言，并在一定范围内引起关注，这本身就是当今中国学界与中国学术的"中国主体"意识崛起的一个典型示例。正是这种"中国主体意识"，构成了21世纪以来"中国哲学的合法性问题"大讨论全面爆发并不断深化的内动力。

三、从《文史哲》角度看"中国哲学的合法性问题"大讨论的代表性命题

在这场热烈持久、至今余响不绝的"中国哲学的合法性问题"大讨论中，学者们先后摆出了一系列代表性观点。这些观点相互之间充满张力，乃至尖锐的冲突（正因此，才是名副其实的大讨论）。而同一学者，往往亦同时持有其中的不止一条。我们尝试用11个命题，来归纳、呈现这些代表性观点：

1. 按照狭义的西方哲学标准，传统中国确实无哲学。①

2. 继续不断地从古今西方哲学中寻找视角、方法，援西释中，是中国哲学（史）学科存在、发展的基本途径。②

3. 通过"援西释中"途径建立起来的"中国哲学（史）"学科，是东西文化相遇的一个历史性错误。③

---

① 德里达的说法在许多从事西方哲学研究的中国学人那里，得到了更多的理解和认同，例如，张志伟这样写道："若从狭义上理解，哲学就是西方哲学，中国哲学的确不是哲学。相对于狭义的哲学，我们可以将广义的哲学称为'思想'。就此而论，世界上所有文明最高的意识形态都是'思想'，西方思想则是'哲学'。"（两处引文分别参见彭永捷：《论中国哲学学科存在的合法性危机——关于中国哲学学科的知识社会学考察》，《中国人民大学学报》2003年第2期；张志伟：《中国哲学还是中国思想——也谈中国哲学的合法性危机》，《中国人民大学学报》2003年第2期。）

② 这种冯友兰《中国哲学史》（上、下册，1931、1934）所代表的观点，在21世纪以来的这次"中国哲学的合法性问题"大讨论中虽然已明显退居二线，但其效应并未完全消失。"经过这场讨论，无论是中国哲学史的课程讲授、教材编写，还是博士、硕士研究生学位论文的写作，都可以看到学科范式正在逐渐变化，讲述者、研究者从以前更多借用西方哲学框架和术语，转向更多使用研究对象自身的理论框架和范畴语汇。也有部分学者一时难以适应和接受这种新变化，顾虑这种新做法或许会降低中国哲学史学科的理论水平。"（彭永捷：《中国哲学史学科合法性危机问题的再思考》，《社会科学文摘》2018年第7期。）

③ 此说出自彭永捷《论中国哲学学科存在的合法性危机——关于中国哲学学科的知识社会学考察》（《中国人民大学学报》2003年第2期）摘要与正文。彭氏在文中还进一步解说道："胡适所确立的这个经典范式本身或许即是一个历史性的'错误'：中国有中国的传统学术和学术传统，西方有西方的传统学术和学术传统，为什么一定要用西方的传统学术和学术传统来重新规划（甚至取代）中国的传统学术和学术传统？从思想史上看，这个问题身后的背景是近代以降中西古今之辨的一个结果。从东西文化的交流（这种交流在当时不如说是相遇）来看，是西方强势文化扩张的全球化以及东方弱势文化主动接受西方文化的全球化的一个后果。从当时学术界的心态来说，这是科学救国、教育救国、文化救国、学术救国等民族自强的一种反映：对于别人有的，要么我们原本就有，要么我们现在也应该有，要么我们将来也一定要有。别人有哲学，我们也要有哲学。别人有哲学史，我们也一定要有哲学史。正是在这样一种学术背景下，中国哲学（史）这门学科就应运而生了，并从此就开始了以西方哲学来剪裁中国史料的学科史和学术史。"

4. 应该采用"经学"等传统学术形态探讨中国传统思想。①

5. 中国有哲学。②

6. 哲学上的西方中心主义格局亟须破除。③

---

① "中国哲学史学科合法性问题讨论,虽然并未完全解决中国哲学史自身的问题,但却给儒学在当代的发展带来了解放。哲学仍然可以作为儒学发展的一个路径,但儒学在当代并不是一定要成为哲学,哲学不是儒学在当代的唯一出路,因为在哲学之外,儒学还可以复活经学,开展经学思想史研究去整理儒学思想史,开展经学研究去发展当代新经学。"(彭永捷:《中国哲学史学科合法性危机问题的再思考》,《社会科学文摘》2018年第7期。)

② "以往关于中国有哲学的证明,基本是两种方式,一种是普遍性证明:把哲学还原到一个可以含(涵)盖人类一切思想的普遍性定义。胡适的定义就是一个典型。"(彭永捷:《中国哲学学科合法性问题的研究》,《黑龙江社会科学》2014年第3期。)这种"普遍证明"的论证策略在21世纪以来"中国哲学的合法性"大讨论中被诸多论者反复使用。"从普遍性证明出发,人们或者力证中国哲学与西方哲学有许多共同的特征或元素,或者给出一个哲学的普遍性定义(这个定义显然是具有更宽泛的适用性和兼容性的),然后证明中国哲学也符合这个定义(这种证明实际上在给出定义时就已经暗含着了)。"(彭永捷:《论中国哲学学科存在的合法性危机——关于中国哲学学科的知识社会学考察》,《中国人民大学学报》2003年第2期。)

③ "讨论中国是否有哲学,中国的哲学是否'合法',应该以什么为标准?合与不合的是谁之'法'?在一元的世界里,一个事物一般只有一个标准或'法';而在多元的环境中,则本应有多个标准和'法'。所以,过去对中国哲学和文化的误判中实际上包含了'唯我为大'、'唯我是瞻'的殖民思想。"(許嘉璐:《卸下镣铐跳舞——中国哲学需要一场革命》,《文史哲》2009年第5期。)"联合世界上一切平等待我之思想,与哲学方法上的西方中心论抗争。""正如新文化运动的主流没有全面而有效地向西方开放,只认'德、赛两先生'一样,20世纪初以来的中国哲学界也只知向西方哲学片面地学习概念逻辑法和传统哲学观,没有充分吸收后黑格尔的新思潮。其结果就近乎引狼入室,将自家的思想元气摧折殆尽。如果当年能有方法多元化的眼光,将当代西方哲学及其对于传统西方哲学的批判也一同引入中国哲学研究的方法论主流之中,今天的整个思想局面就会很不一样。西方哲学流派和思潮之间的相互制衡(我也并不赞同只引入后黑格尔的哲学)不但会抑制某一家的独大和绝对主宰,而且还能锻炼中国哲学研究者们对比和理解西方哲学的能力,为自己的独立思想留下余地。在西方强势文化的优势之下,必须'以夷制夷'。我们无须也不应过多责备我们的前人,他们当时那样行事自有其不得已的苦衷,但今天的局面不同了,而且方法弊病也到了非调治不可的地步了。"(引自张祥龙:《中国哲学研究方法的多元化》,《中国人民大学学报》2003年第2期;还可参考张立文:《走出中国哲学的危机,超越合法性问题·主持人语》,《中国人民大学学报》2003年第2期。)

7. 哲学实际上是复数的（多元的），而不是单数的（一元的）。①
8. 中国哲学必须挺立起主体性，走自己的路。②
9. 中国哲学应该在维系自身特质的前提下不断实现创造性发展，使自己成为多元哲学中有特殊力道的一元。③
10. 中国哲学应该在维系自身特质的前提下不断实现地位升级，努力成为世界哲学舞台上的中坚，乃至成为新的中心。④
11. 应该摒弃中西哲学的门户意识，在以专业的方式探究共通问题、

---

① "哲学已成为世界文化体系中的一个'共名'，人们已经习惯于不仅用它来标示西方的哲学，而且来表示世界各文明体中的相应的内容。在这个事实的基础上，现在东西方哲学界所应做的是自觉地从世界文化多元存在的事实出发，来重新界定哲学的内涵，以使哲学这一共名具有广泛的适用性。"（彭永捷：《论中国哲学学科存在的合法性危机——关于中国哲学学科的知识社会学考察》，《中国人民大学学报》2003年第2期。）

② "中国哲学既不能'照着'西方所谓哲学讲，也不能'接着'西方所谓哲学讲，而应该是智能创新式地'自己讲'，讲述中国哲学自己对'话题本身'的重新发现、对时代冲突的艺术化解、对时代危机的义理解决、对形而上学之为道的赤诚追求等。'讲自己'必须根据中国哲学实际自立标准、自我定义，即中国哲学'是指人对宇宙、社会、人生之道的道的体贴和名字体系'。"（引自张立文：《走出中国哲学的危机，超越合法性问题·主持人语》，《中国人民大学学报》2003年第2期；还可参考张立文：《中国哲学的"自己讲"、"讲自己"——论走出中国哲学的危机和超越合法性问题》，《中国人民大学学报》2003年第2期。）

③ "中国哲学研究亟须方法上的深度自由，需要哲学上的'兴灭国，继绝世，举逸民'，实行精神生态中的'退耕还林'，联合世界上一切平等待我之思想，与哲学方法上的西方中心论抗争，在多元与恰当的应对之中改变'游戏规则'层次上的被动局面，增强中国哲学解决现实问题和走出自己道路的能力。"（张祥龙：《中国哲学研究方法的多元化》，《中国人民大学学报》2003年第2期。）

④ "比如有这样一种看法，认为西方哲学和科学注重分析，中国哲学与文化注重综合，由于现在和未来的人类思想越来越趋向综合，所以中国哲学必定会在应对这些综合问题的过程中复兴。"（张祥龙：《中国哲学研究方法的多元化》，《中国人民大学学报》2003年第2期。不过，张祥龙先生紧接着就表示，"这种看法过于简单化、公式化和'逻辑范畴化'了，仍然受制于传统的西方方法论框架，因而难以感受到当代问题的独特性"。）

追求学理共识的过程中融通中西。①

在上述命题中，1—2与3—4堪称两个极端。前者（1—2）主张中国哲学学科建设应以西方哲学为圭臬；后者（3—4）主张干脆废弃中国哲学学科，重返以"经学"为代表的中国古代学术形态，认为"哲学"这种舶来的学科建制无法通达中国传统学术思想的特质。命题5—11则在认同中国哲学学科设置的前提下，或者持哲学多元论，力求在多元主义名义下为中国哲学学科谋得合法席位；或者力主中国哲学研究应该携本土传统资源，在世界哲学舞台上谋求学界普遍接受的建树与话语权。

命题1—2所反映的，大体上是胡适、冯友兰时代的常态。彼时，在悬殊的"西强中弱"时势所营造的"中不如西""中国亟须用西方现代主流文化自我改造"的时代意识背景下，"中国哲学（史）"学科，如前所述，确确实实是仿照"西方哲学（史）"探索、构建中国传统思想学术新形态的产物。蔡元培为胡适《中国哲学史大纲》所作的序，以及冯友兰《中国哲学史》上册第一篇第一章《绪论·哲学之内容》中的前述提法，反映了"中国哲学（史）"在学科草创之际"依傍西方哲学（史）"的实情。时至21世纪初，虽然中国的综合国力与国际地位较胡适、冯友兰创立中国哲学（史）学科的时代已经有了全方位的飞跃，但改革开放以来，包括中国哲学（史）在内的中国人文学科仍旧长期在"与世界接轨"

---

① 李巍近年来对"合法性"与"专业性"进行了区分，认为走出"中国哲学的合法性"争论死结的关键在于，摆脱"把与'中国哲学/中国思想'相应的那些素材与研究作为被命名被定性的对象"的讨论方式，转而关注"作为作业方式的方式"，以及用这种专业方式研究中国传统思想素材所不断取得的学术成果，及用这些成果同国际同行进行学术交流的效应。（参考李巍：《合法性还是专业性：中国哲学作为"方式"》，《江海学刊》2019年第2期。）不难指出，以这种方式面对"哲学"与"世界哲学共同体"而从事"中国哲学研究"，一定会带来强劲且深长的双向融合效应。正如戴卡琳所言，"哲学"一词即便在西方也不透明，在对"何为哲学"下判断时，隐含的观念、复杂的情感始终都在起作用。就此而言，"哲学"是具有可塑性的。在以专业的方式探究共通问题，追求学理共识的过程中，原有的"哲学"标准或主流形态，势必会与时俱进。

的口号和意向下，保持着"依傍西学"的研究模式与姿态。故而，在21世纪初的中国人文学界，命题1—2仍然拥有一定数量的支持者——汉语学界的西方哲学研究者，相对来说，尤其容易赞成这两个命题①。

以史为鉴，命题1—2在当今中国学界仍拥有一定的市场，并非难理解之事。从1840—1842年中国在第一次鸦片战争失败算起到1915年中国开始新文化运动，置身国运急转直下的时局中，中国知识分子用了70多年的时间才将"夷夏之辨"心态大体更换为"全盘西化"倾向。而即便在"全盘西化"口号明确提出且应者云集之后，仍有"学衡派""新儒家"等文化保守主义者在一定程度上"逆潮流而动"，坚持弘扬维护包括儒学在内的传统文脉。相形之下，在改革开放后30余年的时间里，中国主流意识形态总体上是亲善西方与西学的。可以说，改革开放时代最鲜明的特征之一就是向西方开放（以开放促改革），体现在哲学社会科学领域，"十一届三中全会以来，大陆学界与整个中国社会一起敞开大门，积极引入各种西方人文社会科学思潮。这时学术的对外开放，比'五四'时期有过之而无不及"②。在广泛流行的"现代化=西方化"公式笼罩下，上述命题1—2持续享有市场乃是再正常不过之事。

然而，单凭命题1—2仍然占有中国思想界的市场这一现实，无法解释"中国哲学的合法性问题"大讨论在21世纪初中国的爆发。毋宁说，命题1—2在此番大讨论中充当的角色更多的是"靶子"，其对立面的强势兴起是大讨论得以爆发的关键。从缘起、命名，以及讨论中所涉及的主要问题来看，"中国哲学的合法性问题"大讨论具有强烈的"抗争"色彩，抗争的对象即前述"西方中心主义"，命题1—2则被视为这种

---

① 这一观察取自彭永捷《论中国哲学学科存在的合法性危机——关于中国哲学学科的知识社会学考察》，《中国人民大学学报》2003年第2期。
② 王学典：《学术上的巨大转型：人文社会科学40年回顾》，《中华读书报》2019年1月2日，第5版。

"西方中心主义"的附庸。在"中国哲学的合法性问题"大讨论中显示出来的"抗争"势头,在这场大讨论正式爆发前就已然强劲地存在过一段时间了,这一先期存在正是命题1—2市场份额缩水的重要动因。作为抗争对象的命题1—2在市场份额上的缩水,与作为抗争主体的命题5—11的兴起,以及带有矫枉过正色彩的命题3—4的出场,共同构成了这场声势浩荡的"中国哲学的合法性问题"大讨论的基本盘面。

作为在2009年"安乐哲师生对话及论坛"上的演讲稿,许嘉璐发表于《文史哲》2009年第5期的《卸下镣铐跳舞——中国哲学需要一场革命》这篇文章,淋漓尽致地演示了上述抗争姿态。该文所呼吁卸下的"镣铐",指的正是中国哲学(史)自创科之际便因依傍"西方哲学与西方传统"而套上的"束缚"。

按理说,当着西方学术友人安乐哲教授的面儿,赤裸裸地将"西方哲学与西方传统"称为中国哲学(史)研究的"镣铐"与"束缚",似乎非常不妥。但安乐哲教授恰恰乐于和这种论调为伍,其曰:"我们(西方学者)必须试用一种以中国为中心、中国固有的视角","我们(西方学者)必须尽力使我们自己的世界观不致妨碍我们"[①]。可以说,安乐哲的学术思想轨迹,带有突出的"出西入中"特征。这正如许嘉璐在演讲文章中所说的那样,"这时出现了另一路人马:葛瑞汉、史华兹、郝大维、安乐哲等学者,他们注意到中国哲学从追求的'本原'到思维方式、表达方法乃至社会实践都有西方所欠缺而应参照的特点"[②]。《文史哲》现任主编王学典教授,后来更将上述评论强化为:"美国学者安乐哲则试图深入到文化与哲学层面,提供替代自由主义的中国思想选

[①] 郝大维、安乐哲:《期望中国——中西哲学文化比较》,施忠连等译,学林出版社,2005年,第146页。转引自许嘉璐:《卸下镣铐跳舞——中国哲学需要一场革命》,《文史哲》2009年第5期。

[②] 许嘉璐:《卸下镣铐跳舞——中国哲学需要一场革命》,《文史哲》2009年第5期。

项","杜维明、安乐哲、贝淡宁的工作凸显了儒学在处理当今人类面临的共同问题时的活力和智慧"[①]。

西方学者"出西入中"的学术思想抉择，尤其引人注目地印证并强化着前述命题1—2市场缩水这一时代态势。特别地，既然西方学者"出西入中"的现象标志着"西方哲学的这场'真正的革命'已经进入一个新阶段"，那么中国的中国哲学（史）研究者们当然就更"不应该置身于这场变革之外"了，就此而言，合格的中国哲学（史）研究者就务必要自觉卸下"百年来，中国哲学逐渐成了西方哲学的奴仆和'名牌产品'并不高明的仿造者"的身份尴尬[②]。而这，正是在"中国哲学的合法性问题"大讨论中兴起的命题5—11（乃至命题3—4）的核心旨趣。而以更加宏观的眼光来看，则发生在中国哲学（史）学科内部的命题1—2在市场份额上的缩水与命题5—11（乃至命题3—4）的强劲兴起态势，便正如王学典主编近年来所观察指出的那样，意味着"整个中国的精神气候、文化气候、学术气候正在发生深刻变迁，朝着更加本土化的方向发展"。

所谓的"本土化"转向，除了指向本土传统回归外，还包括推动近现代以及当代舶入的西学资源更充分地适应中国水土[③]。后者，同样也是广义的"中国哲学的合法性问题"讨论的必要组成部分。甚至可以说，后一目标若找到了切实的实现路径，则狭义的"中国哲学的合法性问题"将自然冰释。这正如何中华教授，在刊发于《文史哲》2009年第5期上的《近年来国内哲学研究状况检讨——一个有限的观察和评论》

---

① 王学典：《十八大以来儒学变迁之大势》，《中华读书报》2017年12月13日，第5版。
② 许嘉璐：《卸下镣铐跳舞——中国哲学需要一场革命》，《文史哲》2009年第5期。
③ 王学典：《中国话语形成之路：西方社会科学的本土化和儒家思想的社会科学化》，《济南大学学报（社会科学版）》2019年第6期。

这篇文章中所评论指出的那样：与"近年来在西方哲学研究领域追求'原汁原味'的努力和尝试"相对，西方哲学文本的"中国式解读"也即"在创造性地诠释西方哲学中自觉地融入东方视角"的做法，正在获得默许和认可；"从某种角度说，它体现了中国哲学家的自信和自主意识的提高"；与此相应，人们也意识到"事实上，作为晚清以来中西文化碰撞交融的产物，今日中国哲学早已不再是原生态意义上的中国哲学了"，并务实地承认"就西方哲学为中国思想提供一种自我体认的参照和借镜（鉴）而言，被西方哲学'中介'了的中国思想恰恰获得了一次诠释的机缘"，"在解释学意义上，西方哲学和中国思想无疑能够相互发明、相互参照，并在这一过程中彼此获得意义的生成"①。

尽管上述以"意义的生成"为指归的学术观令人欢欣鼓舞，但细绎何中华教授的相关论述，其为"相互发明、相互参照"意义上"诠释"鼓与呼，这未尝不是一种无奈的选择。有两个令人纠结的硬骨头般的问题，始终矗立在那里：(1)"对西方哲学进行原汁原味的研究，始终是中国研究者孜孜以求的崇高目标，甚至成为挥之不去的情结"——与此相关，对当代"中国式解读"的认可，会在多大程度上伤害中文学界的西方哲学（史）叙事的实在性？(2)当代"中国哲学研究无论在内容抑或形式上都变得越来越像西方思想，包括措辞、解释框架及思考方式"——就此而言，当代中国哲学（史）研究对西方哲学的参照和借鉴，在多大程度上遮蔽了中国哲学（思想）的特质？②

面对这两个问题，"相互发明—相互参照—意义生成"意义上的解释学（哲学诠释学），显得较为无力。毋庸置疑，哲学诠释学（解释学）

---

① 何中华：《近年来国内哲学研究状况检讨——一个有限的观察和评论》，《文史哲》2009年第5期。

② 何中华：《近年来国内哲学研究状况检讨——一个有限的观察和评论》，《文史哲》2009年第5期。

对"理解前见""视域融合"的揭示与强调，具有很强的思想解放作用。它使哲学史研究者原则上不再迷信"文本本义"意义上的"原汁原味的西方哲学研究"与"中国哲学的特质"论，但同时，它也难以阻挡思想解放者在文本解读与哲学史叙述上沦入相对主义乃至虚无主义。似乎，任何人、任何团体、任何国族都可援引"理解前见""视域融合"作说辞，为自己对任何中西哲学文本所持的任何解说提出泛泛的权利辩护。这样一来，"中国式解读"固然可以与长期以来居强势地位的"西方中心主义""彼此彼此"了，但任凭这种"泛泛的权利辩护"与"彼此彼此"态势无节制地蔓延下去，则无论"西方文本的中国式解读"还是"中国经典的当代解读"，其内部的各种歧见势必都将难分伯仲而"彼此彼此"。这种因无节制的相对主义而势必陷入的四分五裂乃至一盘散沙局面，实乃命题7所依傍的在当下西方颇流行的"多元主义"的极端形态——若无节制地走到这一步，则学术研究的实在性将彻底名誉扫地。

不得不说，在21世纪以来的"中国哲学的合法性问题"大讨论中，长期被诸多学者有意无意地奉为和事佬的"多元主义"所内含的"向相对主义乃至虚无主义堕落"的趋向，至今尚未获得应有的正视。这种一方面向中国本土传统回归，另一方面力求舶来之西学中国化的"中国人文学术的本土化转向"，若一味建立在这种"多元主义"式的"泛泛的权利辩护"基础上（实际上是无基础），归根结底，就只能导向一种充满自我分裂的"中国人文学术主体性"，而使未来中国人文学术从根本上丧失同"西方中心主义"之惯性和余威有效博弈的凝聚力。一言以蔽之，在"本土化转向"大趋势日益明朗的情况下，包括中国哲学在内的中国人文学界与中国人文学术亟须"主心骨"式的全局性愿景。在演进着的时势中，《文史哲》从"中国哲学的合法性问题"大讨论现象，先后引申出来的"中国哲学话语体系的范式转换（究竟如何言说文化中国）"与"如何构建中国特色哲学社会科学话语体系"议题设置，正是对这种全局性愿景与实现路径的尝试性追问与前瞻。

四、扩展性追问与前瞻：非复古、非封闭的"本土化"中国人文学术何以可能？

正当"中国哲学的合法性问题"大讨论如火如荼之际，《文史哲》同仁鉴于现有争论偏于"抗争"，而策划组织了题为"传统与现代：中国哲学话语体系的范式转换"（2009）的《文史哲》杂志人文高端论坛，尝试通过稍微转换议题设置的重点，对这场大讨论进行"建设性"疏导。

就"话语体系"或"言说方式"而言，颜炳罡教授在论坛发言中认为，所谓的"中国哲学的合法性危机"，不是中国哲学本身出现了实质性危机，而是在用西方话语体系表述传统中国思想（中国哲学）时出现的危机。换言之，西方哲学的言说方式肢解了鲜活、有机的中国哲学整体，"汉话胡说"是对这一现象的生动戏谑。尽管如此，胡适、冯友兰等前贤依傍西方哲学建立中国哲学（史）学科仍然功不可没，特别是在中国国运长期低迷的近现代，处于弱势的中华文明采取与强势的西方文明相比附的方式，与之通约、求其理解并自我理解，无论如何都是有积极意义的。但是，20世纪西方哲学话语颠覆本土传统话语，致使本土哲学传统丧失其主体性的局面，在21世纪必须也必然要被超越。[①]

陈来教授在论坛发言中评估了胡适《中国哲学史大纲》（上卷，1919）的学科贡献，指出：今天的中国哲学研究者已经不可能摆脱已有的学科语境而回归"原生状态"的中国传统文化了，在继承百年中国哲学（史）学科成就的基础上深挖中国传统思想之精髓才是务实有效的学科发展之路[②]。王中江教授通过具体检讨严复的"天"论，指出："中学

[①] 颜炳罡教授的相关论述，参见其所撰《20世纪中国哲学研究话语体系范式转换之得失及未来走向》，《文史哲》2010年第1期。

[②] 陈来教授的相关论述，请参考其所撰《中国哲学话语的近代转变》，《文史哲》2010年第1期。还可参考李梅所撰《究竟如何言说文化中国？——〈文史哲〉杂志人文高端论坛之二"中国哲学话语体系的范式转换"在山东大学举行》，《文史哲》2009年第4期。

西化"与"西学中化"始终是在中国哲学界同时进行着的双向进程,就此而言,"汉话胡说"实乃中国哲学在古今中西的现当代语境下的进一步发展,在这个意义上,当代中国哲学实际上已经超越了简单的"比附"阶段[①]。张汝伦、曾振宇两位教授,除了对既往的"附会"所导致的"迷失"加以批评外,更进一步提出了在"察异"基础上进行"重构"的期望[②]。基于这种饱含着"比较研究"意识的期望,颜炳罡教授亦郑重申明,"我们主张中国哲学研究回归其自身,回归主体性,不含有排外主义,更不意味着中国哲学研究中的一元主义"[③]。

具体如何实现这种期望呢?作为建议,许嘉璐先生在前述《卸下镣铐跳舞——中国哲学需要一场革命》这篇演讲文章的最后,开出了如下方子:"建设跨文化的阐释学",既要"纯熟地掌握中国的'小学'",也要"学好一门以上的外语","既要深入把握中国古典哲学的文献和学术发展过程,又要准确地掌握西方哲学史上的关键和精髓",在此基础上,"投身于比较哲学的活动中去","对世界文明对话"做出贡献[④]。

实际上,就当今中国文化建设而言,本土经典与传统话语固然是本土性与中国主体性的重要组成部分,也是本土化转向与重新挺立中国主体性的重要依托,但不得不承认,那些近现代、当代及改革开放以来自外舶入的理论、思潮、组织理念、管理模式,在一定范围内和一定程度上已然进驻当今中国的人心与现实生活,并在这个意义上已然具有了某种中国本土性,成为现实中的中国主体性的构成因素。像本文第三节中

---

① 李梅:《究竟如何言说文化中国?——〈文史哲〉杂志人文高端论坛之二"中国哲学话语体系的范式转换"在山东大学举行》,《文史哲》2009年第4期。

② 李梅:《究竟如何言说文化中国?——〈文史哲〉杂志人文高端论坛之二"中国哲学话语体系的范式转换"在山东大学举行》,《文史哲》2009年第4期。

③ 颜炳罡:《20世纪中国哲学研究话语体系范式转换之得失及未来走向》,《文史哲》2010年第1期。

④ 许嘉璐:《卸下镣铐跳舞——中国哲学需要一场革命》,《文史哲》2009年第5期。

的命题3—4那样，直截了当地以排斥这些舶自域外但已然具有中国本土性的因素为己任，既会在现实的"本土性/中国主体性"内部横生分裂，也会使"本土化转向/重新挺立中国主体性"的事业坠入复古、封闭、贫瘠的境地。

如前所述，有人为了全盘否定并告别胡适、冯友兰以来的中国哲学（史）学科建构（理由是它依傍了西方哲学），激进地提出了前述命题3—4，主张回归纯之又纯的中国传统学术形态——经学。若任凭这种洁癖发动漫延下去，则中国学界非但必须矢志与百余年来的中国哲学（史）研究传统相决裂，甚而将无法面对完整的中国思想学术史。为什么这么说呢？我们知道，作为中国传统思想学术之主干的儒学存在所谓的"汉宋之变"，也即从汉唐经学转变为宋明理学（宋明心性儒学）。命题3—4的提倡者在"汉""宋"之间择一而从，要求回到经学（汉学）而非理学（宋学），这其实也是为了最大限度地同百余年来的中国哲学（史）学科相切割。郑开教授曾在《中国哲学学科史》中指出："作为近代意义上的'学科'门类而存在的'中国哲学'实际上是由古代学术发展为现代学术的过程中构建起来、创设出来的"，除了"照着讲（述史）"之外，还出现了一些"接着讲（做哲学）"的成果，如"熊十力、贺麟的哲学体系可以称之为'新心学'，冯友兰、金岳霖的哲学体系可以称之为'新理学'"，"从某种意义上看，它们都是'接着宋明理学讲'"，"中国哲学的最初研究者知识背景或学术基础大多是宋明理学"①。既然宋明理学和依傍西方哲学建立起来的中国哲学（史）关系如此亲近，那么，为彻底告别带有"西化"性质的中国哲学（史）学科，而连带告别宋明理学并单取汉唐经学，就是情理之中的事了。极端洁癖意义上的"本土主义"情结，为了最大限度地拒斥所谓的外来学术

---

① 郑开：《中国哲学学科史》，载韩水法主编：《北京大学哲学学科史》，商务印书馆，2014年，第97、117页。

形态，最终不得不对本土学术传统进行无情的切割，不得不在本土传统学术资源内部强化鸿沟与壁垒。这种连带性的自我切割与自我分裂反而印证了：当初通过"依傍西方哲学（史）"建构起来的中国哲学（史）学科，其对中国本土学术传统及学术资源绝非只是简单粗暴的裁剪、曲解、拼接，而是自创立之初就已然具有连通中国传统学术的本土化接口。由此反观，蔡元培当年认为胡适《中国哲学史大纲》（上卷）虽依傍了西方哲学但其叙述系统仍不失为一种"适当的形式"，这实在并非全然是出于客气的溢美之词！

2016年5月，习近平在北京主持召开哲学社会科学工作座谈会并发表重要讲话，明确提出了"加快构建中国特色哲学社会科学"（讲话所谈"第三个问题"的标题）的时代任务。针对我国哲学社会科学发展战略还不十分明确，学科体系、学术体系、话语体系建设水平总体不高，学术原创能力还不强等亟待解决的问题，该讲话要求："要按照立足中国、借鉴国外，挖掘历史、把握当代，关怀人类、面向未来的思路，着力构建中国特色哲学社会科学，在指导思想、学科体系、学术体系、话语体系等方面充分体现中国特色、中国风格、中国气派"；"发挥我国哲学社会科学作用，要注意加强话语体系建设"，"要善于提炼标识性概念，打造易于为国际社会所理解和接受的新概念、新范畴、新表述，引导国际学术界展开研究和讨论。这项工作要从学科建设做起，每个学科都要构建成体系的学科理论和概念"[①]。我们注意到，上述讲话在强调"立足中国""中国特色"的同时，也不忘提醒要"借鉴国外"。这种以"我"为主但绝不自闭，且以增强"学术原创能力"为指归的态度，正是处理"中国哲学的合法性问题"大讨论所凸显的"在'依傍西方哲学'与'持守中国哲学的特质'之间何去何从"这一问题的要领所在。

---

① 习近平：《加快构建中国特色哲学社会科学》，载中共中央党史和文献研究院编：《十八大以来重要文献选编》（下），中央文献出版社，2018年，第322、329页。

在当今之世，振兴中国古典学术研究，绝不等于简单地复本土之古。在古今中西四重语境下，以中国为主体的健康的中国哲学社会科学的本土化转向，必须由"本土传统资源现代化"与"古今世界资源本土化"双向循环构成。这正如王学典主编近年所指出的那样，简单地"把传统文化当作可以继续使用的母版"实乃学术理论界有待澄清的"糊涂认识"之一①。由此以观，百余年前，通过"依傍西方哲学"建立起来的现代中国哲学（史）学科，在自觉剔除了因西强东弱的时势而打上的"文化殖民"乃至"自我殖民"意识烙印之后，反而正是"本土传统资源现代化"与"古今世界资源本土化"双循环的最佳工作场域之一。《文史哲》于21世纪初所拟定的办刊宗旨——"昌明传统学术，锻铸人文新知，植根汉语世界，融入全球文明"——所言简意赅地宣示、追求的，其实也正是这样一种健康的"双向循环"格局。

2018年夏初，在国家哲学社会科学办公室指导下，《文史哲》编辑部举办了"如何构建中国特色哲学社会科学体系"专题研讨会。《文史哲》2019年第1—2期，组织刊发了两组（共7篇）论坛笔谈。编者按语指出，当今中国的崛起经验与现实超出了现有西方理论的解释范围，通过阐述真实的中国，锻造尊重本土经验的哲学社会科学理论模型势在必行②。麻国庆教授以儒家传统在当代中国地方社会组织方式变迁中的体现研究为例，指出儒家传统之于中国人类学知识体系具有基础重要性，以实例显示了哲学社会科学经验、理论同人文传统之间的内在关联③。郑永年先生则在书面发言《中国文明的复兴和知识重建》中，一如既往地疾呼，"当改革开放以来的中国已经成为世界社会科学最大试验场的

---

① 王学典：《中国话语形成之路：西方社会科学的本土化和儒家思想的社会科学化》，《济南大学学报（社会科学版）》2019年第6期。
② 刘京希：《"如何构建中国特色哲学社会科学体系"（笔谈之一）·编者按》，《文史哲》2019年第1期。
③ 麻国庆：《儒家传统与中国人类学的学术自觉》，《文史哲》2019年第1期。

时候，中国知识界却并没有承担起解释中国的变革、为世界社会的发展贡献知识的责任"，并认为，参照现实经验重塑中国的知识体系实乃当今中国知识界的全新任务①。——那么，强调"本土理论""中国经验""解释中国"，是否必然损害哲学社会科学研究的普遍性呢？对于严肃严谨的学术研究来说，应该不会。这是因为，当今中国的现实经验"不是简单延续我国历史文化的母版，不是简单套用马克思主义经典作家设想的模板，不是其他国家社会主义实践的再版，也不是国外现代化发展的翻版"②，而是古今中西诸多思想观念在这片土地上的综合作用与熔炼。果真基于这样的"中国现实经验"去重塑中国的理论或知识体系，则当今中国哲学社会科学本土化转向的两大基本要求——"本土传统资源现代化"与"外来古今资源本土化"——自然也就会被不断成全。

那么，具体如何实施理论或知识研究的突破？徐勇教授在论坛发言中借用了前述德里达的"解构"概念，主张一方面去摸清改革开放以来中国学界所引进的一系列哲学社会科学知识、概念、理论的适用范围和弱点，另一方面创造新的概念与之竞争，并在竞争中形成中国哲学社会科学的话语权③。为此，研究者们需要像姚洋教授所说的那样：第一，以中国问题为导向设定研究议题；第二，从中国的特殊性中发现普遍性（普遍适用性是理论探索的本质诉求）；第三，构建带有中国主体性的学术共同体，维系核心研究题目与研究范式，为新思想、新思路提供发表和竞争的平台，强化重大研究议题的传播效果④。针对当下中国的哲学

---

① 郑永年、杨丽君：《中国文明的复兴和知识重建》，《文史哲》2019年第1期。
② 习近平：《加快构建中国特色哲学社会科学》，载中共中央党史和文献研究院编：《十八大以来重要文献选编》（下），中央文献出版社，2018年，第327页。
③ 徐勇：《学术创新的基点：概念的解构与建构》，《文史哲》2019年第1期。
④ 姚洋：《中国经济学的本土话语构建》，《文史哲》2019年第1期。此文列举的具体措施包括：加强学会和杂志设定议题的能力；倡导并形成批评与尊重被批评者的风气；在评估与考核时增加国内发表的权重；首先在国内构建比较健康的学术共同体，锤炼一些具有重大意义的议题，然后冲击国际发表，乃至在国际学术组织中形成自己的力量。

界忽视哲学研究的社会功能，致使哲学被社会边缘化（不利于其深度接触中国经验）的消极状况，谢地坤教授倡议，应将"人民大众和国家的期待与哲学学科的内在学术要求"统一起来，"使建言献策与述学立论达到内在统一"，用这种方式担负起哲学人所应有的历史责任，以此使中国的哲学研究获得扎根现实的鲜活生命力①。

黑格尔曾形容说，哲学就像"密涅瓦的猫头鹰，只有在黄昏的时候才起飞"，不是时代的先知，而是时代精神的反思总结者。这个意义上的哲学因自认缺乏先见之明，故在预见时势、介入时势方面显得自甘孱弱（除非在文本解释上将黄昏之后的夜晚定义为时代的主体，而将黄昏之前的白昼定义为时代的序曲，但这样定义又会使整个比喻显得别扭无比，至少在中文语境下不如干脆比喻说"哲学就像报晓的雄鸡"）。但纵观现当代中国哲学（史）学科史，无论是其在中国现代之初的肇始，还是中经新中国早期学术范式改造，抑或是涌起于21世纪初的"中国哲学的合法性问题"大讨论，在时代的每一个关节点上，中国哲学（史）学科均以其鲜明的动态，"春江水暖鸭先知"般地显示了即将到来的"新形势"。如果说哲学在黑格尔那里是反思总结一个即将过去了的时代的猫头鹰的话，则在现当代中国历史上，哲学即便算不上报晓的雄鸡，那至少也是时代思潮、时代大势的风向标。作为一例，《文史哲》杂志一定程度上也是在参与21世纪初的这场"中国哲学的合法性问题"大讨论的"导火索"文本的制作与发表，编辑刊发与这场新世纪大讨论密切相关的典型论文，在演进着的时势中尝试进行建设性的议题引申设置的过程中，日益深切地感知到了来临中的以"本土传统资源现代化"与"外来古今资源本土化"为两翼的当今中国哲学社会科学的"中国化"转向。

---

① 谢地坤：《"何谓哲学"与"哲学何为"》，《文史哲》2019年第2期。

五、小结

中国哲学（史）学科自诞生之日起即面临着"依傍西方哲学"的"原罪"指控，同时，它也一直深受居强势地位之西方哲学投来的"中国没有哲学"论断的鄙薄与压抑。在"依傍西方哲学"与"持守中国哲学的特质"之间何去何从？该问题一直困扰着中国哲学（史）研究界。在近代以来西强中弱、西学东渐的大格局下，囿于长期低迷的国运，现当代中国哲学人总体上难以有效维护自己的文化自尊，总体上对"中国没有哲学"之论敢怒不敢言。改革开放以来，中国全面、快速的跨越式发展急剧提升了中国的综合国力与国际地位，受之鼓舞，中国学界开始自觉谋求相应的世界学术话语权。西方学界长期以来对"中国哲学"的鄙薄、冷漠，变得比近代以来任何时候都令中国学界难以默默忍受。

2001年，当代法国解构主义思想家德里达在上海同王元化先生对话时，试图化用（贬义转用作褒义或中性义）黑格尔的"中国没有哲学"话头称许"（中国）只有思想"。在德里达的"反对西方逻各斯中心主义"的"解构"语境下，此说固然算得上是对中国传统文化的一种表彰，但是，因为严重低估了黑格尔充满鄙薄之意的"中国没有哲学"论断对现当代中国本土哲学人的深重伤害，也不了解潜存于中国本土知识分子胸中的"压抑—抗争—振兴"情态正在随中国国运的持续向好而伺机突破，德里达上述"贬义语转用作褒义语或中性语"的别出心裁夸赞，经《文艺报》《中国图书商报》《文史哲》报道、讲述之后，迅速在中国哲学界掀起轩然大波，擦枪走火般地引燃了一场声势浩大且至今余响不绝的"中国哲学的合法性问题"大讨论。这场大讨论的爆发不是偶然的，其中汇聚着深刻的历史渊源、时势背景、学科发展逻辑。

21世纪初的这场"中国哲学的合法性问题"大讨论，将中国哲学（史）学科在胡适、冯友兰创科之际即面临着的在"依傍西方哲学"与

"持守中国哲学的特质"之间何去何从的原始问题,放在了聚光灯之下,引来了多方位的反思与探讨。

在这场大讨论中,学者们大致表现出了如下倾向。其一,继续奉西方哲学为圭臬,认为依傍西方哲学是中国哲学(史)学科存在、发展的基本途径。中文学界的一些西方哲学研究者容易持有这种立场,但总体来看,这种倾向在中国本土学界的市场份额正在急剧缩水。其二,不但应该强调中国传统文化的"特质",而且为此应该干脆放弃"中国哲学(史)"学科建制,回归中国古典学术的主要形态——"经学"。这种倾向属于另一个极端,虽有少数学者提倡,但往往被视为"复古主义",而被更多学者加以警惕。其三,更多的学者采取的是古今中西兼收并蓄的姿态。有援用在当今西方颇为流行的"多元主义"为中国哲学的合法性进行辩护的,有援引哲学诠释学的"理解前见"和"视域融合"概念为西方哲学的中国化解读与中国哲学的西方化诠释的合法性进行辩护的。这些以西方哲学之道制衡哲学上的西方中心主义的策略,短期来看不无效果,但长期来看则会分裂中国本土的哲学研究的主体性,使良莠不齐的各种哲学(史)论述陷入"彼此彼此"的相对主义境地,进而导致哲学(史)研究与叙述的虚无主义。切实有效的古今中西兼收并蓄,内在地要求有主心骨的全局性愿景。

在有效介入21世纪初的这场"中国哲学的合法性问题"大讨论的过程中,《文史哲》主编与同仁日益倾向于用"本土化/中国化"界定当今中国哲学社会科学大转型,同时,他们也深刻地认识到,健康的"本土化/中国化"转型,必然只能是古今中外四重语境下"本土传统资源现代化"与"外来古今资源本土化"的双向循环。确立于21世纪初的《文史哲》办刊宗旨——"昌明传统学术,锻铸人文新知,植根汉语世界,融入全球文明"——正是这种"双向循环"意象的言简意赅宣示。

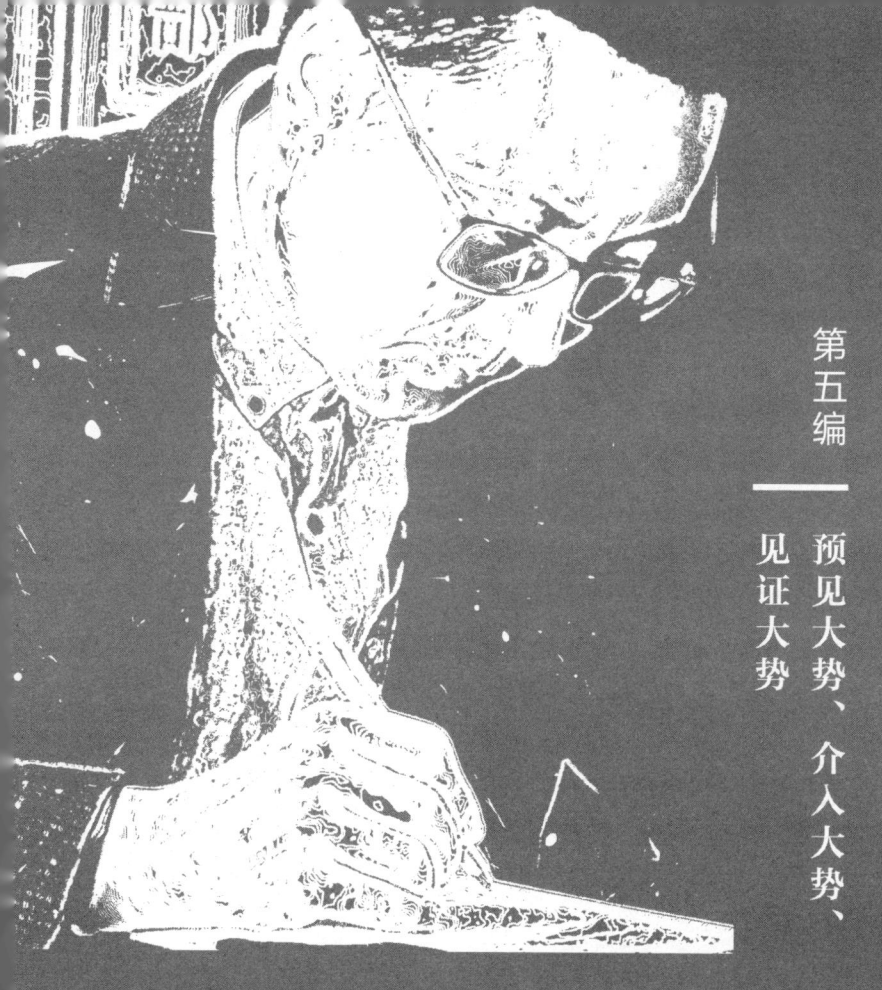

第五编 预见大势、介入大势、见证大势

办刊需要先见之明,但又不能曲高和寡。《文史哲》主编王学典教授,喜用"一叶知秋"形容领先大流"半步"的超前。因为仅领先"半步",大军随后即至,早先的呐喊与策划遂显为名副其实的浩荡潮流的前驱。近年来,《文史哲》团队不断感知中国人文学术的现实和走势,初步形成了"中国人文学术正在迎来本土化/中国化转向"等共识。本编前两篇文字,显示了我在团队协作中从被"赶鸭子上架",稚拙地罗列学术动向,到主动有为地凝练出"儒学与'五四'能和解吗"这样的话题,用以渲染相关感知的成长足迹。至于第三篇,则大有"掠美"之嫌疑——"共和国人文学术三次大转型"这一概括,乃取自王学典主编在《文史哲》创刊70周年纪念会上的致辞。

■ 西方学界近年儒学研究新动向[①]

按： 2015年暑假，正值第七届世界儒学大会紧锣密鼓的筹备冲刺阶段，王学典主编代表组委会命我撰写一篇关于近年来西方学界儒学研究新动向的策应文章。新入职的我遂赶紧打起精神，从记忆库中搜罗出在读期间从余纪元教授课上听说的"中国哲学的危机""儒学与德性伦理学的关系"，通过谢文郁老师了解的"儒学曾赞助欧洲启蒙运动"，以及在北京大学哲学系做博士后时接触的"瓦格纳《王弼〈老子注〉研究》作为中国古典文本研究的新典范"几个话头，边检索资料边写将开来。尽管王学典主编指导我对这篇"赶鸭子上架"的文章三易其稿，但文风生涩与局部堆砌的问题仍在所难免。好在上述几个议题集中在一起略有蔚为大观的意思。稍后，山东大学儒学高等研究院与《文史哲》编辑部在本届大会上联合发布了《近年儒学研究十大热点报告》，其中第四、七、八、九、十诸条皆与本文密切相关。此文第一节的部分内容，后来还被纳入了《〈文史哲〉与"中国哲学的合法性问题"大讨论》一文。

近年来，国内儒学研究成为显学中的显学，与此同时，西方儒学界亦表现出一系列新动向。首要的便是危机。自20世纪中叶冯友兰成功地确立"中国哲学史"学科范式之后，包括儒学在内的中国哲学

[①] 系报纸版《西方儒学研究新动向》（2015）之原稿，在报纸上联名发表时署名有误，合作者王学典教授在将报纸版收入2017年由上海人民出版社出版的《把中国"中国化"——人文社会科学的近期走向》一书时，对此有所更正，参见该书第72页。

为配合第七届世界儒学大会，山东大学儒学高等研究院、《文史哲》编辑部联合发布《近年儒学研究十大热点报告》，该报告由王学典、李梅、邹晓东执笔

（史）研究开始在美国顶尖哲学系立足，而随着老一辈专家的退休，美国顶尖哲学系集体迎来中国哲学教职的断档期。儒学的哲学含量随之备受质疑。17—18世纪欧洲"中国文化热"的再发现，则构成近期西方儒学研究的另一动向。大量可靠资料表明，儒家思想曾深度"赞助"西方"启蒙运动"，儒学不应继续被视为现代性的对立面。此外，近二十年来，基于实用主义、德性伦理、角色伦理、过程思想等哲学考量的儒典新译本陆续问世，试图纠正旧译本中基督教与西方形而上学对儒典意义的"扭曲"。旧籍新译，看来已成为西方学界儒学研究的新亮点。如此，西方的儒典编纂势必在技术上全面升级，儒家思想研究自然也将因此受益。而近年来西方学界儒学研究在思想上的最重要的进展，则是一批有影响的欧美学者基于儒学资源对启蒙理性和自由主义所展开的深刻质疑与对话，这有助于提升儒学在西方思想界的影响力。

一、"中国哲学的危机"：现状与原委

现代学术分工意义上的"哲学"，代表一种文化的基本精神与内在思维方式。目前，中国在国际上的经济、政治地位正快速攀升，但以美国为中心的世界哲学界，则面临一场"中国哲学的危机"。2006年，费尔菲尔德大学曼宇尔·伊姆教授在互联网上发布了关于"中国哲学博士培养危机"的帖子，在学界引发广泛热议。2008年秋，《美国哲学协会通讯》（APA Newsletter）推出专辑，以1篇主持人手记、9篇笔谈、2份统计数据的规模，全面跟进相关讨论。该议题持续时间之长，参与人数之多，数据挖掘之详细，均说明此"危机"非同小可。以下，我们主要依据这个专辑，介绍并思考这场"危机"的现状与原委。

众所周知，美国大学哲学系由分析哲学主导。中国哲学真正要在哲学系立住脚跟，就必须得过分析哲学这一关，即在顶尖级的分析哲学系成为平等的一员。——早先，排名前十的密歇根大学与斯坦福大学哲学系，均设立中国哲学教授职位，并培养中国哲学博士。加州大学伯克利分校哲学系（亦排名前十）后来居上，亦具备独立培养中国哲学研究生的实力。可现在，这三所顶尖哲学系都不再聘用中国哲学专家，也不再招收中国哲学研究生。如此下去，美国下一代中国哲学研究者，就不会有顶尖哲学系的毕业生，学术研究的质量或影响力势必受到影响。

实际情况甚至更糟糕。瓦瑟学院万百安教授进一步指出，排名前二十五的哲学系中，目前连一位对中国哲学研究感兴趣的教员都没有。而即便放宽到前五十，总共也只有4所哲学系各1名教员有这方面兴趣，但他们无一具备阅读中国文言文的素养。仅存的硕果——与曾经的密歇根大学、斯坦福大学、加州大学伯克利分校哲学系并驾齐驱的中国哲学研究重镇——夏威夷大学哲学系，近年来人丁兴旺，成为研究中国哲学的最好去处。不过，万百安进一步指出，因被认为带有"大陆哲学"倾向，夏威夷大学哲学系虽然拥有顶级的中国哲学项目，但在分析哲学主

导的排名体系中却并不靠前。

中国哲学研究对于美国或世界，究竟有什么重要意义呢？美国威斯利公会大学安靖如教授在笔谈中指出：不同文化传统所面对并处理的问题，实际上具有很高的相似度。跨传统的哲学互动，有助于促进对问题的理解，以及相关思想的建构。长远来看，这关系到哲学生态的平衡与活力。然而，分析相关数据，圣弗朗西斯州立大学贾斯汀·蒂瓦尔德教授发现：以专业研究方向为准，专职的康德哲学学者：专职的中国哲学学者=33：1；专职的中世界哲学学者：专职的中国哲学学者=19：1。换言之，2500年的中国哲学史，只抵得上一个安瑟伦或邓·司各脱。显然，这极不对称，不利于美国的哲学事业。较之美国本土的"危机"，费尔菲尔德大学曼宇尔·伊姆教授发现，作为英语学术界的一部分，香港和新加坡的中国哲学事业呈兴盛态势，或将成为英语学界中国哲学博士生的主要去处。

夏威夷大学的安乐哲教授，则对"危机"持乐观态度，他认为有"危"也有"机"。他援引"文化紧随财富"的格言指出，实际上，美国社会无法忽视中国在经济、政治方面持续增长的影响力。安乐哲指出，在美国，下自学生上至政府机关，均已提出深入了解中国传统的要求，美国教育界实际上已经出现"中国热"。然而，这种基于直接功利诉求的"了解"愿望，毕竟有别于严肃而深入的哲学研究。

圣弗朗西斯州立大学贾斯汀·蒂瓦尔德教授举了一个耐人寻味的例子：美国对伊拉克二次战争期间，美国哲学界曾出现一大批基于"儒家战争正义论"的讨论，然而主流哲学界终冷眼以待，就此而言，政治意识形态是不是阻碍中国哲学晋级美国哲学系主流的重要障碍呢？与此相关，万百安教授分析指出：（1）美国哲学家对中国哲学知之甚少，普及度相对较高的《论语》《道德经》《易经》，在他们眼中不具备明显的分析哲学气派；（2）为此，中国哲学在美国哲学系遭受轻视，美国哲学系因而不太可能主动设立中国哲学教席；（3）沙文主义的文化优越感助长着上述轻视。也就是说，如果说存在意识形态阻碍的话，那么，在学术界内部主要也是学统或学风方面的意识形态阻碍。与此相关，杜克大学黄百锐教授则提醒：早先存在于加州大学伯克利分校、斯坦福大学、密歇根大学哲学系的中国哲学教职，往往都是与东亚系或宗教系合聘的结果，这种机制本身不具备可持续性。总的来说，中国哲学研究生人数一直在缓慢增长，但中国哲学从未在以顶尖哲学系为代表的美国哲学界站稳脚跟。美国哲学系显然尚未充分认识到中国哲学的价值，而中国哲学研究者唯有拿出足以震撼主流哲学界的研究成果，此一局面才可能改观。这需要时间。

狭义的"中国哲学"学科在中国本土只有大约一百年历史，而如果从留美博士胡适出版《中国哲学史大纲》（1919）、冯友兰出版《中国哲学史》（上册1931，下册1934）算起则为时更短。稍后，冯友兰《中国哲学史》英译本出版（上册1937，下册1953，到1973年已印刷七版），在此期间冯友兰在宾夕法尼亚大学的中国哲学简史演讲大获成功。美国及世界哲学界因而发现一个全新的哲学传统，并期待它能以令人惊异的表现，为世界性的哲学研究注入新鲜血液。美国顶尖哲学系设立中国哲学教职、招收并培养中国哲学博士，正是在此之后。然而，此后中国本土的中国哲学研究，在摆脱了极左政治的干扰之后，复因强烈的民族文化自尊心，而热衷于强调"中西异质"。王国维、牟宗三等主动研究西方哲学的益处被刻意抹杀，王国维"学无中西"的感悟如今罕有人提及，牟宗三"生命的学问"提法，则在一些人手里一度沦为"拒斥哲学比较与哲学分析"的挡箭牌。结果就出现了论者所批评的中国哲学研究的"经院神学化""古典学化"取向，简言之，即沦为自我陶醉的自说自话。

安乐哲在《辨异观同论中西——安乐哲教授访谈录》（2006）中提到，"我很多学术界的朋友花一辈子工夫研究日本哲学，可是日本学者却认为他们自己的哲学是别人没有办法了解的，他们将此称为yamato，意思是非常复杂、非常深刻的一种东西,别人不可能理解"。可见,纵有国界隔阂,母语学者关于自身传统的主流意见,也还是会对其他国际学者造成影响乃至压力。进入21世纪以来,中国大陆学界出现"中国哲学的合法性问题"大讨论。可见,包括儒学在内的中国学界,"质疑中国哲学学科"久矣。质疑方有一个重要立场,即"中国传统学问是重体认而轻分析的"。此一观点的不断流布,势必持续削减以"分析哲学"为主流的国际哲学界对"中国哲学"的好感。有鉴于此,国际中国哲学学会(ISCP)在余纪元任主席期间,特将2013年第18届双年会主题定为"中国哲学与生命的学问",试图推动狭义的"中国哲学"界对素来引为自豪的"生命的学问"展开哲学分析。余纪元曾在其《德性之镜:孔子与亚里士多德的伦理学》中文版序言(2009)中写道:"我们可以轻易地指责西方人的傲慢与偏见",但"对中国哲学的轻视主要并不是所认为的西方与东方的冲突","它在更大程度上是一个对什么是哲学的认知问题,换言之,是一个学科规范的问题"。

二、德性伦理学复兴,儒学彰显德性伦理学特征

美国纽约州立大学布法罗分校余纪元教授在《德性之镜:孔子与亚里士多德的伦理学》导论中指出:1958年,世界上同时出现两篇重要文献,一为英国哲学家伊丽莎白·安斯康的《现代道德哲学》,一为港台新儒家张君劢、牟宗三、唐君毅、徐复观联合署名,分别以中、英文发表的《为中国文化敬告世界人士宣言》。前者批评现代道德哲学单方面注重规范,而认为伦理学应该建基于"德性"概念之上,提倡并直接导致以《尼各马可伦理学》为代表的古典亚里士多德主义伦理学的复兴,并由此出现一门迄今尚未定型的显学"德性伦理学"。后者同样对西方文化特别是现代西方伦理学提出批判,甚至认为西方应该学习中国文化。以新儒家宣言为契机,在20世纪60至80年代西方德性伦理学的形

成与发展过程中,儒学原本完全有可能与当代西方伦理学联手(比如尝试从儒学德性伦理角度批判并克服康德义务论与功利主义伦理学之缺陷),而对当代西方哲学进程产生重大影响。可惜,机会擦肩而过。

德性伦理学认为,现代伦理学将制定道德规则和原则视为伦理学中心任务,乃是有失偏颇的。实际上,一种行为的价值只能通过其与主体品格的关系加以判断。此为德性伦理学的基本共识,但具体言之则分为亚里士多德传统的德性伦理学、休谟传统的德性伦理学、儒家德性伦理学等。

1990年代,复兴亚里士多德德性伦理学的最主要贡献者之一,麦金太尔曾提出:"不管是儒学中的孔子还是新儒家们,以及亚里士多德主义中的亚里士多德或阿奎那,在他们的总体学说和理论视角上,确实都对人类最佳生活方式这一问题提出了极其不同、不可通约的学说,即使其中具有实质性的一致的观点,也以一些很不相同的方式在发挥着作用"(《不可通约性、真理以及儒家和亚里士多德主义关于美德的对话》)。麦金太尔上述言论,显然承认儒学的德性伦理学特征,但同时认为不同德性伦理学系统具有"不可通约"性。自此以后,"不可通约论"与"比较研究的合法性"之间的拉锯战,成为德性伦理学研究领域的重要组成部分。

麦金太尔主张不可通约的重要理由之一是,孔子关于道德生活的学说缺乏详细的推理。这种观点在西方哲学界颇为流行,早在1883年,著名的希腊哲学史家爱德华·策勒就认为,中文很不适于哲学,老子更是具有神秘主义特征,而孔子则是一个道德说教者而非哲学家。针对这种看法,葛兰言、葛瑞汉、郝大维、安乐哲等著名中国哲学研究者,则纷纷从"关联性思维""比喻、类比推理"角度提出说明与辩护。实际上,冯友兰在其两卷本《中国哲学史》序言中,曾专门提及中国哲学在表达方式上偏"名言隽语、比喻例证"的特征,且并不认为这种表达方式会使其丧失实质上的"哲学"品格。

麦金太尔的"不可通约论"在学理和实践层面皆显得自相矛盾。余纪元认为，麦金太尔混淆了比较研究的过程与结果。他所谓的不可通约，实际上指称作为研究结果的孔子与亚里士多德的差异性，而比较研究本身则根本不受此制约。相反，有效的比较研究实乃指出差异的基础，就此而言，跨语言与跨文本的理解、比较总是可能的。而麦金太尔自己在1999年的新著《依赖的理性动物》中，则完全不顾及所谓"不可通约"问题，直接援引《孟子》"乍见孺子将入于井"案例，作为体现"依赖的德性"的典范。"依赖的德性"概念，被麦金太尔视为超出亚里士多德伦理学，乃至超出全部传统西方道德哲学的新范畴。

特别需要指出的是，虽然安斯康的《现代道德哲学》直接推动了德性伦理学的复兴，但滋养德性伦理学发展的源头除了亚里士多德，还包括柏拉图、斯多葛、尼采以及休谟。美国迈阿密大学伦理学教授迈克尔·斯洛特提出的情感主义德性伦理学也是德性伦理学的重要分支，而以休谟情感主义为其思想源泉。在《斯洛特：走向情感主义的德性伦理学——访美国迈阿密大学伦理学教授迈克尔·斯洛特》（2014）中斯洛特指出：西方和中国各有两种德性伦理学，中国有孔子和孟子，西方有亚里士多德和休谟。孔子的德性伦理学与亚里士多德的德性伦理学比较接近，而孟子的德性伦理学与休谟的思想较为接近，因为休谟也谈论同情心。中西方可以互相学习各自的德性伦理学。斯洛特表示他也正在向中国的德性伦理学学习，比如，在他之前还没有西方德性伦理学学者讨论过"阴阳"的概念。

目前，在国际哲学界，以德性伦理学模式研读儒学经典，渐渐成为儒家哲学研究的主导模式。儒学与西方德性伦理学的对话亦有所开展。著名的斯普林格出版社于2014年出版《共同的善：中国与美国的视角》，劳特里奇出版社于2013年出版《德性伦理学与儒学》，2015年10月还出版了《西方哲学与中国哲学中的伦理德性与理智德性：朝着德性的转向》。与此同时，中国本土的国际化学者，亦开始努力参与世界范围的德性伦理学对话。《文史哲》杂志2015年第4期推出王珏博士《孝何以是一种德性？——在德性伦理学的视域下重审亲亲之爱》一文，即是在作者两度参加香港浸会大学及美国圣母大学德性伦理学国际工作坊的论文基础上翻译改编而成。顺便一提，美国圣母大学因麦金太尔的缘故，乃美国德性伦理学的研究重镇。

随着德性伦理学的复兴，"中国哲学的合法性问题"或将自然消失。然而，西方学界的感觉则是，儒学的德性伦理学性质只是通过援引西方理论才得到认识，而不是由于儒学自身的努力而使西方学界转向德性伦理学。批评者认为，迄今为止的对话表现出令人不安的"不对称性"，即单方面援引西方思想来解释儒学，这种阐释方式有将儒家思想贬低为西方思想的一个流派的危险。著名的老一代中国哲学专家孟旦在2006年接受香港学者采访时提醒，研究者将自己与特定潮流相绑定是危险的，因为一旦该潮流走下坡路，相关学者的学术声誉将自然受损。好在"德性伦理学在西方尚处于初创阶段，其形态尚未成熟"，儒学研究者仍然有望对此领域做出典范性贡献，乃至推动相关议题青春永驻。

三、儒学与现代性关系再审视：
赞助"启蒙运动"与批判"自由主义"

20世纪早期两位重量级的西方学者的著述，至今仍然深刻影响学界对儒学与现代性关系的一般看法。马克斯·韦伯1904—1905年首发、1920年修订扩充的《新教伦理与资本主义精神》一书强调基督教背景下的"苦修来世、禁欲主义、宗教虔诚"，实乃资本主义"艰苦劳动精神、积极进取精神"的宗教来源。其于1914—1915年出版的《儒教与道教》更是专辟"［儒教］经济观念和对专门人才的冷落"一节，展示儒学对于商业和科技的压抑。著名的中国科学技术史专家李约瑟于1930年代提出著名的"李约瑟难题"，即中国古代的经验科学领先世界一千年，但为什么现代科学没有产生在中国，而是产生在17世纪文艺复兴之后的欧洲？李约瑟基本上继承了韦伯关于儒学压抑商业和科技的观点，儒学因而被视为"现代化"（科技与商业构成基本指标）的对立面。

近年来，情况开始有所变化，流行于17—18世纪欧洲思想界的"中国文化热"，重新进入学术史研究视野。例如，托马斯·富克斯于2006年在美国《中国哲学季刊》（Journal of Chinese Philosophy）发表《欧洲的中国：从莱布尼兹到康德的接受历程》，用文献证明中国思想在现代欧洲的出现。文章指出，"中国的发现挑战了欧洲知识分子在文化和政治上的认同"。与此同时，北京商务印书馆于2006年再版维吉尔·毕诺《中国对法国哲学思想形成的影响》。该书以翔实的资料表明，17—18世纪，中国儒家的重农主义、文官科举制度、修史传统、伦理道德、完整的治国之术、多种文化派别的并存与争鸣，以及哲学思想界经常出现的大论战等，对基督教主导的法国思想界产生了深刻的冲击与影响。伏尔泰、孟德斯鸠、圣西门等法国哲学大师，都从当时的"中国热"中吸取了丰富的营养。

我们知道，笛卡尔从"普遍怀疑"出发，进而提出"我思故我在"，并在此基础上建设他的知识大厦。此后，在西方学界，传统基督教节节丧失科学知识方面的话语权，不得不任凭理性主义者自行其是。但与此同时，人们仍然强烈地认为，传统基督教信仰乃道德权威与道德生活之基石。传统宗教在道德领域的话语权后来亦终因康德道德—宗教哲学对于"恩典"概念的拒斥，以及他对"三位一体""团契"或"教会"的全新解释而遭受严峻挑战。康德将"三位一体"直接与人的道德禀赋挂钩，以"自由意志的联合体"解释基督教"团契"或"教会"，从根本上取消了外在宗教权威与外来宗教助力在道德生活中的地位。在康德看来，这才是符合"自主向善"这一道德哲学基本精神的"理性宗教"。"自由意志的联合体"，可视为对现代自由主义政治方案的道德—宗教哲学论证。当然，这是一种现代性的道德—宗教哲学。

2012年，中国大陆唯一的英文哲学期刊《中国哲学前沿》(*Frontiers of Philosophy in China*)，发表谢文郁教授《康德的"善人"与儒家的"君子"》一文。该文追问：康德凭什么批评当时居主流地位的基督教恩典概念？诉诸概念分析，作者指出，作为康德出发点的"人的自我完善"意识，实质上就是"儒家修身养性"概念。尽管康德从未提过儒学对他的思想有何贡献，但儒家的"君子"和康德的"善人"在概念上的惊人相似性，意味着两者之间存在一种跨文化的承传关系。17—18世纪欧洲流行的"中国文化热"，最终以精化萃取的方式，汇集到集启蒙思想之大成的康德哲学中去。

综合以上，甚至可以说，在17—18世纪，存在着一个"东学西渐"的进程。当然，这一轮的东学西渐，不是出于中国人的主动传播，而是西方人基于传教士的中国报道、典籍翻译自行学习的结果。据悉，杜维明先生领导下的北京大学人文高等研究院，目前正有一个研究团队试图全面梳理这段历史，意在指出西方固有的哪些因素有助其接受中国文化影响。无论如何，说儒学曾经赞助过西方启蒙运动与现代主体理性主义，现在来看毫不为过。

然而，许多学者未必欣赏上述关于"儒学与现代性关系"的重新定位，他们尤其难以赞赏将儒学与现代自由主义相挂钩。在他们的研究中，"自由主义"呈现出致命的缺陷。例如，安乐哲曾在《儒家式的民主主义》(2006)一文中指出，"一些西方人对自己的民主制度非常骄傲，他们将中国视为一种集权国家的直接的典型"，然而"考虑到如今资本主义是阻碍而非促进了可行的民主，我们应当稍稍转换我们的视角了"。他进而认为，"19世纪的个人主义不利于任何真正民主的人类社群的建立，恰恰相反，个人主义是任何民主社群的大敌"。

早在2001年，北京三联书店曾推出《儒家与自由主义》文集，汇集了杜维明、白鲁恂、狄百瑞、孟旦、罗思文等海外儒学研究大家关于"儒学与自由主义"的不同论说，同时也涉及当今自由主义大师罗尔斯、德里达对自由主义若干思想的阐发。"儒学与自由主义的关系"问题，俨然成为国际儒学研究热门。彭国翔教授的书评《儒学：自由主义与社群主义之间》在推荐这本文集的同时，提出"要在自由主义与社群主义这两大典范的参照之下，力求使儒学的某些基本特征在现代的话语中获得进一步较为明确的定位"。

在另一篇题为《儒家的角色伦理学与杜威的实用主义——对个人主义意识形态的挑战》（2013）的文章中，安乐哲曾写道："对于自治的个人主义的推崇，从观念上导致了道德上的自私和利他主义之间的对立；而在政治层面上则导致了个人主义与集体主义之间无法调和的对立！"罗思文则在其2015年出版的新著《反对个体主义：从儒学角度再思道德、政治、家庭与宗教的基础》中，从多角度揭示作为自由主义基石的"孤立个体"概念无法成立，而儒学则提供了更合乎实际的角色伦理学资源。

实际上，作为"实用主义的社群主义"奠基人，杜威早已指出，"人们的精神和道德结构、人们的欲望和意图的模式，每每随着社会结构的巨大改变而发生改变"，因此"那些在家庭、经济、宗教、政治、艺术或教育的共同体中没有被联系在一起的个体是不健全的"。本着杜威的精神，当代社群主义代表人物米歇尔·桑德尔强调"公共的善"概念，认为"公民需要在成形的公民社会中，努力培养为达到自治所必需的个性和品质，在此过程中，个人对社会的归属感不断加强"。这是一种社群主义的民主观念，用杜威的话说就是，"个人的自由意味着在社群中成长，并在社群需要之际随时进行修正"。

安乐哲在杜威的基础上指出，"伦理与道德行为方式存在于丰富的家庭结构、共同体结构与亲属关联的内在肌理之中"，而"儒家颂扬尊重与相互影响的价值"。与此同时，他进而追问：在中国经济、政治及全球影响力快速增长的条件下，"这些以家庭为中心的儒家价值是否会在接下来的十年促成新的世界文化秩序？"（《儒家的角色伦理学与杜威的实用主义——对个人主义意识形态的挑战》）对此，他早有自己的答案："在许多方面，较之杜威自己的国家，中国更接近杜威的社群主义民主理想。并且，在未来东西文化的交往过程中，很有可能是中国的影响使得美国与其他北大西洋民主国家益发接近杜威的民主观。"（《儒家式的民主主义》）

安乐哲和罗思文一道，将自己的主张命名为"角色伦理学"。在《〈论语〉的"孝"：儒家角色伦理与代际传递之动力》（2013）一书中，他们认为"家族的、社会的角色自身乃是一种规范性力量"，而最大限度地利用关联性生活提升角色水平与人际关系，则被视为儒家式角色伦理学的核心旨趣。在阐述孔子"正名"思想时，他们还注意到，"恰当地使用语言"对于共同体中的角色意识培养意义重大。"正名"意义上的"语言使用"，实际上是个"文化"问题。2014年，中国人民大学出版社推出新加坡国立大学哲学系主任陈素芬博士的《儒家民主：杜威式重建》中文版。该书认为，"杜威实用主义对民治政府的本质、民主参与所需要的条件、合作探究的方式等的理解有助于支持民主的儒家重建"，然而"杜威对于赋予政治形式内容的文化过程一直语焉不详"，"在这方面，传统上常常更关心文化过程多于政治形式的儒家恰恰提供了完成杜威任务的新的可能性"。

此外，加拿大籍在华教授贝淡宁的儒学研究具有更直接的现实针对性。在新近出版的《中国模式：贤能政治与民主的局限性》（系据英文书名直译）一书中，他用"贤能政治"概括自己所理解的"中国模式"，认为"贤能政治"在中国有深厚的根源，主要与儒家传统相关。贝淡宁教授指出，调查一再显示，大部分人更支持"监护人话语"而不是自由民主话语。前者授权能干的官员承担起维护社会利益的责任，后者则优先强调程序性安排，确保民众参与政治和自主选举的权利。按照他的观察，中国模式的高层特征是贤能政治，即高级官员的选拔应该基于德才兼备的原则。中国的贤能政治选拔过程最适合一党执政的国家。一旦领导人们登上政治权力的顶峰，他们就能制订长期计划并做出关系到所有利害关系人利益的决定，包括子孙后代的利益和居住在国外的人的利益。在皇权时代的中国，贤能政治依靠科举制使优胜者取得功名与权力的途径制度化。在过去的30年里，一种适应新时代的考试体制又被重新确立起来。

四、儒典译注推陈出新，理念、技术有望全面升级

近年来，关于詹姆斯·理雅各及其儒典翻译的研究取得长足进展。理雅各是西方儒家经典翻译的奠基人，1861—1872年间，理雅各译的《中国经典》第一版在香港陆续出版，包括《论语》《大学》《中庸》《孟子》《尚书》《竹书纪年》《诗经》《春秋》《左传》。理雅各译文迄今仍被视为儒家经典的标准译本，其厚重注释深刻影响着西方后学对儒家经典的阅读理解。

作为传教士兼学者（或学者兼传教士），理雅各曾不止一次表示，他的翻译事业与传教事业相辅相成（《中国经典》第一卷1861年版序言、第三卷序言）。香港浸会大学费乐仁教授在理雅各研究专著《为人的全副责任而奋斗：詹姆斯·理雅各及苏格兰新教同中国的相遇》中指出，理雅各对孔子的态度经历了由嘲笑到尊重的变化，对于中国儒教愈发趋于宽容和理解。从解释学角度看，这当然可以说是理雅各"把其开放的基督教思想应用于中国经典研究"。但是，站在经典译注角度，颇有学者越来越不满理雅各儒典译注中的基督教因素。1993年，夏威夷大学出版社出版欧阳桢的《透视：对翻译、中国文学和比较诗学的反思》，作者以《论语》书名曾被译为古典气息浓厚且神秘玄奥的 The Analects 为例，批评译者乃"有计划地误导读者听到基督教神学的声音而非儒学的人文主义思想"。至于理雅各将早期儒典中的"帝""上帝""天"直接对等于基督教的 God，则更是被诟病为"将中国古老的宗教信仰置于

了基督教的框架之中"。

实际上，陈荣捷教授在编译著名的《中国哲学资料书》时即指出，西方学者在选取人头作为研究对象时，往往深受当下西方固有的哲学潮流（如自然主义等）影响，在中国思想脉络中分量更重的思想家反而常常门庭冷落。理雅各译本中的语境移植与扭曲，正属于此类问题。近年来，安乐哲更是在多种场合批评国际汉学界缺乏哲学自觉性。他认为，西方对宋明理学的解释，同对先秦儒学的解释一样，都存在误解。安乐哲认为，在文字、版本等问题上，汉学家们享有权威，然而一旦涉及哲学问题，汉学家们往往就完全不知所云（《辨异观同论中西——安乐哲教授访谈录》）。在缺乏专业的哲学修养与自觉的哲学反思的情况下，儒典翻译受译者所处主流文化背景渗透及扭曲的概率无疑大增。就此而言，儒典翻译有必要在更恰当的哲学视角下更新换代。

自20世纪末，安乐哲和罗思文合作，先后译注《论语》《孝经》，务求剔除典型的基督教与西方形而上学思维，尽量体现译者所谓汉语的"事件性""联系性""过程性"特点。例如，为避免中国之"天"与基督教"God/Heaven"混淆，译者干脆以拼音"Tian"代之。又如，此前儒家之"孝"被译为"filial piety"或"piety"，容易与人对上帝的敬虔（piety）混淆，新译本遂改译"filial conduct"。再如，将"义"译作"righteousness"，会让西方读者直接联想到《圣经》中的"因信称义"，译者遂主张根据"义者宜也"更译为"appropriateness"。知名度更高的安乐哲、郝大维《中庸》译注（2001），同样力求体现"过程式思维"，甚至将《中庸》标题改译为"Focusing the Familiar（切中伦常）"，取代理雅各的"The Doctrine of the Mean（关于中的教义）"翻译，意在纠正流行甚广的以"中"为"实体"或"本体"的形而上学思维。

对于以安乐哲为代表的严别中西，力求体现特定哲学特质的儒典翻译理念，同样存在批评的声音。例如，港台学者冯耀明在《当代东亚儒学的主要课题与研究进路》（2008）一文中指出，安、郝译本是脱离文本的过度诠释，其在翻译过程中运用的过程本体论和实用主义哲学的方案，是"对中国（和儒家）哲学之误篡化"，上述新译本实乃"面向理论的诠释"，是译者在儒学理论预设的基础上所作的诠释和翻译。又如，美国格兰谷州立大学哲学教授倪培民，尽管赞成安乐哲、郝大维"过程论"取向，却反过来批评其《中庸》译注过分强调形而上学，以致遮蔽了《中庸》里面非常重要的"功夫指导"意图。可见，即便是从现有译注理念或取向进一步精致化的角度看，新一轮的儒典译注事业也还是大有进一步优化的空间。

最后，对比1960年和2008年的两则评论，有助于前瞻当代西方儒典翻译事业的发展趋势：

1960年，《高本汉诗经注释》中文版在台湾面世，译者董同和教授曾在《译序》中直言不讳："我们可以说，高氏已经做出来的，大体上也就是五四新文化运动以后中国学人在'用科学知识和方法整理国故'的口号下想要做的。不过，我们只是笼统的（地）想了，似乎还没有人具体的筹划。"就此而言，那时的中西汉学界在方法论层面，并无显著差异。

2008年，德国学者瓦格纳《王弼〈老子注〉研究》中文版在中国大陆问世。瓦格纳在中文版序中特别评论道："现代的海外中国学研究开始的时候，人们期待它们会从欧洲古希腊和罗马的经典研究的那些给人印象深刻的文本批判或文学研究的方法论中汲取方法论的指引。""西方学者在中国发现了有众多学者参与其中的清代考据学传统……这一中国学的传统迅速吸收了某些西方的文本批判方法，尤其是与辨伪问题相关的那些。其中最突出的例子就是顾颉刚等人编辑的七卷本《古史辨》。""而其它一些重要的西方文学研究的要素，如批判性文本，则没有成为中国学学术实践的部分。除极少数例外，日本或西方的外国学者并没有进入这一在质、量和历史等方面都拥有如此优势的领域的意图。这一可悲的结果，致使时至今日，甚至那些最为基本的中国经典文本也没有值得信赖的批判性版本。连可以和Oxford、Teubner或Loeb的西方经典著作系列相匹敌的东西都没有,就更不用说匹敌有关《旧约》、《新约》的相关研究了。"

长远来看,瓦格纳上述抱怨或将导致西方古典文本批判技术,与包括儒典译注在内的西方汉学文本考订、翻译、注疏传统自觉合流。瓦格纳本人本着一种活学活用的智慧,自创"链体风格"这种形式批判工具,精致地考释王弼《老子注》文本,虽称不上尽善尽美,却俨然已经迈出了颇具示范性的一步。西方汉学在文本研究技术上的大变革或将来临。

五、多元融合、过程思想与儒家生态观

2000年,波士顿大学哲学、宗教学教授罗伯特·南乐山出版《波士顿儒学:晚期现代世界中可移动的传统》。作为"波士顿儒学"代表人物,南乐山曾兼任波士顿大学神学院院长达14年之久,在这本书中,他追问:在现代世界里,我们究竟有没有真正意义上跨文化的哲学和神学活动?打眼一看,这是一个不成问题的问题。——我们知道,20世纪的两次世界大战,尤其是纳粹德国基于文化、宗教借口对犹太人的大屠杀,尖锐而迫切地提出了不同文明之间如何和平共处的问题。冷战结束后,美国学者亨廷顿提出"21世纪国际政治角力的核心单位不再是国家,而是文明,不同文明间的冲突"。"多元主义"于是被许多人视为缓和紧张的不二之选。

问题在于,"多元主义"本身可能成为深度交流的障碍。各种文化或宗教的核心观念,背后无不存在情感支持,文明的深度交流往往带有"碰撞"特征。旨在缔造"和平"的"多元主义",往往只能维系一种表面上相安无事的共存,而无法促成"安身立命"意义上的吸纳与融合。——南乐山所谓"真正意义上跨文化的哲学和神学活动",正是指

后一种意义上的互鉴与更新。为此,《波士顿儒学》诉诸"儒学已经从其东亚家乡进入晚期现代西方的哲学论述中"的事实,认为"儒学传统具有可移植性"。不难指出,"可移植性"意味着某种"普适性",即便宗教排他主义者也不应该和"普适"的东西作对。南乐山本人钟爱荀子的礼教思想,乃至宣称自己就是儒家,试图深究儒家存在论、自我观以及所谓儒家灵修学,将其与古今西学资源相融会,为西方古典思辨哲学传统注入新的活力。本着这种治学理念,他最近又先后推出《礼仪与辩护:中国哲学在比较语境中的推展》《哲学神学》等著作。

而在稍早些时候,波士顿大学白诗朗教授出版了《普天之下:儒—耶对话中的典范转移》一书(此书于2006年推出中文版),此后又相继出版《儒家之道的变革:朱熹、怀特海、南乐山比较》《扩张中的过程:中西哲学、神学变革考》等相关著作。站在一个西方基督徒学者的立场上,白诗朗认为,现代自觉的多元主义是教会面对的一项崭新的神学挑战,迫切需要为基督教教义找到一种符合多元主义且不失敬虔的解释。基于这种考虑,他赞赏"中国文化较之其他文化更能够与思想和宗教的多元主义共处",甚至认为"儒学传统在伦理上成功地处理了多元主义的问题,既未变成相对主义,又不丧失追求真理的热情"。但与此同时他又有所保留,只说"儒—耶对话使基督徒与一种认可多元主义的传统发生了关系",而这种"认可"和"关系"的基础,在他看来,似乎既不在基督教也不在儒家那里。最终,怀特海的"过程思想"被白诗朗选定为基督徒"认可多元主义的神学"的思维基础。而《普天之下》则被认为是第一部尝试用过程哲学研究儒耶对话的属性和前景的著作,白诗朗后来的那本新著也仍然是从过程思想角度考察中国儒学传统及其现代变革。

关于过程思想,按照创始人怀特海自己的说法,它与中国传统思想深度契合。怀特海《过程与实在》(1929)一书设想,全部"实在原子"通过一系列的"偶发相遇"而产生"共合反应",从而彼此在"共合反应"中不断激发创造性,形成一个不断完善的过程。在他看来,这个设想既强调"实在原子"的个体性(符合西方的个体主义思路),同时也认可群体性(儒家的群体主义思路)。而且,"偶发相遇"具有非必然性,因而可以和基督教"创造(从无到有)"概念与佛教所谓"空"相通。许多过程思想家都坚信,过程思想可以在思路上打通中西方思想,使之发生实质上的交汇和融合。即使一些非过程思想家,如安乐哲、倪培民等,在处理中西哲学问题时也常常借用这一过程思想的观点。我们在介绍儒典译注的指导理念时,对此已经有所涉及。然而,也有批评者认为,过程思想经不起哲学分析的推敲,比如谢文郁就曾指出,过程思想的"主体"概念站不住脚。2002年,美国过程思想研究中心与北京师范大学合作召开了一次世界性的过程思想研讨大会,开始了过程思想在中国的广泛传播。随后,谢文郁编辑出版了《怀特海与中国:相关性与关联性》这本会议论文集。由于确实有中国思想的因素(怀特海对此有确切的意识),过程思想这些年在中国思想界产生了一定的影响。

  2011年第8届国际怀特海大会在日本东京上智大学举行。会上,作为当代西方生态运动的先驱,柏励提出了"生态纪"概念。柏励指出,传统观念把宇宙看成满足人类物质欲望的资源,由此导致了生态危机,而走出危机则需要重新诠释宇宙的本源含义。柏励认为,"宇宙"最本真的含义应该是人类及其他生物共同生活的家园,这意味着现代工业文明所赖以为基础的许多概念必须发生根本性的改变。美国过程研究中心中国部主任王治河指出,过程思想由于对相互联系的推重,又被称为"有机哲学"或"机体哲学",因此其在根底上是生态的。而作为"建设性后现代思想"的提出者,美国过程研究中心主任大卫·格里芬曾指出,怀特海过程思想把内在价值赋予所有真正的个体,有助于纠正现代人在思考终极目的时总是忽略环境的内在价值这一习惯。而在一个即将到来的更合理的时代,人类的自然观念也将重新回到丰富多样性、复杂神秘性及对自然内在意义与价值的体认上去。

近年来，山东大学文艺美学研究中心和美国过程研究中心保持着合作关系，并于2012年联合举办"建设性后现代思想与生态美学"研讨会。目前，中国国内已经有大量学术论文，从儒家"天人合一""民胞物与""天地之大德曰生""仁者以天地万物为一体"等角度，探讨儒学的生态观（包括生态美学、生态伦理学、生态哲学）。国际上对儒家生态哲学问题的研究，以华裔学者和有关中国哲学、历史学研究的学者为主。范慧、乔清举在《儒家生态哲学研究综述》（2015）中指出：杜维明较早提出了"超越启蒙心态"的问题，认为应将"己所不欲，勿施于人"的伦理金则，向"天人合一"的环境伦理学方向推进。玛丽·塔克尔在杜维明强调"气"所蕴含的"存有的连续性"观念基础上指出，"气"概念可以对生态哲学做出七个方面的具体贡献。成中英提出，儒学是包容性的人本主义，在圣人那里，天地人在道和太极的本体宇宙论上三位一体，人是"自然的完成者"而非征服者，是自然的参与者而不是掠夺者。罗泰勒认为，儒学关注人类与宇宙的内在关联，当人性得以实现时，"仁"作为人性之核心亦成为宇宙之中心。因此，"成仁"就是要超越人类自身，这是儒家生态学的根源所在；儒家的仁就是生态学。布拉克雷探讨了《论语》中三原结构的动物价值论问题，艾文荷认为《荀子》中有一种可称为"快乐的对称"的"清晰且非常有趣的环境伦理观"。日本学者桑子敏雄认为，朱熹思想包含"人如何与他的环境宇宙相关"这一重要维度，由此引申出如何评估人及其行为在宇宙环境中的价值问题。艾周思指出，宋代新儒家把"恕"拓展到自然界，使"应"（感应）具有了环境伦理的意义。黄勇分析了"二程"的事实与价值统一的思想，韦巴研究了天人合一的"合"的形式，白诗朗则对"一"进行深入分析，提出"把儒家关于修养和社会伦理的洞见扩展到新的领域"的八种设想。

（鸣谢：孟巍隆博士对本文编撰提供了部分资料，特此致谢！）

儒学与"五四"能和解吗?[①]

——第八届《文史哲》杂志人文高端论坛侧记

按:此文这个"亮眼"的标题早在论坛期间就拟好了,但初稿写得并不如意,一个重要原因是我也想在论坛结束后赶快放松一下紧张的精神和身体。但王学典主编不依不饶,发来微信说:"晓东,引文太长。另外,本文更像综述,不像侧记,前者是客观叙述,后者是主观主导六经注我。最好调整一下角度。还有,会议有无花絮?有无争议?我记得好几个人的发言涉及李泽厚的《启蒙与救亡的双重变奏》,可不可以渲染一下?那篇涉及《雷雨》的发言可不可以涉及一下?孙向晨关于重建家庭的发言应不应该强调一下?再下力气修改一下吧。"得此指令兼提示,我又花了10天时间,将全盘重整的新稿拿了出来。在此期间,王学典主编曾不无担心地问我:"这个稿子是不是硬挤?"看到新稿之后,他则说:"你已经历练成功了!"

一、竟用"儒学价值"纪念"五四"百年

2019年时值"五四"运动一百周年,这是一个极具号召力的时间节点。各种旨在向"五四"致敬并继往开来的纪念活动,在中国本土及世界多地如火如荼进行。《文史哲》编辑部亦趁天时而享地利,于纪念日当天在山东大学中心校区,举办"儒学价值及其现代命运:五四运动百

---

① 原载《中华读书报》,2019年6月12日,头版头条+第13版整版。由于版面容量限制,报纸版略有压缩。此系原稿。

年纪念"人文高端论坛。

竟然用"儒学价值"纪念"五四"百年——许多人初闻本届《文史哲》杂志人文高端论坛的主题,很自然地都会满脸诧异。"五四",向来作为醒目的标志,与"新文化运动"一体相连——而"五四新文化运动"(以下均在此意义上简称"五四")的文化斗争口号,则正是"打孔家店"。当年,面对老大之帝国积弱难反的惨痛现实,经过了由器物而制度、由制度而文化层层递进的诊断之后,"五四"先贤最终毫不留情地将以儒学为代表的本国"旧学"判定为症结所在,进而无所不用其极地按自己所理解的现代西方"德先生(民主)""赛先生(科学)"揭露之、质疑之、取代之,认为只有这样才能启传统民智之"蒙"而再造国族自强的文化根基。这,构成了那一时期中国知识界的主流姿态。既然如此,怎好用"儒学价值",来纪念一百年前的"五四"?

问题甚至可以提得更辛辣一些。正如论坛东道主、《文史哲》主编王学典教授在开幕式致辞中所言,"'五四'的发生和山东直接相关,'五四'运动的口号之一是'还我青岛'"。但与"五四"相关的不仅有青岛,相关度更高的是"五四"所不遗余力加以攻伐的传统儒学的奠基人物孔子、孟子皆为山东人士。站在"五四"时期全盘西化派的立场上,反传统者似乎正可以这样戏谑:山东所生产的传统儒学导致了国运的衰败,国运衰败反过来又"报应"般地表现为山东在青岛主权问题上两番蒙难。照此逻辑,在山东,用"儒学价值"来纪念"五四",尤不应该!

但彼一时也,此一时也。"在一百年后的今天,"王学典主编在致辞中继续说道,"我们则看到了中国的崛起。无论'崛起'这个概念有多大争议,我们都不得不承认,中国确实富强起来了。今天的中国,和一百年前疾呼'还我青岛'的中国,已经完全不可同日而语了!"回首过往,在国运衰败、国族日危,知识分子纷纷将眼光往外、往前看的年代,"五四"将救亡图存推进到了文化革新的层面。这诚然唤起了中国全面谋求现代化的自觉,但此后中国的百年奋斗历程,却并不符合"五四"当年所规划的激进路线:"少——或者竟不看中国书,多看外国书",以至"全盘西化"。

特别地,"五四"开始了马克思主义在中国的传播,为中国共产党的成立做了准备。此后,在将马克思主义奉为中国革命与建设指导原则的过程中,教条式的套用总是导致挫折连连,历史的、辩证的活学活用则使近百年来的道路、理论、制度、文化积累愈显"中国特色"。将古与今、中与西截然二分、消极对立起来的图式,总体上已经无法解释"五四"一百年来,共和国成立七十年来,改革开放四十年来的中国经验。

正是基于这些考虑,王学典主编在致辞中,这样点题:"'五四'运动提出了两大命题:一个是如何对待传统?再一个是如何对待西方?我们迄今并未走出这两大命题的笼罩。尽管21世纪已经过去20年了,但20世纪留下的深刻教训,迄今为止远未得到应有的总结。"对此,年近八秩的美国弗吉尼亚州立大学荣休教授暨南开大学历史学院访问讲座教授汪荣祖先生,深表同感。在主题发言中,他重申:"五四"旗手们处理古今中西文化关系问题的方案非常简单,那就是"全盘西化,抛弃传统",这种激进的做法在过去一百年间至少持续了六十年!

那么,在剩下的也就是最近这四十年间,中国学界又在酝酿着怎样的态势与方案呢?对此,我们不妨主动进行设问:如果说长程的历史总是遵循"正—反—合"的辩证逻辑的话,那么,在"运动"了整整一百周年之后,世变时移,是不是也该轮到一度被置于"新文化"对立面的"儒学",在更高的层次上与"五四"握手言和了呢?此一问题尽可开放地讨论下去,但无论如何只要它能令闻者心弦为之一动,那就足以证明:在山东,用"儒学价值及其现代命运"的再研判来纪念"五四"百年,此其时也!

二、现实中的"五四"真有那么极端?

20世纪80年代,经历过"文革"之后的中国大陆进入改革开放时代,几乎已经荡然无存的"文化保守主义"此时亦春风吹又生。1988年,远在美国的林毓生先生的《中国意识的危机》被从英文版译介过来。该书一反中国大陆主流学界一味为"五四"唱赞歌的做派,转而在古今中西文化之争的视域中,批评"五四"时期全盘反传统的激进举措造成了中国传统文化的断裂,导致了中国意识的危机——比较成功地呈现了一种与"新文化—反传统"逻辑相反的叙事原则,为"文化保守主义"从长计议其合法性布下了一块基石。借其势,在中国大陆思想界,"文化保守主义"得以在一定程度上正名;相应地,"五四"的"激进"与"全盘反传统"罪名,亦渐渐深入人心。在世纪之交的1999年,北京大学隆重举行纪念"五四"运动80周年国际学术研讨会,那时,"'五四'运动的反省与超越""'五四'运动与传统文化"等议题就已经是学界热点。在文化保守主义者日益理直气壮之际,辩护者们亦陆续站起来反向追问:现实中的"五四",是否真的那么激进?在迥异的立场与动机驱策下,双方之间的拉锯战,至少已经不温不火地持续了三十年。

为了更切实地了解"激进"的发生与存续条件,以便使反省和超越更具针对性,以文化保守主义者为核心的批评者们须先搞清楚:"五四"时期的"激进"种子究竟从何而来?特别地,它究竟是本土滋生的,还是随现代西学一道舶来的?

围绕"五四"之"激进"的来源这一问题,在本届《文史哲》杂志人文高端论坛上,多位嘉宾不约而同地提到了李泽厚先生的名篇《启蒙与救亡的双重变奏》(1986)。我们知道,"个体主义"是"五四"人批判("启蒙")以儒学为代表的中国传统文化的核心依据,故"五四"之"激进"本质上是一种"个体主义"本位的激进。按照《启蒙与救亡的双重变奏》一文的叙述,"救亡"既是个体主义本位的"启蒙"激进化的动因,也是个体主义本位的"启蒙"最终被本土固有的集体主义压倒的契机所在。同一个"救亡",看起来既是"激进"的发动机,又是"激进"的制动器——这种前后相反的定位意味着,"救亡"恐怕还只是这一时期的一个重要表象,而构不成这段思想史运动的老底儿,所以算不得"五四"激进的真正根源。要想触及根底,摸着"激进"的来源,我们须进一步追问:"五四"学人何以会坚决将儒学所代表的传统民智视为待启之"蒙",并坚决将"德先生""赛先生"所代表的现代西学当作"启蒙"的标杆?这种坚决的认定,后来究竟又为什么没能沿着"个体主义"本位的"启蒙"逻辑,一路贯彻下去?

我们知道,自19世纪中叶以来,中国对西方列强屡战屡败。这种经验先是导致了一种自卑情绪,继而,在不得不了解西方、学习西方的过程中,中国学人又渐渐产生了对现代西学的崇拜。一般来说,在自卑基础上产生的对于强者的崇拜,或者会让人自卑而自弃,或者则会让人铆足了劲儿不声不吭地苦学、苦干——在这两种情况下,皆不会大规模地酝酿出"提倡有心,创造无力"(胡适语)的"五四"式领袖心态。必得有一种特别的激情注入其间,一瓶不满、半瓶晃荡的学习者才会热血澎湃,自认为已经远远望见了本国本民在未来的"应然"。"五四"时期的这种激情来自哪里,又是什么?汪荣祖先生在主题发言中指出:"'五四'学人所接触到的'西方现代文明',业已经过了19世纪'浪漫主义'的洗礼,而尤为强调非理性的情感和意志——'五四'时期所流行的'打孔家店''全盘西化''科学主义'等口号与立场,因而统统都带着浪漫的非理性情绪。"由此观之,"五四"之激进,盖是受了19世纪以来西方浪漫主义的感染。

因感染浪漫主义而崇尚意志与情感伟力的"五四"人开始相信,必须以最激进的方式破除中国人"总连和平的改革也不肯行"的"萧条""暮气"(鲁迅语),只有这样,才能让这片土地上的思想、言论、行动全方位地向着他们心目中的"新学(现代西学)"理想迈进。但实际效果如何呢？浪漫的激进，有没有使中国迅速进入英美式的"三代之治"？"'打孔'运动所旨在颠覆的乃是传统中国的基本价值观，"汪荣祖先生继续说道，"这套价值观不但为上层社会所提倡，而且也通过《三国演义》等浸染、塑造为民间价值观，它一旦被打破，整个社会秩序就遭到了破坏。"那么，"全盘西化"能否及时补救这种破坏呢？汪先生说："'全盘西化'有一个很大的盲点：科技可以全盘西化，但人文价值不能全盘西化，西方的人文传统是无法直接搬到中国来的。"

厦门大学哲学系教授李若晖对《雷雨》中的周朴园这个形象的诠释，很能印证汪荣祖先生关于"破坏"与"盲点"的上述判断。李教授指出，无论以中国传统文化为标准，还是从西方现代道德来看，周朴园的发迹手段都是丧尽天良的，其始乱终弃的情史都是令人发指的。但在周朴园所处的时代，"打倒"的呼声已经令儒学所代表的中国传统价值观威信不再；仅舶来皮毛的西方人文价值观，又远不足以框定现实生活中的是是非非。这种大破之后无法大立的态势，恰好给周朴园提供了以"西学""新道德""自己开创的全新道路"等名义，尽情粉饰其过往罪恶的无限空间！"激进"时代的价值观陷入错乱，由此可见一斑。

站在思维方式辨析与追问究竟何为理性的层面，华东师范大学哲学系教授杨国荣先生对"五四"的激进提出了自己的剖判。在杨先生看来，"'五四'对传统文化的批判，确实体现了启蒙运动崇尚理性的一般特点，但'五四'时期主流学人对理性的理解，却带有明显的知性化倾向。他们在新和旧、古和今、中和西之间做出了界线分明的知性划分，认为凡新皆好、凡旧皆坏，今皆好、古都坏，必须全盘西化。思维方式上的这种知性化退化，偏离了理性本来具有的分析性、批判性特点"。

可以说，本质主义式的"凡好皆好，凡坏皆坏"二分，其实质是一种文化宿命论。而正如个体之人的过去无法完全限定其未来那样，一种文化系统，也会随着参与其间的人们不断拿捏、抉择，而以不可逆料的方式出入各种"危"与"机"。古今中西的任何文化系统，只要还有人在其中实践，就仍然是活着的主体，无论当事人还是旁观者，都无法对其前途进行一锤子买卖式的预知、预判。"五四"的一些参与者，却自认为认准了古今中西文化的优劣本质，遂本着"知识就是权力"般的优越感，意气风发地引领了一场以"打孔家店""全盘西化"为标志的文化大反叛。这种貌似胸有成竹的"大知识分子"做派，实则是忘却了与人（主体）打交道所应起码保持的"尊重"姿态，无忌惮地将文化主体当作现成之物（客体）对待！

但人们可能也会说：上述针对"五四"的观点，又何尝不是无忌惮的"有罪推定"！早在二三十年前，耿云志等学者即曾提请批评者们注意：在"五四"时期，"古代文学艺术大部分受到推崇，特别是小说、白话文学等得到前所未有的很高评价"；"诸子和佛学的研究在深化，恢复了它们应有的地位"；对于儒学，也只是批判其"不适应现代社会生活"的"三纲"等部分，"对儒家一些道德观念仍有所肯定"，对儒学"在历史上的作用""也没有全盘否定"；新文化运动一些参与者的个人言论与工作实绩，都表明"他们并非什么'全盘性反传统主义者'，而是努力于中西结合，创造中国的新文化"；等等。

与上述试图深入地考察历史细部的诉求相一致，山东大学文学教授温儒敏先生在主题发言中将"五四"比喻成一把瑞士军刀，认为"我们在对'五四'这样多面向的复杂历史事件进行评价时，还是应该辩证一点，多兼顾一点"，并"期盼历史学界能够做出更科学的理性评价"。

但就"辩证""兼顾""科学""理性"的期待而言，前述学者的辩护词明显地也是在故意走偏。这些说辞刻意撇开了"五四"时期影响深远的激进论断——例如：中国没有"真戏"，"选学妖孽"，"桐城谬种"；"儒者三纲之说为吾伦理政治之大原"，"固有之伦理法律学术礼俗，无一非封建制度之遗传"，"尊儒重道，名教之所垂，人心之所向，无一不与现实生活背道而驰"；等等——而敏于收集与之相反的另类言谈与迹象，以求冲淡"'五四'全盘反传统"的"激进"形象。这种避重就轻的辩护模式反而透露出：《中国意识的危机》与"激进反传统"的罪名指控，确实点到了"五四"的痛处。但尽管如此，辩护者关于"'五四'是否果真'激进'"的追问，却仍然值得我们认真对待。

综合双方的意见，"五四"与"传统"的关系，或可姑且形容为温儒敏先生的以下发言："'五四'肯定是激进的。当传统作为一个整体性的东西，阻碍社会进步的时候，《新青年》那一代人断然采取了矫枉过正的战略性姿态。这虽然也造成了一些负面效应，但若放到特定的历史背景中去考察，《新青年》那一代人的偏激，应该还是可以得到理解的。后来，他们实际上也做了一些调整。在偏激的同时，他们实际上也在做一种传统的转化与传承工作。现在所谓国学研究的范式，包括材料、方法、框架，很多都是'五四'那一代开垦出来的。"总之，在温先生看来，"'五四'既颠覆传统，同时它又在赓续传统，再造传统"。本文下一节的报道尤其能从深处印证这一点。

三、反传统者的传统"文化—心理"结构

"个人解放"可谓"五四"时期激进反传统的排头兵。宗法与家庭层面的"礼教"，因为最易让青年人感到受束缚，故最先沦为了"个人解放"运动的焦点。在一段时期内，小说、杂文、传统时代的叛逆精神钩沉、名人婚恋情事等齐上阵，将"反礼教"的"个人解放"渲染得轰轰烈烈，无比艰辛而又感人至深。其时的情形正如李若晖教授所言："在'五四'新文化运动当中，旧道德是伪道德，新道德才是真道德，青年们尤其将旧式家庭视为封建落后的标志，于是他们崇尚个性解放，追求爱情，以与旧家庭决裂为新道德实践的标志。"

但吊诡的是，"从家庭解放出来的个人，最后被投入一个更大、更现代、更具有约束力的群体性网络之中，在这个体系中，个人几乎没有

自己的比较独立的位置",四川大学暨北京大学历史学教授罗志田先生称此为"个人解放的悖论"。"个人起来了,个人很快又消失或者淡化了,"化用胡适的观察,他说,"1923年以前都是个人主义,1923年以后都是集团主义"。

"个人解放运动到头来却导向了个人的不解放"——为何竟会出现这般不可思议的悖论?其实,李泽厚早在其名篇《启蒙与救亡的双重变奏》(1986)中,已经点出了背后的玄机:"当把这种本来建立在个体主义基础上的西方文化介绍输入,以抨击传统打倒孔子时,却不自觉地遇上了自己本来就有的上述集体主义的意识和无意识,遇上了这种仍然异常关怀国事民瘼的社会政治意识和无意识传统。"此所谓"意识和无意识传统",又被称为传统"文化—心理"结构——就连激进的个体主义者,也在不自觉间深受传统集体主义心理支配。也就是说,表面上被大肆挞伐的"集团而非个人优先"的传统儒家意识,实则从一开始即暗暗地占据了"五四"的制高点,时机稍一成熟犹如形式规范质料一般,很快就重新包抄并通盘收编了以"现代西方个人主义"名义解放出来的个体及其能量。简直令人惊叹!

正因为看到了传统"文化—心理"结构的这种笼罩力与支配效应,清华大学历史系教授方朝晖才在发言中语重心长地提醒:"'五四'以来的中国学人,由于不能从深层'文化—心理'结构上来思考中国的现代性,对于民主、自由人权、法治等西方现代性的理解和接受始终停留在浅层上,这是我们今天仍然走不出'五四陷阱',找不到中国现代性出路的原因之一,也是今天需要对中国近代自由主义思潮进行批判和反省的重要原因。"换言之,中国的现代化之路不可能简单地通过"与传统决裂"+"从西方拿来"而实现!

既然如此,唯一的出路就是"创造性转化,创新性发展"。与此相关,杨国荣先生在批评了"五四"时期流行的"不是全好就是全坏"的二分思维后,旋即便转而揭示传统儒学与"五四"精神("德先生"

"赛先生")之间所存在着的复杂而正向的关联。

实际上,远在"五四"之前,谭嗣同就曾在《仁学》中辨析曰:"仁以通为第一义","通之象为平等",但"二千年来之政,秦政也,皆大盗也;二千年来之学,荀学也,皆乡愿也"。类似地,杨国荣先生指出:荀子重"礼",更侧重等级差序秩序,确实代表着传统儒学有别于现代民主观念的一面;孟子重"仁",其"仁政"观念中,则蕴含着与启蒙精神相通的"人性平等"预设。就此而言,站在"五四"个体本位对立面的"传统",其实主要是荀学;儒家孟学,反而是"五四"人接收、会通"德先生"所依托的本土资源。(杨先生还指出,《中庸》之"诚"有"追求真实"之义,与"科学"精神亦有相通之处。)当然了,儒家"仁政"具有先承认权力的存在再谋求以人道或民本理念优化之的特点,这与"德先生"侧重通过权利让渡概念与契约缔结程序从源头上解释并规范权力之生成机制的旨趣大有差别。但"'五四'时期的社会主义或马克思主义者,恰恰在'民主'名义下对二者进行了糅合"。可见,即便大浪滔天,传统文化中的底色性观念也仍然有机会,正面介入"反传统"时代的思想文化演变。

"五四"之反传统为的是革新文化,革新文化为的是造就新人,最终依靠新人革新国家与社会。但传统究竟如何去反?新文化具体如何去建?这却只能由半新不旧的当事人来研判,来抉择。正如眼睛无法直接看到它自身那样,"五四"人亦不可能通体透明地打理自己的"前见"。在浪漫而激进的情绪中,他们自以为正在大破大立地将万事彻底更新,但后来人却发现:颠覆者同时也是赓续者——大历史所积淀下来的传统"文化—心理"结构,始终在以当事人未必自觉但后来人足可辨认的方式,深深介入那号称"激进"的时代。正是因此,在浩浩荡荡的"新文化—反传统"潮流运动了一百年之后,以儒学为代表的传统文化仍然持有着同"五四"言和的资本与凭据。

四、正式和解与儒为今用

那么，比较正式的和解，究竟从何谈起呢？

由于"五四"之"启蒙""反传统"无不以"个体主义"为本位（"科学"精神亦被用于声援个体本位的"民主"），逻辑地看，实质性的和解只能发生在"五四"所推崇的"个体本位"（孟学往往与之相通），与长期以来被判定为儒学罪名的"尊崇权威"（集体主义驾驭个人的抓手所在，更多地属于荀学传统）之间。这两者之间的实质性和解，具体可以如何落实呢？

"重建'家'在现代世界的意义"，看起来是一个不错的起点。在复旦大学哲学学院教授孙向晨看来，"个体本位"是现代性的基本门槛，而带有小共同体性质的"家"，则在中国文化传统中占据本体论地位。"五四"时期的"个人解放"剑指宗法"礼教"，可谓直击儒学与传统文化的要害。时至今日，由于对"五四"以来的"个人解放的悖论"耿耿于怀，"第二次启蒙/新启蒙"的呼声仍不时涌现，"个体"与"家"势不两立的看法与情绪目前还大有市场。这一对立若无法消解，则儒学与"五四"的和解，实际上就是无稽之谈。

为此，孙向晨教授在逐一辨析了现代世界关于"家"的多重理解误区之后，进而建言：在现有的"个体→社群→国家"价值序列中，重新插入"家"或"在家"这一基础性环节，而将其修正为"个体→家→社群→国家"。这样，"家"就可以名正言顺地重新成为现代人操练其"关系性""情感性""伦理性"的"理解世界"与"精神性超越"等才与德的港湾。特别地，孙教授强调：在现代"个体本位"大致确立的前提下，让"家"重新成为个人成长的原始空间，这非但不会重蹈"用'家'结构的非对称性，为'权力'的主从关系背书"的古代覆辙，反而有助于制衡"个体本位主义"的种种消极效应。这样，"修齐"与"治平"在现代世界中就可以重新连接起来，并凭借其补偏救弊的积极功能而重获合法性地位!

但补偏救弊,终归还只是作为配角存在。儒学之于现当代中国与世界,其意义有无可能再宏大一点?对此,山东大学哲学与社会发展学院教授黄启祥这么看:"'五四'时期儒学的落后性质是在世界列强侵略的环境下映照出来的",而"当中国驱逐了外敌,当儒学所处的外部环境改变之后,人们看待它的眼光自然也就发生了变化,它那种在野蛮敌人面前所显露出的落后性质也就逐渐褪去了",儒学"适于一个主权国家内管理国家与教化国民"的本色将重获彰显。这种对内的"管理"与"教化"功能,完全"适用于任何一个主权国家之内";将来,如果人类实现了"大同世界"的终极理想,整个世界相当于一个国家,儒学将同样适用于这样的社会。这种"管理国家与教化国民的本色",如果仅限于在调节世道人心方面软性地发挥辅助作用的话,那么现在,即便个体主义者或自由主义者接受起来也并不困难。但如果是指用成建制的方式,将传统儒学的"管理—教化"本色重新推行到当今中国,则受过"五四"洗礼的中国学界恐怕还是会倍感忧心。

清华大学政治学系教授任剑涛在发言中指出,包括"五四"时期在内,近代中国政治制度与文化运动的基本趋向,正是要努力挣脱内外双重的"帝国的牵绊"(中国帝制传统与现代西方帝国主义)。"五四"既然指控儒学(尤其荀学)是加持传统帝制的意识形态,好不容易从中挣脱了,"五四"后人又怎会允许它从头再来?除非找到了能有效抑制"管理—教化"向"专制"退化的创造性方案!

在这方面,毛泽东作于1943年的《关于领导方法的若干问题》,其实已经做出了独树一帜的贡献。该文将如何处理"一般和个别"或"领导和群众"之间的关系,视为方法论的基本问题。只有"个别"意见或"群众"的喧哗之声,"个体本位"(相通于儒家孟派的"自作主宰")似乎得到了贯彻,但整个社会却难免会因意见分散,而在公共事务上陷入内耗状态。"一般"号召与强势"领导"(类似于儒家荀学的"尊崇权威")固然可于短期内在一定程度上统一意见,但"权威"只知照搬书本教条或强推现成经验,不去有效地调研实际情况而及时充实、调整自己的"指导"方针,则全社会的共同事业亦有误入歧途的危险。最好能将两者的优势互补起来,但问题在于:"个体本位"(孟派)与"尊崇权威"(荀派)是两种相反的心态(传统儒学"有荀无孟"或"拥孟贬荀"的"孟荀二分"格局缘此而来),除非能找到韧劲十足的"中介",否则良好的统合意愿将无法实现。而《关于领导方法的若干问题》的创造性贡献就在于,它着眼于实践的过程性,而从认知的深化与更新角度提出了"集中指导→分散考验→总结经验"的辩证往复机制。在"辩证"的意义上,这种又被称为"民主集中制"的"群众路线",既抽象继承了传统儒学的主要因子,又创造性地揭橥了统合孟荀的"中道"之所在。

最后,也许值得我们再去较一较真儿的是:尽管黄启祥教授在发言中肯定"儒学内在地具有普世性",但按照他的论述脉络,这种"对内"的普世性却无法自动适用于"大同"之前的国际交往领域。那么,这是否意味着在极其漫长的万国并立时期内,中国仍然只能采取一种"西化"的外交理念呢?对此,汪荣祖先生给出了否定的判断。

汪先生说:"西方自20世纪资本主义、新帝国主义兴起以来,一直是一种争霸的局面。西方的观念就是一种霸权更替的观念。中国的崛起,他们觉得是新兴的霸权,要来挑战旧的霸权。中国说自己永远不称霸,他们不相信,因为根据他们的经验你怎么可能不称霸?!中国提出'一带一路',为什么美国坚决地反对、公开地批判?因为美国觉得这里面的问题很大,完全挑战了它所主导的整个世界秩序。但这个霸道跟中国的传统是不相符的,因为中国从来是尊王黜霸。我老师萧公权先生曾经说过一句话,他说我们很早就抛弃了商鞅,其实到今天为止西方还是在重视中国的商鞅。所以,今天我们需要使整个世界了解中国文化,将王道的思想作为今天中国和平崛起的一个理论基础,使世界了解到中国所谓的不称霸是真的,而不只是一种口号。儒为今用,最大的用处在这里!"

　　用这里所引用的萧公权先生的话说，国际层面的王道与霸道之争，本质上正可谓是一种儒法之争。在群雄逐鹿的战国时代，秦人通过激发国人的逐利之心，并用赏罚严明的法制凝聚国家战斗力，最终脱颖而出地统一了中国。但一统"天下"之后，这种一刀切的"逐利—赏罚"机制却在内部治理中迅速失灵，大秦帝国二世即亡。现代西方政治同样将人的"逐利"意识（表述为"权利"）作为其制度设计的原始着眼点，但由于其法律系统采取底线思维，允许民间团体在遵守底线的基础上自组织其多元秩序，其内部治理有效走出了"逐利—赏罚"的一刀切机制。但在西方大国所主导的现实国际政治领域，迄今却并未形成这种基于底线思维的自组织机制，"逐利"意识遂在国际交往中一再地表现为"唯我优先"的霸权主义。在作为资源为自身外交理念提出辩护和解说的同时，我们也希望尊王黜霸的儒家传统能够被创造性地吸纳进当今国际政治。

■ 迎接共和国人文学术的第三次大转型[①]

——《文史哲》创刊70周年纪念会暨"共和国人文学术历程的回顾与展望"学术研讨会侧记

按：2017年4月，在迎接李克强总理来《文史哲》编辑部视察之际，王学典主编初步给出了"《文史哲》与共和国人文学术的三次大转型"的梳理。2021年4月，在《文史哲》创刊70周年纪念会上，王学典主编以此为题做了汇报发言。在《文史哲》办刊史上，这是一个继往开来的里程碑式概括，本文第一节对主要内容做了摘录。多位与会嘉宾的主题发言直接、间接地与上述"第三次大转型"这一前瞻相呼应，本文第二、三节对此予以了展示。领导与嘉宾对《文史哲》热情洋溢的赞誉，被放在了本文最后一节，这样做主要是为了显得低调一些。

70年前的春天，《文史哲》在优美的海滨城市青岛创刊。依托山东大学"文史见长"的学科优势，加之创刊伊始所奠定的古典研究与时代精神密切互动的刊风基因，《文史哲》70年来的办刊历程简直就是一部共和国人文学术史的精彩缩影。诚如陈来先生所言，"70年来，《文史哲》以学术问题为导向，秉持主旋律与多样性、时代性与历史性、民族性与世界性相统一的办刊理念，推陈出新、与时俱进，所刊出的系列优秀论文在学术史上都具有标志性和里程碑的意义"。就此而言，对《文史哲》办刊历程的回顾与展望，同时就是对共和国人文学术历程的回顾

[①] 原载《中华读书报》，2021年5月5日，第12版整版。收入此书时略有扩充。

与展望。

2021年4月24—25日,《文史哲》创刊70周年纪念会暨"共和国人文学术历程的回顾与展望"学术研讨会在泉城济南山东大学中心校区举行。本次会议由中共山东省委宣传部、山东大学主办,山东大学《文史哲》编辑部承办。来自国内20余所著名高校、科研院所的知名学者及国内30余家重要人文学术期刊的编辑代表近200人出席大会。《文史哲》创刊70周年是一个非同寻常的时间节点,不仅是因为有"七十而从心所欲不逾矩"的古语可为之附丽,更是因为当下,共和国人文学术第三次大转型的幕布正在拉开。这一难得的时间窗口,无疑会再次唤起我们对《文史哲》与共和国人文学术历程的审视。

一、王学典论《文史哲》与共和国人文学术的三次大转型

《文史哲》主编王学典教授在开幕式汇报发言中指出,1949年以来,中国的人文学术研究已经完成了两次大的转型:一是从1949年开始,我们经历了从民国学术到共和国学术的巨大转型;二是从1978年开始,我们又经历了从"以阶级斗争为纲"的人文社会科学到"以现代化(以现代西方为标杆)为纲"的人文社会科学的巨大转型。而眼下,我们正在经历从"以现代化(西方化)为纲"到"以本土化或中国化为纲"的第三次大转型。这是新中国成立以来人文学术发展的主要趋势或主流,而《文史哲》杂志之所以引人瞩目也正在于它身处主流而勇当弄潮儿。

奠定《文史哲》的地位和声誉最重要的因素是,创刊伊始,《文史哲》杂志即扮演了一个从民国学术向共和国学术转变(第一次大转型)的引领者角色。《文史哲》当时所发起的一系列重要学术论战,无不因涉及当时的意识形态重塑而引起学界的广泛瞩目。而其中最具代表性的是"《红楼梦》问题讨论"。这一讨论由于受到长期阅读《文史哲》杂志的毛泽东主席亲自推动,而酿成重大的意识形态事件。

这些论战，几乎全部从属于一个主题：用马克思主义，特别是用马克思主义中国化的成果——毛泽东思想，来置换在民国时期占主流地位的胡适倡导的实验主义、自由主义。《文史哲》杂志在推动从民国学术向共和国学术转型中起到了不可替代的作用。

1978年，中国历史进入了新时期后，人文学术又开始从"以阶级论为纲"的哲学社会科学向"以现代化为纲"的哲学社会科学转型。"以现代化为纲"就是与国际学术接轨，主动融入世界潮流，这次转型的实质是以西方学术为参照深刻重塑中国学术的面貌。

《文史哲》杂志在这次转型中没有位于最核心、最前沿的地位，而主要是从侧翼切入。中国的现代化面临的一个关键问题是如何处理现代化与传统文化的关系，这就要求对传统文化进行理性审视和研究。实际上，早在20世纪五六十年代，《文史哲》即曾在激烈反传统、"厚今薄古"的语境下，刊发过客观研究和评价儒家思想的系列论文。就此而言，《文史哲》杂志堪称研究和弘扬优秀传统文化的先行者。20世纪八九十年代，《文史哲》察觉到中国传统文化复兴的时代脉动，顺应和引导了重新评估传统文化的潮流。1984年组织的《文化史研究笔谈》，是80年代"文化热"的发端。此后，《文史哲》相继开设《中国传统文化讨论》《国学新论》专栏，组织《"儒学是否宗教"笔谈》。这些工作均旨在引领对中国文化的正面评价和深入研究。

进入21世纪以来，《文史哲》更是通过开设《重估儒学价值》《儒学与自由主义的对话》《贤能政治的可行性及其限度》等专栏，致力于对优秀传统文化资源的继承、弘扬与创造性转化，成为刊发中国古典学术研究、传统文化研究成果的重要园地和代表性期刊。如果说在第二次学术转型中，《文史哲》杂志的表现还比较拘谨和低调，没有走在"西化"浪潮的最前列的话，那么，与其说这让人感到惋惜，不如说它无意中预示、契合了第三次转型的方向。

眼下，特别是党的十八大以来，人文社会科学的第三次转型，也就

《文史哲》曾两度停刊两度复刊，上图为两本复刊号

是从"以现代化（西方化）为纲"向"以中国化为纲"的转型正在推进之中。整个中国的思想气候、文化气候、学术气候都在发生巨变，整个语境正在被重构。人文社会科学当下都正处在再出发、再启航的关键时刻。朝着更加本土化的目标重新定向，是这一巨变的本质。从与西方接轨到重估传统，从"文化自卑"到"文化自信"，从追求西方化到追求本土化或中国化，这种转向已成为当下中国人文社会科学领域里的主流。

应该说，《文史哲》这一次更自觉地走在了时代的前列，主动承担起学术本土化的使命，致力于构建中国特色哲学社会科学话语体系，专门设立《文明互鉴与中国道路》《中国社会形态问题》《中国话语体系重建》等专栏，刊发在解读中国实践、构建中国理论上具有创新性和标识性的研究成果。

近十年来，《文史哲》始终围绕一个中心，即如何从学理上发现并阐述"真实的中国"，如何锻造尊重本土经验的理论模型，最终要回答的则是中国特色社会主义社会的历史特质和中国文化的未来走向问题。有见及此，2017年4月，李克强总理视察山东大学时，特意来到《文史哲》编辑部，寄语《文史哲》"要汲取传承优秀的人文精神，为当今所用，为后世续航"。

《文史哲》杂志倡导学术本土化、中国化，但绝不复古守旧。我们既不能照搬西方，也不能照搬传统。我们对本土化的追求是在全球化、国际化视野下进行的。2014年起，《文史哲》杂志与荷兰博睿学术出版社合作，在海外发行《文史哲》国际版（英文版），旨在借助《文史哲》杂志的品牌和积累，以专题的形式，向海外学界介绍21世纪以来中国人文学术领域的最新研究成果。目前，《文史哲》国际版已出版10期。《文史哲》国际版先后为两家海外索引数据库收录，在国际学界的受关注度、被认可度和影响力日益提升。《文史哲》国际版正在成为连接沟通中外学术的一个平台、一座桥梁。

二、学者热议"回归中国"：回归的"主体"是谁？向"中国的什么"回归？可行之道何在？如何防范"虚骄的民族主义"？

多位学者的主旨发言反复印证，当前的中国人文学术确实正在经历"回归中国"的转向。他们将关注焦点放在了如下分议题上：回归中国的"主体"是谁？具体向"中国的什么"回归？能否找到切实可行的回归之道？"本土化转向/中国化转向"提法是否会助长"虚骄的民族主义"？如何加以防范？

中国共产党无疑是当代中国的主心骨。姚洋先生在主旨发言中指出，中国共产党第一个30年的奋斗史可以概括为"民族救亡与夺取政权"，第二个30年的历史可以概括为"实践一大党章，进行社会改造"。包括"土改""生产资料所有制的社会主义改造""妇女解放""普及教育"等在内的社会改造工程，对此后也即改革开放四十多年以来的中国高速发展的帮助是巨大的。姚先生指出，正是在这高速发展的四十多年间，中国共产党回归了中国传统的务实主义（开放了探索发展路径的空间），因应国人崇尚个人努力与个人成就的传统心理而将追求个人成就的空间还给社会（释放了发展活力），因应儒家政治传统而在党的组织架构下选贤任能（保留了高效的政府）。

四十多年来，这一系列行之有效的"回归中国"的转变，大大超出了上一时期以"阶级论"为核心的理论框范。通过新的系统性理论构造，容纳中国共产党在过去四十多年乃至过去100年里所做的正确的事情，使之与中国传统文化相通起来，进而再用"中国文化"这个筐把马克思主义和西方自启蒙运动以来的那些优良的价值都盛下来，在姚洋先生看来，乃是当代中国知识分子站在新的历史起点上理应承担起来的责任。

那么，"本土化转向"或"回归中国"，具体来说，究竟向"中国的什么"回归呢？以姚洋先生提到的"选贤任能"为例，有学者在哲学学科分组发言中追问："贤能政治"具体究竟指什么？近乎死对头的儒、墨两家均提倡"贤能政治"，但各自秉奉的"贤能"标准却有实质性差异。如果无法具体界定何为"贤能政治"，"回归中国（回归贤能政治）"的提法是否还有意义？而如果只是在泛泛的意义上说"选贤任能"，难道现代西方政治不提倡"选贤任能"？

上述追问，实与葛剑雄先生的主旨发言精神不谋而合。针对当前人文学界存在"在探讨问题时，在连历史事实都尚未论证清楚的情况下，就大谈研究对象的作用、意义、评价"的现象，葛剑雄先生在主旨发言中认为，在研究历史遗产时必须严格区分"科学的"与"人文的"。"科学的"问题只能有一个结果、一个答案，"人文的"评价则找不到共同的标准。葛先生疾呼：历史上的儒家思想是儒家思想，社会现实是社会现实；不能想当然地将文本中的儒家理想，径直当作历史上的文明现实。他还强调，在主张某一优秀传统文化理念是未来之"应然"时，须同时出示将"超前"理念转化为社会现实的具体办法。

除了上述"谁""如何""具体向中国的什么"回归的问题外,"本土化转向/中国化转向"提法会不会携带副作用的问题,也引起了与会学者的关注。

萧功秦先生在题为《从两百年看四十年——在文明互鉴中焕发真正的文化自信》的主旨发言中指出,我们的华夏文化是在远离古巴比伦、古埃及、古希腊、古罗马,缺乏与其他文明充分互动的过程中,单独地、独立地在东亚地区发展起来的。这造成了我们的文明总体上由内向外传播的态势,与之相应的,是所谓的天下秩序,而非国际秩序。天下秩序的现实化就是朝贡体系,长期以来在中国人身上造就了强烈的文化自尊感和文化优越感。然而,这是一种封闭状态下的文化自信。

萧先生进而指出,在过去200年间,当各种企图通过扭曲的解释面对西方冲击、维持残存的文化优越感的做法被屡战屡败的现实最终冲击得粉碎之后,中国便陷入了最严重的文化自卑危机。然而,正是这样一个中国,却又在1978年以来短短的四十余年间,对外部世界全面开放,并在富裕程度上取得巨大飞跃。眼下这堪称200年来最好的国运,正在迅速扭转近现代以来西方冲击给中国人造成的文化自卑心态,在1915年(新文化运动)以来暴风骤雨般的"反传统"大潮过后,中国本土的文化自信正在高调重建。这固然令人振奋,但其间也不乏值得警惕之处,那就是,像中国这样一个在历史上有过巨大荣光和文化优越感,又出现过颠覆性屈辱,进而又特别快地发展起来的大国,随着国力的发展,传统的"天下秩序"心理可能恶性膨胀为虚骄的民族主义。

如何防范这种潜在的危险?萧功秦先生指出,较之秦至清末大一统时代的"天下秩序"理念,大一统之前的"国际秩序"理念,明显有助于防范上述虚骄的民族主义。为此,他在发言的末了专门援引《中山王鼎》铭文"毋大而肆,毋富而骄,毋众而嚣"句,希望这部分古典"中国理念"能被及时激活,以便丰富我们与外部世界打交道的集体经验。

三、研讨会上所见一系列文史哲重大议题

除了宏观勾勒"共和国人文学术三次大转型"的脉络，聚焦已然揭幕的"本土化转向/中国化转向"这两个宏大话题之外，与会学者还就70年来文、史、哲研究中的部分重大议题进行了观照和前瞻。

其一，文道关系问题。文道关系既是中国传统文论中的基本问题，也是理解现当代中国文学史的一个关键。新文化运动曾一方面宣扬文学独立，另一方面又不遗余力地用改良之文载新文化之道，显示出了深刻的悖论性。廖可斌先生进而指出，20世纪七八十年代到九十年代初，"志于道"与"游于艺"两大取向在中国文学研究界并存，关系处理得比较好。但从1990年代中期开始，"思想淡出，学术彰显"，"游于艺"渐渐压倒了"志于道"，乃至慢慢喜欢上了翻陈谷子烂芝麻。廖先生认为，教条化、庸俗化的"志于道"固然需要矫正，但过分"游于艺"的细碎、轻飘同样也不可取。究竟如何安排文道关系？这有待中国文学研究界的系统性深思。

其二，人文学科的生态化转型问题。山东大学的生态美学研究有着较长的历史。作为该学科奠基人，81岁的曾繁仁先生在主旨发言中认为，随着生态时代的到来，人文学科也要经历从人类中心主义到生态整体主义的转型。这一生态化转型给人文学科提供了极好的发展机遇，对于中国传统文化来说更是一个重大利好，因为中国传统文化根本上正是生态文化。

其三，理论与史料的关系问题。罗志田先生在主旨发言中梳理了"理论"概念以及"理论与史料的关系问题"在现当代中国史学界出场、扎根的历程，指出改革开放以来的中国史学界固然已经抛弃了"理论就是结论""找材料证明理论"的庸俗研究范式。但对于如何处理"史料与理论（广义的）的关系问题"迄今仍然没有共识。

其四，前17年史学的成绩与继承发扬问题。李治安先生在主旨发言

中指出，从新中国成立到"文革"之前这17年期间，随着马克思主义史学成为主流，与《文史哲》密切相关的中国古代史研究中的"五朵金花"讨论，尝试运用马克思主义理论关注中国的历史实际，打破了传统的王朝界线，从经济形态变化角度对中国历史发展阶段进行划分，实乃整体性和宏观性的史学新范式创举。当然，这其中也有很多失误，主要包括教条主义、公式化、照搬西方、意图过于简单，对实证性、基础性的断代史等研究造成严重冲击等。

改革开放以来的中国史学呈现出选题多样性、研究手法实证性、重视考古材料、国际交流趋于自觉的特点。一段时间下来，一部分学人渐渐不满足于片段性实证，而重新尝试理论的、宏观的、汇通的探索，脱胎于"五朵金花"的"战国至清中国社会性质"问题最近十几年波澜再起，并展现为"皇权社会"与"封建地主社会"这两个阵营之间的对垒。综合二者之长，李治安先生认为，"帝制地主形态"也许是对传统中国社会的更恰当概括。

其五，中国史与世界史的关系问题。葛兆光先生深感目前的历史教育将中国史与世界史分开的做法，很可能会造成"没有世界的中国史"与"没有中国的世界史"弊端。他的题为《东部亚洲海域能否作为一个历史世界》的主旨演讲，旨在"稍微在中国史和世界史之间维系一个彼此可以对话和交流的知识领地"。

葛先生特别呼吁，希望做中国史的人能够超越国境，做一些更大范围的跟中国密切相关的研究。与此同时，他不无遗憾地注意到，《文史哲》的这次70周年纪念会，邀请来的大部分学者都是做中国研究的，做世界史和西方哲学的不是那么多。

其六，参与世界性百家争鸣与如何将中国人的名字写进现代知识体系的问题。杨国荣先生在《中国哲学与世界性百家争鸣》的主旨发言中表示，确如王学典主编所言，当前的"本土化"或"中国化"转向，不是转向自我封闭，而是"立足于中国、立足于本土而面向世界"。杨国荣先生指出，实际上，20世纪以来，中国哲学的发展正是以世界哲学的历史演化作为前提，是在近代以来人类历史步入世界史、不同文化传统彼此相遇而逐渐形成实质性关联的大背景下展开的。发生在中国的哲学建构与哲学论证（哲学在中国或中国哲学），如20世纪初的"科玄论战"、冯友兰的"新理学"、金岳霖"玄学本体论的逻辑构造"，均兼具世界哲学视野与中国传统思想底蕴，实际上已经是在针对当时的世界哲学趋向参与世界性百家争鸣了。20世纪五六十年代，马克思主义哲学、西方哲学、中国哲学在中国大地上的相遇、互动，以及马克思主义哲学的主导性地位的取得，同样具有深刻而独特的世界性哲学意义。20世纪80年代以来，西学再次复兴，各种思潮、人物、观点纷至沓来，这本身就是"相对化与多样性"的世界哲学景观在中国学界的呈现。可以说，与前现代的哲学仅仅限定于自身传统不同，中国现当代的哲学已经开始超越地域限制，融入世界性百家争鸣。杨国荣先生最后特别强调，中国学界必须正视这一以往从未出现过的历史现象，更自觉地参与到这种世界性百家争鸣中去，努力走出一条既"避免独断论"又"与'怎么都行'的相对主义保持距离"的中国哲学建设之路。

放眼未来，这条中国哲学或中国理论的建设之路，任重而道远。徐勇先生在主旨发言中指出，自20世纪40年代以来，中国发生了史诗般的巨变，改革开放以来，中国的实践经验超过了所有人的想象，但文、史、哲研究则材料丰富而理论不足，概念供给严重不足。与上述反思相一致，任剑涛先生在主旨发言中亦冷静地指出，就整个学科门类来讲，我们今天依然无法在18世纪启蒙运动以后建立起来的现代知识体系上写下中国人的名字。为了改变这种现状，任剑涛先生认为，我们需要为现代知识体系的增殖建立相应的制度支持，同时还要摆脱中西知识异质论等悲情宣泄，勇于在世界性知识舞台上将人类知识的现有边界向前推进。

四、与会嘉宾盛赞、勉励《文史哲》

山东省委书记刘家义在开幕式致辞中表示:"70年来,《文史哲》在党的领导下坚持正确的政治方向,坚持厚重学术风格,开学术风气之先,引人文学术之潮流,开辟了新中国哲学社会科学研究的新天地,走出了一条特色鲜明的办刊之路,成为传承弘扬中华优秀传统文化的重要平台。70年来,《文史哲》聚焦中国古典学术研究,锐意捕捉学术动态,刊发了一大批在学术界产生广泛影响的学术文章,成为各种学术观点交流的重要阵地。坚持'百花齐放、百家争鸣'方针,坚持'扶植小人物,延揽大学者'的原则,成为国内许多著名学者施展才华、年轻学者崭露头角的重要舞台。坚持开放视野,积极向世界学术圈传播中华文明、弘扬中华文化,成为对外传播交流的重要窗口。《文史哲》不仅在学术界享有崇高声誉,更得到了毛泽东等老一辈革命家的高度重视和热情支持。"

中宣部理论局副局长何成在致辞中表示:"《文史哲》杂志是山东大学的骄傲,是我国社会科学综合刊物的优秀代表,在学界和学报界具有特殊地位,载誉海内外,创刊70年来始终坚持以马克思主义为指导,为传播马克思主义,弘扬优秀传统文化,创新人文学术研究范式做出了巨大贡献,无愧为学术成果的思想园地。"

教育部社科司司长徐青森在致辞中表示:"《文史哲》是我国高校文科学报的一面亮丽旗帜和高校哲学社会科学学术期刊中的一颗璀璨明珠,70年来始终坚持与时代脉搏同频共振,秉持关注学术动向、引领学术潮流的办刊理念,主动策划和发起多场重大学术研讨,在推动人文学术本土化、中国化,推动中华优秀传统文化的创造性转化和创新性发展方面发挥了重要作用,做出了独特的贡献,成为引领高校哲学社会科学繁荣发展的重要平台、构建中国特色哲学社会科学的重要阵地,同时,也是国际学术界观察了解中国学术的重要窗口。"

山东大学校长樊丽明在开幕式致辞中表示：70年来，《文史哲》"秉承学术办刊的原则，不跟风不浮躁，始终以精审的选题、厚重的文章、精湛的编辑，恪守学术道德，坚守学术诚信，助力学术繁荣。2011年，《文史哲》荣获'中国出版政府奖'首次设立的期刊奖。近年来，又通过编辑出版《文史哲》丛刊、举办人文高端论坛、发布年度中国人文学术十大热点等等，引领学术潮流，提高刊物质量，扩大刊物影响。同时，为了服务中华文化走出去，《文史哲》又创办国际版（英文版），在国际汉学界引起重要反响。70年砥砺奋进，70年春华秋实。《文史哲》始终紧扣时代脉搏，聚焦中国文化，展现国际视野，逐渐走出一条独具特色的办刊道路，生动诠释了'百廿山大，崇实求新'的品格和'为国图强'的家国担当"。

清华大学国学研究院院长陈来教授在开幕式致辞中指出，"长期以来，《文史哲》在海外拥有广泛的学术清誉，是西方汉学家最为看重的少数几家中国人文学术杂志之一"。全国高校文科学报研究会前理事长、北京大学龙协涛教授在开幕式致辞中盛赞"《文史哲》是共和国学术期刊的'长子'"。

《探索与争鸣》杂志主编叶祝弟代表期刊组在总结发言中指出："与会主编一致认为《文史哲》是享誉海内外的大刊、名刊，是共和国70年发展的缩影，更是中国人文学术的一面旗帜，《文史哲》为中国学术提供了标杆和典范，《文史哲》的成功之道值得期刊人认真总结和好好学习。"

《文史哲》副主编刘京希教授在闭幕式答谢词中表示："梳理和总结《文史哲》70载的办刊历程，她的风格和特色无外乎这样几个方面：第一，扶植小人物，延揽大学者；第二，问题为内核，凝练诸学科；第三，关注学界动向，促动学术论争；第四，立足本土话语，放眼世界文明。

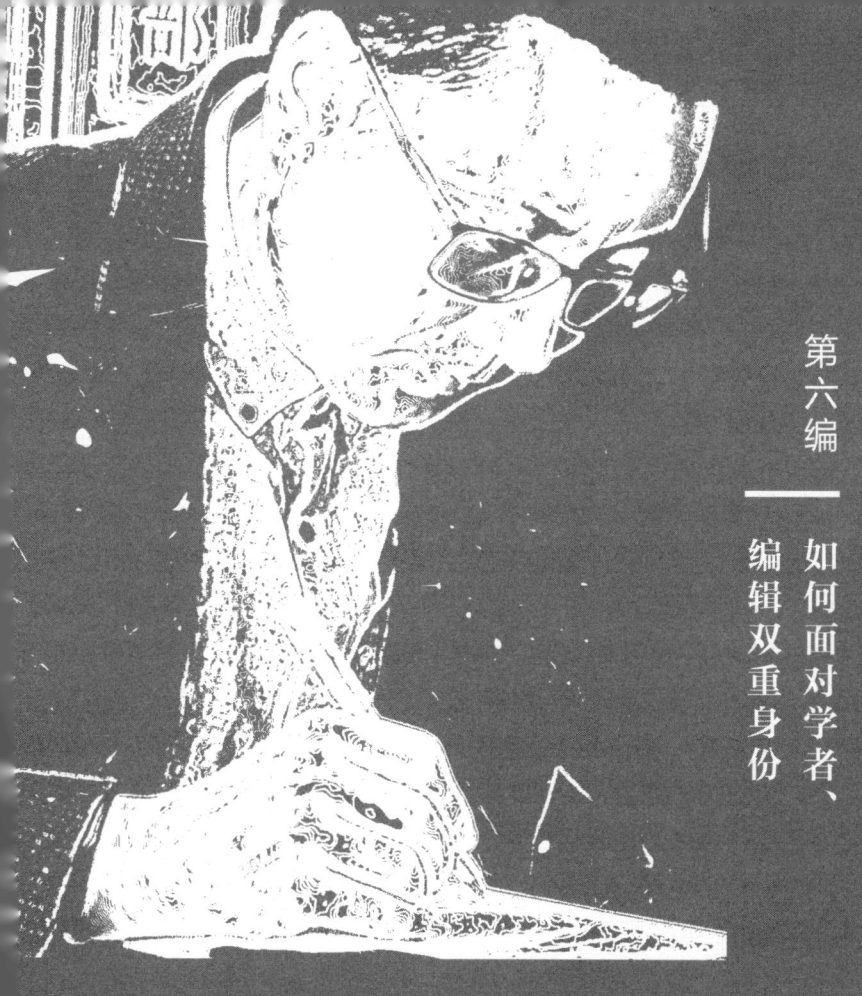

第六编 如何面对学者、编辑双重身份

对于在学术研究上开了窍的人文学者来说，时间就是最大的甚至是唯一的资源。既然如此，有学术抱负的学者，谁还愿意去干学刊编辑呢？基于眼前利益，会有这样一种盘算：学术界也是个圈子，在学刊干编辑利于结交其他学刊编辑，近水楼台先得月，发表起论文来省时省力而高效，何乐而不为呢？！然而，归根到底，研究与写作才是学者挥洒时间精力的主战场。一旦不幸养成了靠"挥搦"去省时省力的心态和习惯，所克扣的十有八九都是用来做学问的时间精力。长远来看，这样的"捷径"与严肃的学术抱负背道而驰。于是乎，不忘初心的"学者编辑"要想长久地干下去，就必须找到高于眼前利益盘算的更高尚的价值追求，使学者、编辑双重身份相持而长。

我所想到的"七个关系"

按：2021年5月9日，在《文史哲》创刊七十周年纪念会暨"共和国人文学术历程的回顾与展望"学术研讨会顺利闭幕之后不久，我们得知习近平总书记给《文史哲》编辑部全体编辑人员回信了。这封回信高度肯定了《文史哲》创刊70年来的工作成绩，对办好高品质哲学社会科学期刊提出了殷切期望。5月10日下午，山东大学举行座谈会专题学习《习近平总书记给〈文史哲〉编辑部全体编辑人员的回信》（以下简称《总书记回信》或《回信》），《文史哲》编辑部编辑人员畅谈体会，共同探寻高品质学术期刊、高水平哲学社会科学的发展之路。

一

我在发言中表示，《总书记回信》立足古今中外的宏阔视野，指导中国文化和学术期刊建设的大方向，令人鼓舞！作为编辑部的年轻成员，结合《回信》精神和自己这些年来在《文史哲》编辑部的工作经验，我感觉应在下一步的工作中认真探讨并不断优化对以下七个关系的打理。在座谈会现场，由于时间有限，我仅简单罗列了这七个关系。在本文中，我将逐条论述自己的相关思考。

二

第一，"类工作"与创造性工作的关系。

"类工作"是指那些有着较为清晰的标准及规范，大体无须别出心裁的常规工作。在学术期刊编辑岗位上，最主要的"类工作"就是文字校对工作——尤其是像引文核校这样的工作，但凡识字的人，只要认真一点，基本上都能胜任。中国标准出版社编的《作者编辑常用标准及规范》，目前已经更新到了第四版（2019年）——与这些标准及规范相应的编辑工作，谁来干基本上都大同小异（前提是要熟悉相关规则）。

当然了，这些工作也并非绝对没有创造性可言。例如，多年前，我们通常都会在相连的书名号或引号之间加顿号，后来的标准及规范则改为：如果这些书名或引号中的内容纯为并列关系的话，则省略这些顿号，因为书名号或引号已经起到了顿号所起的分隔作用。诸如此类的标准及规范的制定、修改、完善，当然也是一种带有创造性的工作——非得精通现行标准及规范的从业人员，从直观层面又深细入微地对相关实践与逻辑进行检视、梳理之后，方能做出。而如果再将文字校对工作的范围扩大到对行文逻辑与修辞进行推敲的层面，则文字校对的创造性空间还会进一步扩展。

尽管如此，对于学术期刊编辑部来说，最根本的创造性工作则是策划选题、设置栏目、约稿、组稿和审稿等。这是学术期刊服务学术、引领学术的核心工作所在。学术研究的本性在于"创新"，因而学术期刊在这方面犹如逆水行舟，不进则退。学刊编辑们一旦松懈了在选题策划、栏目设置、约稿、组稿和审稿等方面进行创造性工作的追求，甘心以平平淡淡的技术性编校打发职业生涯，则"引领创新"对这样的刊物来说就只能是无稽之谈。从实、从严地做好技术性编校意义上的"类工作"诚然是办刊严谨的一个重要表现，但为了防止顾此（"类工作"）失彼（创造性工作），学术期刊的编辑们应同时笃定这样的情怀：高品质的技术性编校工作的最佳归宿，就是为带有创造性和引领性的稿件的刊发工作保驾护航、锦上添花。

第二，编辑身份与学者身份的关系。

身为学术期刊专职编辑，即便怀有"学术至上""创新至上"的情怀，也必须按照编辑部的分工要求，将前述学术含量或创新度不高的"类工作"按部就班处理妥当。否则的话，如果因为"类工作"意义上的编校质量问题，而把自己的专职编辑生涯甚至把自己所在的学刊弄砸了，那么，通过干编辑报效学术、报效学界的愿景亦将随之落空。守住"类工作"意义上的编校质量底线，是处理好编辑身份与学者身份的第一步。当然了，有的学刊编辑部通过特定的规划与机制，对"类工作"与创造性工作进行了某种程度的分工，只要大家能心情舒畅地各司其职，这也不失为"第一步"的有效走法。

除第一步之外还有第二步。前述创造性工作密切关联着实质性的学术研究，能有效从事这种创造性的办刊工作的编辑本身也得是个学者，否则不可能在相关领域内有板有眼儿地策划选题、设置栏目、约稿、组稿和审稿。俗话说，"三天不练，成了门外汉"。不管是早已取得的博士学位，还是已经评上的高级职称，都不能一劳永逸地保证当事人的"学者"身份或"学者"实力不贬值。学刊编辑要想保持其"学者编辑"的"学者"身份与实力，就必须长期坚持在第一线从事学术研究，以此保住并不断拓展自己的学术研究领域，以便可以在办刊所需之际直接调用自己的专业识见，或至少可以在自己分管的领域快速上手进行所需的学术动态调研。

但时间和精力分配上的冲突问题随之而来。直接调用自己已有的专业识见为办刊服务，当然就要花费原本可以用来做学术研究的时间和精力。为办刊而在相对陌生的方向或议题上进行学术动态调研，则更要耗费精力和时间。而且，为办刊而进行的学术动态调研通常达不到"专精"的地步，站在"学者"身份的立场上看，这些调研作为学术研究往往都是"半途而废"。时间和精力上的这两种耗费，都是"学者"秉性所倾向于拒斥的。更何况，"学者编辑"所走的或所梦寐以求的往往是"学者"职业轨道，职业生涯的上升需要大量学术研究成果指标来支撑，外在的成果指标考核或晋级压力更会使学者编辑"为办刊而调用已有学识"（这要耗费时间和精力）和"为办刊而进行学术动态调研"（这也要耗费时间和精力）显得只是一种损失。实际上，"干编辑"和"做学者"这两项工作，对时间和精力的需求都是无底洞。集双重身份于一身的"学者编辑"，因而势必面临时间切割与精力分配上的冲突。

但是，为办好学术期刊，为了将学刊办出创造性与引领性，学刊编辑部又确实至少需要一部分货真价实的专职"学者编辑"，作为办好学术期刊的骨干力量。无论如何，用"编制职业化"的口号去打压"学者编辑"的"学者"身份，乃至试图干脆取消"学者""编辑"一肩挑的双重身份格局，这对办好学术期刊来说乃是方法论与理念上的重大失误。要求学术期刊专职编辑名副其实地维护好其学者身份与学者实力，从办刊角度看，乃是为了让编辑具备学术行家的识见与判断力，以此让学刊在办刊人手上有效发挥服务学术乃至引领学术的应有功能。但是，集"学者""编辑"双重身份于一身的"学者编辑"安排，却又会造成"学者身份惜时如金（用来进行学术研究），编辑身份只管消费（侵耗用于学术研究的时间精力）"的矛盾。这是打理好"学者""编辑"双重身份所面临的核心难题。对此，学刊界需要在理念和方法论两个层面，进行调研、探讨和机制建设。本编第二篇（《论"学者办刊"》）将抛砖引玉，就此发表一些相关意见。

第三，配合刊物举宏观学术大旗与探索具体新知的关系。

学者往往都有矜持的一面，虽然孔夫子说过"四十无闻，斯不足畏"，但绝大多数正经的学者一般还是不敢、不愿将追求知名度当作正事看待。但经营学术期刊与做学者在这方面略有不同。学术期刊在内容上尽管必须以学术为本，但作为刊物，它毕竟带有媒体性质。媒体的功能在于传播，而知名度正是传播力的重要表征和保证。既然如此，要做大做强一本学术期刊，就不能忽视知名度建设。学术期刊经营知名度的一个重要方式，就是举宏观学术大旗。

何为宏观学术大旗，并无一定的标准。比如说，在一个许多学人都认为逻辑学研究或古希腊哲学研究有重要意义但逻辑学研究或古希腊哲学研究又确实欠发达的国度,某个学术单位如果能凝聚起相对成规模的队伍,持之以恒地办一本主打逻辑学研究或古希腊哲学研究的学术期刊,这本身就等于是立起了一面提倡逻辑学研究或古希腊哲学研究的宏观学术大旗,而在学界打造出"该学刊代表该学科(逻辑学或古希腊哲学)"的招牌式知名度。但《文史哲》作为人文"小综合"学刊的身份已定,无法再通过"填补特定的二级学科或特定的研究领域空白"去赚取"为特定的二级学科或特定的研究领域代言"的知名度。在过去十余年间,《文史哲》杂志主要是通过不断凝练学术话题以至对当今中国人文学术走向形成标志性概括和预判的方式,去进行知名度建设与维护的。这些概括和预判都是些宏观意义突出的议题设置,易引发长时段的共鸣、关注、热议,从而自然带动《文史哲》杂志在中国人文学界的热度与知名度。

举例来说,在过去十余年间,《文史哲》编辑部所凝练出来的这类议题设置包括(但不限于):"中国文化发展战略应作方向性调整""中国哲学话语体系的范式转换""秦至清末中国社会形态重估""重估儒学价值""儒学与马克思主义的关系""儒学与自由主义的新一轮对话""儒学与'五四'能否和解""西方学术话语体系能否准确呈现中国""中国人文学术的中国主体意识"等,而会归于"中国人文学术的本土化或中国化转向"这一总体判断。实事求是地讲,《文史哲》现任主编王学典教授作为一位优秀的学术批评家对上述宏观概括和预判的生成发挥了无可否认的主导作用,而除此之外,《文史哲》编辑部其他编辑成员亦在这些概括和预判的凝练、论证、宣介、传承、优化环节发挥着不可替代的重要作用。可以说,通过凝练、设置重大学术议题提高办刊士气、维护学刊热度与知名度,在一定程度上已经成为《文史哲》编辑部的方法论共识之一。

与此同时,必须警惕的是,学刊所标举的宏观学术大旗不应脱离学术界的具体实际。与学界具体动态相脱节，缺乏具体新知探索进展加持的宏观学术大旗，无论如何都会显得空洞而虚伪。长期标举言之无物的宏观学术大旗，非但无法增进学刊的知名度，反而会严重损伤该学刊已有的令名。故此，在举宏观学术大旗的同时，学术刊物的主者与从事者们也要不断针对下述问题进行调查研究与自我反思：以学刊名义热情推介的宏观概括是否真有可持续的学术现象相支撑？学刊名义所做出的宏观预判是否正在落实为可喜的研究进展势头？为能实事求是地回答好这些问题，学刊专职编辑应尽可能深入、广泛地调研自己分管的学术领域——如果确实发现了典型的支撑现象，或看到了有重要意义的新进展，那就应该设法使之体现在学刊版面上；如果支撑现象寥寥，所期待的可喜势头迟迟不肯出现，那就应该及时调整概括和预判，以便使学刊所标举的宏观学术大旗与学界探索具体新知的步调合上拍。

第四，扎实守成与开拓工作新局面的关系。

名刊往往都有自己的刊风基因，"守成"最根本的就是要守住优秀的刊风基因。《文史哲》杂志的一条非常重要的刊风基因是在创刊之际奠定的，那就是：古典研究与时代精神密切互动。

在新中国刚刚成立、《文史哲》杂志初创时期，这一刊风基因的具体表现方式在全中国都极其醒目，那就是"学术与意识形态的高度绾合"（王学典语）。我们知道，在新中国成立伊始，"思想改造"也即用阶级论本位的历史唯物主义改造封建主义和自由主义，构成了那一时期中国思想学术演进的大势。作为无产阶级革命活动家、马克思主义理论家、学者，华岗在1951—1955年担任山东大学校长兼党委书记期间，积极推动山东大学师生学习马克思列宁主义、毛泽东思想。在华岗主导下创办的《文史哲》杂志，非常自觉地成为了运用阶级论本位的唯物史观进行中国古典学术研究的引领者。用现任主编王学典教授的话说，这是迄今为止奠定《文史哲》地位和声誉的最重要因素。前述刊风基因由此成型。

改革开放以来，为了深度矫正上一时期日趋教条化的理论思维严重桎梏思想学术的扭曲格局，中国思想学术界在一方面舶入或激活了大量古今中外思潮的同时，另一方面又倾向于怀疑理论思维、拒斥宏大叙事。经过了20世纪七十年代末到八十年代的"告别文革"意义上的"思想解放"高潮之后，已然"多元化"了中国思想文化界在20世纪九十年代到21世纪头十年大有堕入"相对主义"与"虚无主义"之势。作为新中国早期学术史的"赢家"，《文史哲》对改革开放以来的上述一波三折的新时期状况，长期缺乏以"弄潮儿"姿态介入其中的气势。直到21世纪第二个十年即将开始前后，《文史哲》创刊之际所奠定的"古典研究与时代精神密切互动"刊风基因，才随"中国和平崛起、中华民族伟大复兴内在地要求相应的文化支撑与文化引领"的大势再度被激活。前面所列举的《文史哲》杂志在过去十余年间所标举的宏观学术大旗，正是上述刊风基因重新激活、工作新局面得以开拓的明证。

我有时会想，在20世纪七十年代末到21世纪头十年，《文史哲》之所以丧失了"弄潮"的气势，也许正是因为她在上一时期太过"着相"，未能及时从自己"风光"的开场中抽象出"所以风光"的原理——"古典研究与时代精神密切互动"这个形式性的方法论原则本身——而陷溺在了这一方法论原则的特定表现方式或特定实践方式之中。所幸的是，在长约三十年的不冷不热的"随大流"状态反衬下，有心的《文史哲》人反而日益清醒地意识到，在不断演进着的时代条件下"与时俱进地引领古典研究与时代精神密切互动"，才是既与《文史哲》杂志的往昔雄风相般配（守住优秀刊风基因）又能使其思想学术生命力永葆长青（不断开拓工作新局面）的恰当秘诀。

第五，服从程序与精英人治的关系。

"服从程序与精英人治的关系"问题主要不是存在于"类工作"中，也主要不是存在于"类工作"和创造性工作之间。那些有着较明确的标准及规范的技术性校对工作，理应按相关工作程序按部就班地被高质量完成。当然，"类工作"领域中也可能出现争议。当多种标准及规范并存时，或者当存在多种可行方式但又缺乏统一规定时，抑或是面对现有标准及规范未能有效覆盖的细节或复杂情况，如何统一本刊的体例就成了问题。此外，"三校"的每一校应该校到什么程度？"三校"分别由什么人来做？是交叉互校，还是同一位责校包办到底？是否可以将校对工作再做分类，例如将引文核校工作拎出来交由专人以特定方式负责？如果分工协作或交叉互校的话，在分工、衔接以及相关考核的理念和机制上，如何始终以"解决问题""提高质量""提高效率""优化心情和工作环境"为导向？处理上述问题，也需要一定的创造性。在我看来，最明智的方式莫过于每隔比如一年，找一段相对宽松的时间（至少不宜在年终与年初），以"民主集中"的方式召开全员编务会议，汇总、梳理此前一段时间遇到的标准及规范问题，坦诚地解释、分析"三校"衔接与分工协作的机制盲点，逐一制定明确的操作性方案，并在下一阶段严格落实，到了召开下一年度全员编务会议的时候再行反馈、汇总、梳理、解决。年复一年如此这般地优化调适，在体例统一与编务管理方面，学刊及其编辑部一定可以形成并维系好谨严密实且活泼愉快的工作体系。

"服从程序与精英人治的关系"问题，主要是针对"策划选题、设置栏目、约稿、组稿和审稿"等旨在使学刊在内容上预流乃至引领学术潮流的中心任务，以及针对诸如举办学术论坛、评选发布学术热点等旨在使学刊直接介入思想学术大势的衍生业务而发。如前所述，这些工作充满无止境的创造性，直接关系到学刊热度与声望的建设和维系。正如学术研究中必然充满争鸣一样，对这些任务和业务的理解与实施当然也会"花样百出"。然而，任何学刊及其编辑部，在版面、经费、人手、时间精力等方面都非常有限，不可能将"花样百出"的可能方案一一付诸实施。更何况，许多设想都未必符合学刊大致上的刊风定位，在成色与效果上未必有利于或有助于学刊的知名度建设。诸如年度选题会、匿名外审与三审等制度与程序，固然可以为上述"软性"但"关键"的任务和业务提供重要的真知灼见参考，但无论在会议上还是在程序中分歧与误判都在所难免。更何况，办刊还存在一个刊风特色的建设与维系问题——醒目的特色只能通过凝练、标举有前瞻性、意义重大的议题设置（"举宏观学术大旗"）达成，需要用带有主心骨性质的醒目创意去统摄、引领具体新知探索层次上的分议题（而非将刊物做成无中心、无主旨的"拼盘"）。这就要求学刊的主事者与从事者（基层责编）再次以"民主集中"的方式，在了解刊史、刊风并调研当下学术动态的基础上，适时凝练并持续优化宏观的阶段性办刊意向，包括确立阶段性宏观学术大旗、划设阶段性重点选题、酝酿衍生性业务的方案等。在宏观的阶段性办刊意向得以确立的情况下，年度选题会、匿名外审与三审等制度与程序，就都可以"为我所用"地服务于"以醒目的特色深度介入当下思想学术大势"的办刊抱负。有必要适当强调的是：由于真理未必总是掌握在多数人手里，而能够引领创新的学术识见通常亦都是集中在学界金字塔的上部，一个学刊要想凝练好自己的特色议题、举好前瞻大势的宏观学术大旗，就应该通过"委贤能者以重任"的方式，在各板块与该学刊整体上发挥好"民主集中"制的"集中"优势。归根结底，"服从程序与精英人治的关系"问题无非就是"民主集中"制的恰当践行问题。

第六，立足中国传统与面向世界学术的关系。

《文史哲》杂志现行办刊宗旨中有两条与立足中国传统直接相关，那就是"昌明传统学术"和"植根汉语世界"。进入21世纪之后，《文史哲》杂志早在2008年即发出了"中国文化发展战略应作方向性调整"的呼吁，进而日益清晰地感知到了"中国人文学术的本土化转向"，并通过一系列高品位的学术策划推动中华传统文化的正面阐释与评价。关于《文史哲》杂志为什么能在20世纪以来的"反传统"大潮行将落幕之际便能准确捕捉到"精神气候"的"转向"趋势，我们可以分析出很多原因。原因之一是，《文史哲》身处孔孟之乡，始终深刻关注中华传统文化的当代命运。无论是在20世纪60年代初的"孔子研究热"中,还是在20世纪八九十年代的"儒学是否宗教"讨论中,《文史哲》杂志均留下了精彩的表现。作为孔孟之乡的新中国领头羊学刊,《文史哲》杂志对于中华传统文化似乎有一种义不容辞的关怀。

原因之二是,《文史哲》杂志在新中国成立之初的第一次辉煌,主要来自自觉、有效地提倡、推动用新方法、新理论研究中华传统文化。这段创业史以及其刊名本身,很大程度上注定了《文史哲》要以"昌明传统学术"为职志。

原因之三(也是更根本的原因)则在于,任何连续的文明体都不可能割断自己和本土传统的关联。当代中国在审视自己的有效发展经验时,反复强调其所走的现代化道路既不是对特定国家的社会主义模式的照搬,也不是欧美发达国家的资本主义模式的摹本,而是有着深刻的"中国特色"。中国本土的传统文化,尤其是其所积淀出来的带有民族性格意味的"文化—心理"结构,正是这种"中国特色"的内在渊源。实际上,20世纪许多激进反传统的中国人,甚至就在其激进反传统的动机与实践中,亦怀藏着传统儒家式的家国天下情怀。既然如此,在复兴的目标日益接近、中国有望在不远的将来由跟跑者跃变为领跑者之际,要想更好地认清来路、规划好去向,中国的思想文化界就理应充分正视本土传统文化资源。新时代的中国人文学术必须比过去一百年间的任何时期都要绷起立足本土传统这根弦。

不过,在充分肯定本土传统文化的"底色"意义的同时,我们也要清醒地承认,当代中国的有效发展道路同样也并非本土传统模式的翻版。这其间除了稍后将要谈到的马克思主义这一指导原则之外,至少还包括以"德先生(现代西方民主)""赛先生(现代西方科学)"为代表的现代西方文化的刺激和输入。仅就此而言(实际上远不只这二"先生"),"中国特色"的现代化模式与现代文化也已然是当今世界文明的有机组成部分。当今中国不应该也不可能以与世界脱钩的方式单单立足本土传统，而任何意欲通过使当今中国与世界脱钩的方式阻碍中国现代化进程的图谋，在当今中国已经深深嵌入世界格局的巨大现实面前亦很难有胜算。为了迎接真正具有世界意义的中华民族复兴，为这种具有世界意义的民族复兴预备够格的世界公民，像《文史哲》杂志这样的高品质学术期刊理应更自觉、有效地引领中国学界向"融入全球文明"乃至"引领全球文化"的境界迈进。如果说"融入全球文明"的目标在一定程度上也许还可以通过"古今中外文化拼盘"或"古今中外文化大杂烩"方式实现的话，那么，要想做到与真正的世界性复兴相匹配的"引领全球文化"就必得做出在基础学理、基本理念或总体格局层面有突破性的贡献。对于《文史哲》杂志来说，这也正是其"锻铸人文新知"这一办刊宗旨（现行办刊宗旨第二条）的高阶旨趣所在。

第七，马克思主义理论与一般人文学术的关系。

马克思主义是新中国居主导地位的意识形态。早在《在延安文艺座谈会上的讲话》时期，以毛泽东为代表的中国共产党即确立了"文艺性"与"政治性"相统一的一元论文艺观。这种一元论文艺观当然也是新中国学术事业的基本指南。改革开放的思想解放运动虽然对上一时期文艺与学术机械地从属于政治的局面进行了纠偏，并为"文艺多元""思想学术多元"局面的生成乃至"纯文艺""纯学术"的探索留下了较大空间，但实事求是地讲，主流意识形态始终没有放弃通过划设诸如"四项基本原则"这样的政治底线对文艺创作和学术研究进行规范。接受马克思主义理论的指导，始终是新中国学术期刊办刊的基本原则。

进入21世纪以来，随着中国和平崛起与中华民族伟大复兴的态势日益明显，在原先的移植模仿与休养生息气候下养成的思想文艺学术游离于重大现实关怀的倾向，正在被熔铸表现更具主心骨的新时代精神从而为复兴进程提供文化引领和文化支撑的总体任务所覆盖。中华民族的伟大复兴既然是马克思主义理论指引下的复兴，则中国学术和中国学刊同马克思主义理论的结合自然也要相应地进入新时代。

那么，在坚持一元论思维的基础上，如何理顺强调马克思主义的指导地位与按照学科规律发展一般人文学术之间的关系呢？

首先，改革开放与思想解放运动对上一时期文艺机械地从属于政治的弊端的反省与纠正的合理性不容否认。实际上，这种反省与纠偏也是中国化马克思主义的重要组成部分，众所周知，"实事求是"这一马克思主义的活灵魂，正是通过上述反省与纠偏得以重回当代中国思想文化界。其次，世界性文化软实力与世界性思想学术话语权是中华民族伟大复兴的内在构成部分，这种软实力与话语权并非仅凭"肌肉"意义上的硬实力便能自然取得，而是需要在尊重文艺规律、尊重学术规律的基础上参与世界性百家争鸣，通过在基础学理、基本理念或总体格局层面做出充满感染力的突破性贡献去赢得。也就是说，中国人文学界要在世界学术舞台上作为一般人文学术出牌，如果可能的话，力争作为一般人文学术在世界舞台上占据上风。

那么，这样做会陷入二元论吗？不然！只要我们能够像习近平总书记在哲学社会科学工作座谈会上的讲话所讲的那样，在"正确区分学术问题和政治问题"的基础上，不断通过"理论创新和知识创新"将发展着的马克思主义理论与不断演进着的一般人文学术有机结合起来，则我们在文艺观与学术观上就仍然是一元论的。

三

最后，请允许我集中罗列一下以上所论的七个关系。它们是：

第一，"类工作"与创造性工作的关系；

第二，编辑身份与学者身份的关系；

第三，配合刊物举宏观学术大旗与探索具体新知的关系；

第四，扎实守成与开拓工作新局面的关系；

第五，服从程序与精英人治的关系；

第六，立足中国传统与面向世界学术的关系；

第七，马克思主义理论与一般人文学术的关系。

这七个关系，既是我这些年在干编辑过程中所切身体会到的《文史哲》办刊传统的要害所在，也是面向未来包括《文史哲》人在内的文科学刊人应进一步处理好的基本问题。我不揣简陋将自己粗浅的意见发表在上面，诚盼《文史哲》编辑部的同仁和全体文科学刊人有教于我，助我向前。

■ 论"学者办刊"

——围绕"高品质的学术期刊就是要坚守初心、引领创新"展开

按：本文带有"不平则鸣"的性质。一是不平"学刊编辑职业化"大潮所导致的"学术编辑的学者身份尴尬"。二是不平哪怕以学术为本位的学刊编辑部，对"何为学者编辑""学者办刊的机制"，大都也没有形成大纵深、成规模的探索。本应在服务创新、引领创新方面下大气力、作大文章的学术编辑，不得不在各种机缘综合作用下唯唯诺诺地臣服于"只要在技术性细节上不出错或少出错就一切都好说"的片面规则。作为入行不深的学刊界一员，我在现阶段虽然也提不出系统性的改革方案，但凭着一腔"初生牛犊"的激情，我愿抛砖引玉，通过此文分享诸如"学刊专职编辑主持实用编委工作室"等设想。

中外学界均不乏学术期刊引领学术潮流的实例，"编研一体"对学术期刊办刊主体来说也是一种传统惯例①。然而，最近四十多年来的"编辑职业化"历程，却为"编研一体"的传统与"学刊引领学术潮流"

---

① 学术期刊从17世纪中叶在欧洲诞生时，采用的就是"编研一体"模式，中国也不例外。民国最引人注目的变化是大学与刊物的结合，大学教授创办的《新青年》《学衡》《国学季刊》《燕京学报》《清华学报》《禹贡》《食货》等，给新时代带来了新思想、新气象。斗转星移，风云变幻，"编研一体"的传统并没有因此而中断。教育部"名刊工程"中的许多学报主编，是由如王学典、吴承学、汪涌豪等知名学者在担任，教书育人、钻研学问、编辑刊物，目标迥异，但却成绩斐然。（张耀铭：《序二》，载朱剑：《雾里看花：谁的期刊 谁的评价》，社会科学文献出版社，2018年，第Ⅶ页）

的追求，蒙上了深重的阴影。与此同时，在"编辑职业化"语境下，人们始终无法成功概括学术编辑的工作实质，无法进行有效的学术编辑身份建构。并且，由于割裂了学术编辑的学者身份与编校者身份，"编辑职业化"运动造成了"学刊编辑学术素质偏低"的致命软肋。为从总体上挽救学术期刊的质量，重振编辑与学刊的角色感、使命感，"编辑学者化""学而优则编""学术期刊及其编辑回归学术共同体""学术期刊能否引领学术潮流"等呼吁与探讨，成为21世纪中国学刊界的热门话题[①]。

2021年5月9日，习近平总书记在《给〈文史哲〉编辑部全体编辑人员的回信》中指出，"高品质的学术期刊就是要坚守初心、引领创新"。2021年5月18日，中共中央宣传部、教育部、科技部于联合印发的《关于推动学术期刊繁荣发展的意见》，明确要求学术期刊"提升学术引领能力"。这是对学刊能否、应否引领学术潮流问题，给出的鲜明、权威、坚定的回答。欲名副其实地加以落实，"学者办刊"是基本前提。在此基础上，学刊及其团队还需配套一定的理念与机制，将平台优势转化为引领学术的实际能力。结合相关阅读，并结合笔者自己非常有限的学刊编辑从业经历，本文拟从清除思想观念障碍、设置合理名分、优化工作机制、如何验证成效四个方面，对"高品质的学术期刊就是要坚守初心、引领创新"的必要性、可行性、途径与效验加以论述。诚盼方家有教于我，大家一起推进对编辑、学者、学刊、学界、学术之间关系的探讨。

一、为"学者办刊""引领学术潮流"破除思想观念障碍

"学者办刊"与"引领学术潮流"是《文史哲》杂志官方网页《杂

[①] 朱剑：《如影随形：四十年来学术期刊编辑的身份焦虑——1978—2017年学术期刊史的一个侧面》，《清华大学学报（哲学社会科学版）》2018年第2期。

志简介》中的两个关键词。但这两个理念,在当今中国学刊界充满了争议。1970年代末以来,日趋刚性的学术期刊编辑职业化在中国持续推行,"历史上那种'编研一体'、编辑与学者身份可自由切换的情况渐渐消失,取而代之的是职业编辑人"①。相应地,"学术刊物引领学术潮流"的提法与追求遭到大面积怀疑与否定②,《文史哲》杂志的上述坚持日益沦为少数派乃至特例。在"编辑职业化"语境下,人们首先会说,职业编辑既然并非特定领域的学术专家,那么,以这种职业编辑为办刊主体的学术刊物,显然就不可能主动发挥引领学术潮流的作用。其次,即便学刊编辑部中存在一部分学者编辑,甚至编辑团队均具有博士学位,骨干成员更是相应领域的专家,但鉴于当代学术分工日益细化,学刊编辑顶多也只能是"无法通晓整个一级学科,更不要说其他一级学科"的有限专家③,为数不多的这种有限专家组成的学刊编辑部因而亦无法在广泛意义上引领学术潮流。

前一个怀疑,完全是基于"编辑职业化"概念的推论。然而,这一概念并不切合学刊实际。毫无疑问,一本学术刊物,如果落到一群无专业学术素养的人手里经管,不用说引领学术潮流,就连维持起码的学术水准也难。就此而言,学报乃学术刊物,学报编辑学者化理所当然,势在必行,编辑队伍学者化是一条必由之路。

后一个怀疑有其道理,但未免夸大其词。一个时代的学术潮流,并不是非得先去事无巨细、精准无误地掌握了各领域的已有研究成果之后,才能看得见。毋宁说,"潮流"是一种"扣人心弦的趋向",行家里手对学术潮流或学术趋势,往往具有"尝一脔肉而知一镬之味,一鼎之

---

① 朱剑:《如影随形:四十年来学术期刊编辑的身份焦虑——1978—2017年学术期刊史的一个侧面》,《清华大学学报(哲学社会科学版)》2018年第2期。
② 吴承学:《编辑莫妄谈"引领学术"》,《光明日报》2009年6月22日;原祖杰:《学术期刊何以引领学术》,《澳门理工学报》2014年第1期。
③ 俞吾金:《文科学术期刊建设之我见》,《文汇报》2004年12月12日。

调"(《吕氏春秋·察今》)的机敏嗅觉。而且,那些确实引领了学术潮流的学术成果与学术事件,往往带有"失之一偏的深刻性",在剑走偏锋的同时有形无形地透露着指点江山的抱负与气概。就此而言,学刊编辑不必非得成为学术全才(这对谁都不现实),才能预见并介入学术大势。

哲学社会科学的各领域、各学科之间内在相通,宏观潮流之所以成为潮流,是因为诸多专业领域体现出了共通趋势。思想学术功力越深的专家,往往越能感受到这种共同趋势,并以自己的方式与之相协。就此而言,狭窄的专业性与感受宏观学术大势之间,原则上并无矛盾。只不过,现行的专业化分工体系并不鼓励太多学者去关注、阐发潮流或大势,而是要求大家"踏踏实实"地做狭窄领域的专门研究。初出茅庐的年轻学人,更是缺乏机会公开阐发自己对学术大势的观察,难以将相关洞见兑现为各种文章。久而久之,专家原本必然附带的"观察学术潮流,前瞻学术大势"的素质便万马齐喑了,仿佛专家真因学术视野狭隘而压根不具备感知宏观"潮流/大势"之能力似的。世情越是如此,学术期刊编辑部就越应该去努力看清方向,把握学术发展的脉动,甚至把握社会和国际学术的走势[①],以补救大部分学者忙于"见树木"无暇"见森林"的窘境。

学刊编辑(学术编辑)总是不得不越出自己最为擅长的专业领域,而在更大范围乃至整个学界搜罗、甄选优质稿件。而且,但凡有上进心,办刊人无不希望发表在自家学刊上的论文获得关注,希望自家刊物成为最新学术争鸣乃至学术潮流的策源地。为此,每一位学刊编辑(学术编辑)都应该不断历练"观察学术潮流,前瞻学术大势"的能力。而当学刊编辑(学术编辑)这样做的时候,这实质上已经是在尝试引领学术潮流了。

---

① 王学典:《学术期刊如何引领学术潮流》,《中国政法大学学报》2007年第2期。

一些学刊的主编、编辑虽然本身就是优秀的学者，且通过办刊在或大或小的范围内发挥了引领学术潮流的作用，但碍于1970年代末以来的"编辑职业化"潮流，他们现在往往都低调地"只做不说"，甚至所说与所做相违[①]。这种"别扭"状态，既束缚了学刊功能的长足发挥，也使学刊界新进力量误以为学刊编辑就应该"理性、客观、中立"地像无主见的收发员一样，应该甘愿充当投稿人和外审专家之间的默默无闻的中转站，尽可能被动地按照外审专家的意见排发、编校有幸入选的稿件。不得不说，以这种方式看待专家匿名外审制度，严重损害了学刊专职编辑的办刊主体性。

　　专家匿名外审制度本身亦有其弊端[②]。除此之外，诸如下述的问题也决定了专家匿名外审意见只能为办刊主体所用[③]，而不能反客为主。这些问题（都是反问）包括：

　　其一，一本学刊可能（有那么多的财力和外审专家储备吗）将一切来稿，均委托外审专家（2—3位/篇）裁断吗？

　　其二，是否将一篇来稿交付专家外审，以及将其交给怎样的专家外审，难道不是要由相关编辑给出建议或做出决定吗？

　　其三，一本学刊只需被动接受自然来稿，不需主动出击，有针对性地约稿（以便在内容上形成并维系自己的办刊传统与特色）吗？

[①] 例如，《中山大学学报（社会科学版）》前主编吴承学教授虽明言"（编辑）不要妄谈'引领学术'"，但实际上，《中山大学学报（社会科学版）》在这位学者主编掌舵期间，凭借过人的专业识见，至少着实引领了"文体学"研究的学术潮流，甚至"把冷门做成热门"。

[②] "我听到不少编辑自己也抱怨学术论文的'低水平重复'，而那些品质较差的论文得以发表，恰是经过'外审'的。"（罗志田：《专家审稿制下坚持学术刊物的主体性》，《近代史研究》2018年第5期。）

[③] "刊物必须注重自己的主体性，让专家审稿为我所用，而不是被程序绑架，使一些具有突破性的好文稿被僵化的'规则'所杀，却接纳一些看似面面俱到实则无多推进的文稿。"（罗志田：《专家审稿制下坚持学术刊物的主体性》，《近代史研究》2018年第5期。）

其四，外审专家的意见，真的总是足以一锤定音吗？特别地，一篇稿件若请两位专家外审，在发表与否这个问题上，他们的结论如果恰好相反，或在三位外审专家意见有分歧的情况下，办刊人在这种情况下不需要自行分析、自行裁断，而只需简单遵循"少数服从多数"规则吗？

其五，哪些匿名外审意见可取，作者必须遵照修改？哪些是过分苛责乃至误判，作者可以不必理会？作者是否进行了合理的修改？这些具体的学术编辑问题，有可能继续交给外审专家处理吗？

显然，决定要不要将一篇稿件送外审的初审，决定主动出击向谁就什么选题约稿，决定将稿件送交怎样的专家去外审，基层责编以及终审环节对外审意见的再裁断，以及如何向作者传达稿件修改意见，对作者的修改进行再审查等办刊动作，无不受办刊主体的学术识见影响。进言之，全部哲学社会科学研究都深受立场、视角影响，其客观性是在立场、视角、论述博弈中达成并革新的。外审专家各有其特定立场与视角，其审稿意见固然是进行终审与提出修改要求的重要参考，是学术博弈的重要一环，但严格来讲并无一锤定音的绝对权威[①]。简单地唯外审专家意见马首是瞻，对健康的思想学术博弈是一种伤害。相应地，一个片面地受"编辑职业化"口号蛊惑，不去持之以恒地自觉历练其"观察学术潮流，前瞻学术大势"能力的办刊人与编辑部，其职司初审、约稿、送外审、终审、汇总并反馈稿件修改意见等办刊环节的资质，实际上是大成疑问的！

"不想当将军的士兵不是好士兵"，类似地，一味退缩而回避学术引

[①] "尤其今日学术观念多元，学术标准也多歧。即使在不宽的同一专业范围里，不同的人对具体问题的认知也可能大相径庭。一两位'专家'对具体论文意见的相近，可以决定一篇论文的命运，却不一定准确反映出'学界'的看法，也不必就是'正确'的意见。""其实专家也可能犯错误，所以我们不必过分迷信匿名专家的审稿意见。"（罗志田：《专家审稿制下坚持学术刊物的主体性》，《近代史研究》2018年第5期。）

领功能的学刊及其编辑，最终恐怕连合格的办刊资质都要丧失。这种因逃避责任而势必导致办刊主体性与资质萎缩的思想观念，必须得到有力矫正。2021年5月9日，在《文史哲》创刊70周年之际，习近平总书记在《给〈文史哲〉编辑部全体编辑人员的回信》中，勉励"高品质的学术期刊就是要坚守初心、引领创新"，将"引领创新"标定为办刊人所应坚守的"初心"。这一论述最直接的意义就是，为学术期刊光明正大地引领学术潮流，扫除了思想观念障碍。与此相应，中共中央宣传部、教育部、科技部于2021年5月18日联合印发了《关于推动学术期刊繁荣发展的意见》，明确将"提升学术引领能力"以及"编辑策划把关能力"，作为"出版能力建设"的重要着力点。可以说，学术期刊引领学术潮流的思想观念障碍，已经在指导思想层面得以破除。伴随着这种思想解放，长远来看，"学者办刊"的呼声与实践会趋于复兴。学刊编辑（学术编辑/学者编辑）如何更有效地"观察学术潮流，前瞻学术大势"的问题，也将全方位地浮上学刊界台面。

二、编校分离：让学者编辑有余裕"引领创新"

"引领创新"与"引领学术潮流"内在相通，是极高的办刊要求。学术研究的根本特征在于创新，人文学术研究提倡"无新意，不作文"。"无创新的潮流"往往被贬称为"流俗之见"，是学术发展的超越对象——"引领"正是为了实现这种"超越"。为此，办刊人应努力网罗两种论文：大大"超前"于学界大流识见的论文、仅领先学界大流识见"半步"的论文。为充沛地进行这种网罗，学刊编辑显然不能一味被动地收发稿件、一心埋头文字核校，而是要顺着自己的有限学术积累，通过有针对性的学术动态调研，不断拓展、刷新自己的学术识见。只有如此，学刊编辑（学术编辑）才能不断发现"大大超前"或"领先半步"的优秀论文，能够区分创新之作与俗见，有能力判断某一视角、问题、思路、观念有无可能梅开二度乃至三度。

进行学术动态调研，需要一定的起步条件。那就是，调研者至少在自己所属的研究领域（如博士论文所属的研究领域）已经开窍，能够品尝出学术史上的经典观点、当今大流观点、核心疑难、新视角与新进路等的不同滋味，并对它们进行前景瞻望。这种起步条件不是别的，正是通常所说的"学术良知"或"学术机敏"的内核所在。体制内的学刊编辑部应当在招聘环节即守住这个"条件"门槛。否则，新人入职后，编辑部将不得不想办法对其进行"学术再启蒙"。

真刀真枪的学术动态调研，是非"内行"学者不能从事的工作，也是非"编辑"学者不愿投时间、精力专门去做的事情。"非编辑学者"当然也需要做学术动态调研，有时甚至会动笔将调研成果写成综述或述评文章，但其调研与撰述仅限于个人学术研究兴趣所及的范围，直接服务于个人研究领域的推扩。"编辑学者"或"学者编辑"则需要在个人研究领域之外，为了办刊（包括审稿、约稿、栏目设置、举办论坛等）不断进行学术动态调研。可以说，学刊每发表一篇不流于陈词滥调的中等水平偏上的论文，除了首先要归功于作者良好的学术素养之外，在一定程度上也要感谢办刊人（包括学刊所求助的外审专家）凭其学术识见将承载流俗陈见的大量文章拒在了门外。这个时代，学术在不断进步、信息在加速膨胀，学者编辑通过学术动态调研发展其学术识见的努力亦永无止境。由于时间匆匆、工作满满，绝大多数调研心得根本无暇发展成有章有法的综述或述评文章，只有极少一部分与本刊宏观动作密切相关的调研成果，会在各方面条件成熟的情况下见诸学者编辑的笔端。即便这样，时间也永远不够用的——学术动态调研永远是个无底洞，只要愿意去开卷，就总有许多陌生领域、议题等在那里。这是一种难以进行量化考核的巨大的时间精力成本投入。

而反过来，如果因为种种原因，学刊编辑尝到了不去持之以恒地自觉历练自己的学术识见（良知、机敏），而是主要仰仗三审与外审程序，再加上相对机械的收发稿件与文字核教工作，在一段时间内也能"把刊物办得像那么回事"的"甜头"的话，那么，除非有一种可识别的"学者编辑"职位和身份不断给予提醒、激励，否则，这种放弃学术识见历练、开拓、积累、刷新，偏安于程序性收发与思想学术含量不高的技术性校对的做法和风气就会进一步蔓延、传染，致使学刊专职编辑的学术识见与学术品鉴力整体衰退①，甚而令整本刊物在"程序正义"的名义下沦丧学术内容上的尊严。——那种具有提醒、激励作用的"可识别的'学者编辑'职位和身份"，简单来说，就是"编校分离"原则下的"学术编辑"和"学者编辑"职位与身份。

在发稿字数量巨大的出版社，通过明确的分工协作，"编校分离"能做到"让专门的人，做专门的事"，大大提高了出版社处理文字的效率。实际上，当今出版社在分工体系上早已突破了"编校二分"的格局，"编辑业务又不断剥离出校对、设计、发行等业务，编辑人员也不断细分成策划编辑、文字编辑、营销编辑等"②。但在学术期刊编辑部，若单纯用发稿字数来衡量，则摊在每位职员头上的编校业务量，远不及出版社的单人工作量。就此而言，通过"编校分离"来提高学刊编辑部工作效率的必要性和空间，似乎不大。然而，仅用发稿字数来衡量学刊学术编辑的工作量，严重失之偏颇。学术期刊编辑部，对接的是最前沿的学术探索与学术创新成果的发表业务。在通过个人学术研究、进行广泛深入的学术动态调研，不断历练、拓展、积累、刷新个人学术识见的基础上，进行栏目设置、物色优良选题、举办学术论坛、审稿、约稿、斟酌外审专家意见、汇总并向作者反馈论文修改意见、发稿、编辑、校

---

① 在学术识见与学术品鉴力方面，"很多编辑原来心里其实有杆秤，只是在程序性的规则面前，将这杆秤暂时束之高阁。不过，放置的时间久了，那杆秤可能离编辑越来越远，终因生疏而淡出编辑之心"。（罗志田：《专家审稿制下坚持学术刊物的主体性》，《近代史研究》2018年第5期。）

② 文鹏：《探析三种编校模式》，《传媒论坛》第3卷第14期（2020年6月）。

对，是学刊专职编辑（学术编辑/学者编辑）的总体工作格局。其中，只有后三环（发稿、编辑、校对），能作为"果"直接体现为发稿字数，庞大而常规的前期工作则是未必结果之"因"。"编研一体"的模式与传统，也正是从这种因果关系而来。如何最大限度地为从事那些重要的"前因"，腾挪时间和精力呢？答案就是"编校分离"。

从阅读的角度看，校对的阅读方式和感知习惯与编辑的不同，从工作与思维上看，校对的工作方式、思维方式与编辑不同，这些区别是客观存在的[①]。因此，宜从学刊学术编辑工作中分离出去的，只是"校对"（又被称为"技术编辑"）业务，而不包含"编辑"（又被称为"学术编辑"）业务。选题、审稿、内容加工（提升和完善）等，乃学刊学术编辑义不容辞的分内工作。就此而言，"编校分离"既是为"学术编辑（学者编辑）"减负的总原则，也是减负的限度所在。

"编校分离"，按其字面，适用于一切"编辑"。它一般性地暗含着这样一种期许和要求，那就是：所有编辑都应该成为"学者编辑"。鉴于在提升和完善稿件内容方面，学刊编辑目前已经分配了可观的时间精力专门用来从事这些常规工作，学刊编辑（学术编辑/学者编辑）应将通过"编校分离"节省下来的绝大多数时间精力，用到个人专业学术素质的培养和为办刊而进行的学术动态调研上去，以此不断历练、扩展、积累、刷新其办刊识见。如此做编辑，其所服务的学刊才能不断弄潮，而"引领创新"。

特别地，"学者编辑"绝不能放弃自己的专业学术研究。在从事编辑工作的同时，"学者编辑"应坚持撰写、发表高水平（至少不应低于自己所在学刊发表学术论文的平均水平）学术研究论文。考虑到编辑与校对工作耗费了"学者编辑"的巨量科研时间，较务实的主管单位会考

[①] 周远成：《编校"合一·分离·合一"：现代校对管理规律的基本模式》，《湖北第二师范学院学报》2013年第4期。

虑在"学者编辑"的学者职称评定与学者业绩考核方面将学术研究指标打打折扣。尽管这是必要的，但也绝对不应走向极端，过分降低甚至完全取消对"学者编辑"的学术研究成果要求。一旦过分降低或干脆取消了高水平学术论文的撰写发表要求，很大一部分"学者编辑"就难免会日渐沦丧躬耕学术领地的切身经验，而倾向于"大言炎炎"地行使审稿权与编发权，甚至还会在一些投稿者的逢迎之下变得"油腻"：误将对学术动态的粗糙观感当作凌驾于具体研究之上的真知灼见，误将对他人研究成果的品评议论当作学术研究本身，误将自己对学术趋势的主观判断当作应然甚至实然的用稿标准，乃至越来越热衷于更具短期传播效果的旧货再包装、大流识见重粉饰文稿，而无暇细究苦心孤诣地推移知识边界的专深创新之作。学者编辑（学术编辑）只有不断备尝具体学术研究的酸甜苦辣，才能不失其学者（学术）本心、学者（学术）识见、学者（学术）鉴赏力，而始终和学风正、探研能力强的作者肝胆相照。

如果说"以期刊社或杂志社为单位成立独立的编校部门""以省或国家级编辑学会为单位成立独立的编校部门""以同行业或同专业为单位成立独立的编校部门""吸收社会资源，依托编校文化公司或出版集团"等提议①显得步子过大、过急，暂时无法实施的话，那么，一部分有条件、有担当的编辑部与主办单位，完全可以考虑在编辑部内部"扩充编辑队伍，精细分工协作"，在一定程度上将"学术编辑（学者编辑）"从思想学术含量偏低的文字校对工作中解放出来。

就笔者非常有限的学刊编辑工作经验来看，中国古典人文研究论文的校对工作中，最耗时间的一项技术性校对工作就是核对引文。为了逼

---

① 这些提议，以及接下来的"扩充编辑队伍，精细分工协作"的提议，都是成敏、郭柏寿在《科技期刊编校现状分析与编校分离机制设计》（《中国科技期刊研究》2021年第3期）这篇文章中提出来的。

近"绝对无误"这一引文核校的理想境界，学刊编辑原则上需要一一找到纸版书籍或诸如PDF格式的电子书影，逐句、逐字、逐标点核对引文。有的编辑部为保证引文校对质量，同时尽可能节省一点时间成本，据说会要求作者逐一提供引文所在书籍的版权页、引文所在页的电子照片。这种赤裸裸的以不信任感为基础的做法，无疑给作者增添了不小的麻烦，非常破坏作者的论文发表体验，而且，学刊编辑则仍需在电子设备上下载照片，一一核对，这仍要耗费大量时间。既然如此，何不考虑在学刊编辑部配备1—2名专职校对人员，专司每期的引文查核、对红之类的纯校对工作？

特别地，在"盛世修典"效应带动下，文献学专业正在源源不断地培养大量硕士、博士人才。如果说文献学博士专职从事学术期刊校对工作有点屈才的话，那么，是否可以因地制宜，将学刊编辑部的专职校对岗位向文献学的优秀硕士毕业生开放？进言之，文献学的博士毕业生也未必一律不值得从事学术期刊的专职校对工作。用来赓续传统的古籍固然值得严加校勘，旨在"为当今所用、为后世续航"的学术期刊，同样值得高水准的精心校对——那些矢志"引领学术创新"的"高品质的学术期刊"，尤其值得！而从更积极角度看，为当代学刊做职业校对的从业经历，甚至还可以为当事人的文献学研究，注入鲜活的时代经验。

三、一举多赢：专职编辑（学术编辑/学者编辑）主持"实用编委工作室"

在现实中，一切皆讲究"效率"。尽管学刊编辑（学术编辑/学者编辑）自身专深研究领域的有限性原则上不妨碍其从事更广泛的学术动态调研（前提是其在学术研究上已然开窍），但从追求效率的角度看，学刊编辑部专职编辑（学术编辑/学者编辑）数量的有限性也确实对进行

"广泛的学术调研"构成了制约。那么,有没有什么办法,可以显著提高学刊编辑部进行学术动态调研的效率呢?

关于这个问题,用《南京大学学报(哲学·人文科学·社会科学版)》原执行主编朱剑教授的话来回答,"回归学术共同体应该成为学术期刊及其编辑的最好选择"。朱剑主编所谓的"回归学术共同体",侧重强调"学刊编辑学者化""学而优则编"。在此,我想对"学刊及其编辑回归学术共同体"命题的意义,做进一步扩充:学刊编辑(学术编辑/学者编辑)依托学术共同体进行更广泛的学术动态调研。具体来说,学刊编辑部的专职编辑(学术编辑/学者编辑),可以分头(或分组)组建并主持"实用编委"工作室,借此机制实质性地与更多优秀学者联合办刊。中共中央宣传部、教育部、科技部联合印发的《关于推动学术期刊繁荣发展的意见》之"加强人才队伍建设"条表示,"支持办刊单位出台政策措施,探索编研结合模式,将优秀学者和科研人员引入办刊队伍,支持教育科研单位教学科研人员与办刊人员双向流动"。上述"实用编委工作室"设想,与该条意见之精神高度契合。

现在,绝大多数学刊都有自己的编委会①,而且,编委会成员都属于每本学刊按其地位、口碑所能"够得着"的学界高端人物,乃至都是清一色的学术名家。但正是由于目前各学刊编委会成员规格普遍过高,而名人的时间精力又是最为稀缺的资源,学刊编辑部实际上很难同这些作为"头面人物"的优秀学者进行密切的办刊合作。在高校和学界,时间是最大的资源。"头面人物"编委,每年能参加一次编委会议(学刊编辑部若有每年召开编委会议之惯例的话),就会议议题分享一些信息、提一些建议,此外每年再帮忙审一两篇稿件,就已经完全合格了。实际上,各学刊目前往往都未在规章制度上,对编委会的角色、职能、工作

---

① 通常列在杂志扉页(目录页之前)。

机制做出规定。就此而言,现行编委会为学刊撑腰的"门面"意义,要远远大于协助编辑部办刊的"实用"功能。

当然了,"门面编委"之于学刊的正面功能,也绝对不应被一概否定。至少,以下三种正面功能是显而易见的:其一,以其卓越的学术声誉为学刊站台,这对学刊来说是一种巨大的"道义"支持;其二,以其特有的学术识见优势,为办刊提供某种宏观指导;其三,以其在学术界的突出地位促进学刊与学界的联系,通过参加学刊举办的高端学术会议、配合学刊推介优秀学术成果等方式,协助学刊更深入地介入学界。"门面编委"的这些功能,对必须在学界立足、必须不断经营自身学术形象的学刊来说,是必不可少的。但不容否认,"门面编委"为学刊提供的学术支持,主要是宏观的,而且带有随机性、不连续性。鉴于此,欲按《关于推动学术期刊繁荣发展的意见》之要求进一步"加强编委会建设",加大会同学界的优秀学者联合办刊的力度,让学刊及其编辑更充分地回归学术共同体,实现更深入、更广泛、更系统的学术动态调研,似宜补建一种名头不那么响亮的"实用编委"。那么,具体如何操作?

按照学刊专职编辑(学术编辑/学者编辑)人头,将其所涉及的一级学科、二级学科或研究方向划分为与人头数量相等的板块,每位专职编辑(学术编辑/学者编辑)负责组建并主持一个板块的"实用编委工作室"。之所以要专职编辑(学术编辑/学者编辑)充当"实用编委工作室"的主持人,乃因这种工作室从事学术动态调研的目的是办刊,而将一期期学刊从无到有地办出来的直接责任主体正是专职编辑。在学刊专职编辑(学术编辑/学者编辑)的主持下,"实用编委工作室"的学术动态调研才能走出狭义的"学术研究"境界,而以提炼、凝聚足资办刊的学术识见为指归。在合作顺畅、热情有余的情况下,学刊专职编辑(学术编辑/学者编辑)甚至还可以适度邀请"实用编委"直接参与审稿、约稿工作。这种"实用编委工作室"其实是"学术编辑/学者编辑"队伍的变相扩容。如若实行，或可将"实用编委"命名为"副编委"，并以"实用编委工作室年度总结"等形式载入学刊档案，既示郑重，也为将来人们进行学术期刊史相关研究保存素材。

那么，"实用编委"人选何在？出于便于协同工作的考虑，"实用编委"应以本地少壮派学者为主，辅以外地乃至外国少壮派学者。以高校学报为例，每本学报背后，都有一所规模不等的高校。本校相关领域的优秀学者，是学报组建"实用编委"的最近便人选。以《文史哲》（它也属于高校文科学报序列）为例，它可分别以文、史、哲、社会科学的专职编辑（学术编辑/学者编辑）为主持人，从校内少壮派学者中逐步聚拢起足以覆盖各自二级学科的文、史、哲3个工作室，以及1个有所侧重的社会科学工作室。非高校学报类学术期刊，往往挂靠各级社会科学院、党校系统，这些机构里同样有着较便利的"实用编委"人选。而且，不管本单位能提供的"实用编委"人选是极其有限还是非常充裕，学刊的各"实用编委工作室"都应考虑最具代表性地延揽本地少壮派优秀学者，并适度联合外地优秀学者，最大限度地增进工作室刺探思想学术动态的高度、广度、深度与系统性。

在学刊专职编辑（学术编辑/学者编辑）分头或分组着手组建"实用编委工作室"之前，编辑部有必要从总体上对"学者办刊""引领学术潮流"的愿景，以及对"学刊及其编辑回归学术共同体""进行学术动态调研"的必要性与总体目标进行梳理，提炼出一些带有口号或口头禅性质的说法，用以强化理想信念、凝聚开放办刊之共识，并以此鼓舞士气。为优化服务办刊的实效，在主持"实用编委工作室"的过程中，一方面，学刊专职编辑（学术编辑/学者编辑）须需适度阐发编辑部的相关理念和设想，以便"实用编委"们充分感受学刊的情怀、追求，并被其感染；另一方面，学刊专职编辑（学术编辑/学者编辑）须将学刊现阶段的重点栏目设置、重点选题或重要发稿意向、专职编辑（学术编辑/学者编辑）现有的学术观察判断等，作为案例和引子抛出来，以此激发"实用编委"们进行学术动态调研、提炼办刊识见的灵感。

如此一来,凭借"实用编委工作室"这种变相扩编了的"学术编辑/学者编辑"队伍,数量极其有限的专职编辑(学术编辑/学者编辑)无法广泛纵览、无法全面研判学术动态的局限性问题,将在很大程度上得以破解。而且,学刊往往都有自己的办刊传统,而且也需要保持自己的办刊特色,学刊编辑部因而也不必对自己"求全责备",要求自己的团队(专职编辑+"实用编委")非得面面俱到地掌握一切相关学术动态(这无论如何都是不现实的)。一般来说,围绕特定的阶段性办刊愿景,有针对性地发动"实用编委"们一起进行学术动态调研,办刊主体就一定能不断摆脱学术识见上的局限。众多学刊编辑部若都以类似方式努力,则各具传统和特色、各有其阶段性愿景与阶段性关注重点的高品质学刊,合起来,便可以凭借其办刊主体不断推扩更新着的高明学术识见,在最广大的范围切实"引领学术潮流"。

那么,除了快意于指点学术江山,并得到一定的经济报偿外,"实用编委"作为优秀学者,还能从与学刊编辑部的上述合作中,得到哪些其他收获呢?我想,最大的收获就是,这种经历可以加速其成长为学界中坚,乃至学术领袖的步伐。

对已然"开窍"的少壮派学者来说,其在学术事业上的大幅度发展,第一需要时间精力上的不断投入,第二需要不断找到大有前途的研究选题,第三需要逐步优化学缘。其中,时间精力的不断投入,更多地取决于个人自律与取舍。当事学者需要发挥主观能动性,念兹在兹,不断克服各种掣肘因素,有舍有得地腾挪出用于学术研究的时间精力。充当学刊"实用编委",确实会在一定程度上耗费原本可以投向个人学术研究的时间精力,这算是一个损失。但在后两方面,充当学刊"实用编委",却可以使当事学者事半功倍。处理得当的话,作为少壮派学者的"实用编委"在后两方面的所得,足以补偿其在第一方面的损失。

少壮派学者学术事业长足发展的第二个条件，也即不断找到大有前途的好选题，所针对的是学术研究中的"重复"与"自我重复"问题，焦点在于不断走出自己的固化视角、已有选题范围和思维定式。"实用编委"与学刊专职编辑（学术编辑/学者编辑）及其他"实用编委"不断互通学术动态调研成果的过程，也是一个不断冲击自我封闭格局的陌生信息输入过程。置身这样的环境与过程中，其学术眼界想不开阔都难。不过，开阔的学术眼界与大有前途的研究选题之间，还有着不小的距离。现实中有这样的学者，谈起话来博闻强记，似乎这也知道那也了解，但就是产不出引人注目的专深研究成绩，哪怕是提出某种令人眼前一亮的议题。究其原因，这首先是未能将广博的视野转化成带有先见之明的研究选题。充当学刊"实用编委"的基本职责，则正是通过广泛的学术动态调研与会商探讨，发现并凝练代表学术潮流与学术趋势的办刊识见，乃至直接帮助刊物进行栏目或议题设置。这不是别的，而是将广博的视野转化为学术前瞻能力的持续历练。这种频繁的学术议题设置与学术前瞻历练，无疑会长足开拓"实用编委"（少壮派学者）的自我选题能力，使之日益优化自己的研究基础、研究专长和学界的宏观动态、趋势的有机结合，将自己的学术探研劲头更有效地用到前途更远大的优质选题上去。反过来，"实用编委"个人学力的长足长进，无疑也会不断提升"实用编委工作室"进行学术动态调研的深度、广度和系统性。这是一个正相促进的"双赢"关系。

至于第三条也即"优化学缘"，受益的可能就不只是"实用编委"个人了，而完全可能泽及其所在的学术单位。在作为"实用编委"，密切参与编辑部办刊的过程中，作为学者的"实用编委"自然会逐步地、成系统地近距离接触学刊编委（"门面编委"）、重要作者、学刊所策划举办的重要学术会议或重要学术活动的嘉宾。一方面，作为学者的"实用编委"在相对年轻的时候，便可因此有较多机会向本领域的重要专家或知名学者，以及其他学刊的相关同仁，阐述自己的代表性研究成果与心得，从而或蒙其赏识、提携，或收获中肯的反馈乃至批评意见，或与之进行深入的学术思想切磋。这有助于加快作为"实用编委"的少壮学者打入主流学界、提升研究境界的节奏。另一方面，"实用编委"所在的学术单位，同样存在着与代表性学者进行学术交流，在主流学界建立自己的应有地位，乃至打造自己的特色"学派"的干事创业需求。在这些方面，"实用编委"皆可凭借其在为学刊效力过程中积攒的学术识见与学界人脉，为所在学术单位做出应有的贡献。这样一来，前述"双赢"效果便扩大为"多赢"格局。

最后，还有一个比较现实的问题需一并顾及。那就是，作为少壮学者的"实用编委"，至少其中一部分，会随着时间的流逝逐步成长为资深学者，乃至成为知名学者或学术领袖。这也是一个越来越"忙"，越来越没有足够的时间精力从事学术动态调研，难以在较具体的层面为办刊连续出谋划策的过程。学刊编辑部需要务实地面对这一情况，一方面设置相对合理的"实用编委"任职年限（如以10年为限），另一方面有所选择地将"少壮实用编委"，升格为"资深实用编委"乃至"门面编委"①，再一方面就是及时延揽、充实新的"少壮实用编委"。长此以往，该学刊便会在学界拥有越来越多的优质眼线和支持者，其与学界的良性互动关系就会越来越丰富、越来越巩固、越来深刻。如果许多学刊乃至大部分学刊都能这样做，则刊界与学界的关系，包括饱受诟病的"审稿公正"这个老大难问题，便会得到全局性改善——"学术"本身就会成为最终的"赢家"。

---

① "门面编委"的设置涉及多方面因素的平衡。未能从"实用编委"升格为"门面编委"，并不意味着当事人不是卓越的学者。少壮学者在担任"实用编委"，而与学刊编辑部密切合作的过程中，当会慢慢看清并看淡这一点。

四、举宏观学术理念大旗与推动具体新知探索相统一

最后一个问题是:"学者办刊""引领学术潮流""引领创新"的成效如何考量?衡量的标准或原则是什么?

关于这个问题,我们不妨参考一下胡适对新文化运动时期的北京大学与中国学界的评语。尽管新文化运动对20世纪以来中国文化、社会、政治造成了有目共睹的全局性深远影响,但胡适仍然认为,当时的旗手和运动者们"开风气则有余,创造学术则不足""提倡有心,创造无力"[1]。"开风气"意义上的"提倡"当然具有重大历史意义,但"创造学术不足"或"创造无力"委实也是一种遗憾。鉴于此,更圆满的"学者办刊""引领学术潮流""引领创新"的效验标准或衡量原则,应该是:举宏观学术理念大旗与推动具体新知探索相统一。我们可以举例验证该标准的合理性。

第一个例子是1950年代的美学大讨论,它总体上是由《文艺报》引领的。《文艺报》主办者较早就认识到,随着中国红色革命胜利夺取全国政权,主流文艺观势必要为之一变,尤其是要以马列主义毛泽东思想的文艺观,取代《在延安文艺座谈会上的讲话》所批评的"为艺术的艺术""超阶级的艺术"观念[2]。由于美学被视为文艺观与文艺理论的内核,变革文艺观的时代要求,最终必然要落脚到主导性美学理论的更新换代上。《文艺报》主办者准确地前瞻到了这一大势。

早在1949年10月25日,《文艺报》第1卷第3期,便试图借助署名为丁进的读者来信,引出"文艺从属于政治"对"为文艺而文艺"的批判。《文艺报》的这一策划起先并未掀起全局性波澜,相关争论主要是

---

[1] 转引自陈平原:《触摸历史与进入五四》,北京大学出版社,2018年,第93、100、124页。

[2] 毛泽东:《在延安文艺座谈会上的讲话》,《毛泽东文集》第三卷,人民出版社,1991年第2版,第865页。

在朱光潜、蔡仪、黄药眠等过去即有理论纠葛的学者间展开,被批评者朱光潜则于1950年1月10日在《文艺报》第1卷第8期上发表了《关于美感问题》一文,辩解自己并没有堕入"为文艺而文艺"的魔障①。但随着毛泽东在七届三中全会上的《不要四面出击》讲话(1950年6月6日,其中专门提到要对知识分子进行教育和改造)的发表,"思想改造运动"(1951年下半年—1952年下半年)的兴起,中共中央《关于在干部和知识分子中组织宣传唯物主义思想,批判资产阶级唯心主义思想的演讲工作的通知》(1955年1月26日)的印发,《人民日报》上《展开对资产阶级唯心主义思想的批判》社论(1955年4月11日)的发表,《文艺报》试图挑起美学大讨论的策划日益显现出"预见大势"的先见之明。1956年,在"胡乔木、周扬、邓拓、邵荃麟分别给朱光潜打过招呼,不是要整人,而是要澄清思想"的基础上,《文艺报》正式"牵头组织的对朱光潜文艺思想和美学思想的批判",朱光潜的相关学说被定性为"主观唯心主义",贺麟、黄药眠、曹景元、敏泽接连在《人民日报》《文艺报》《哲学研究》上发文予以批判,李泽厚、蔡仪、吕荧、高尔泰亦纷纷加入本轮争鸣②。至此,在时势的强有力加持下,"文艺从属于政治"、用马列主义毛泽东思想的文艺观取代"为文艺的(而)文艺"观念的理念大旗,在当时中国思想学术界赫然在目地树立了起来。1950年代美学大讨论的热火全面点燃。

而且,1950年代的美学大讨论着实做到了在"推动具体新知探索"层面大范围地推移原有知识边界,生发出了新的思想学术形态。它之所以能做到这点,一个极其宝贵的重要条件就是,"那个年代几乎所有文

---

① 张荣生:《记上个世纪五十年代的美学大讨论》,《中华读书报》2012年2月1日,第5版。

② 张荣生:《记上个世纪五十年代的美学大讨论》,《中华读书报》2012年2月1日,第5版。

艺和理论的争鸣，最后都变成了政治问题，而美学始终是'三派'，真正做到的长期共存"①。《文艺报》编辑部于1957—1959年间编的四集《美学问题讨论集》，以及《新建设》编辑部于1962年编的《美学问题讨论集》第五集②，集中反映了这场大讨论驱动当时美学新知探讨的成果。而且，这些带着那个时期特有色彩的探讨，并未随时代变迁而丧失其重要意义。作为接续，从1978年到1985年的"第二次美学热""吹响了'改革开放'的时代号角，有力地促进了文艺的繁荣"③。特别值得一提的是，作为1950年代美学大讨论中引人注目的理论"黑马"，李泽厚的学术生涯不仅成功跨越了前后"两个三十年"的分界线，进而还于2002年推出了深具美学底蕴和带有个人思想总结性质的《历史本体论》④，成为横贯当代中国人文学界的最具全局性影响力的思想型学者⑤。

可以说，《文艺报》所推动的1950年代美学大讨论，成功地引领了当代中国人文学界的一段主流思潮，印证了"举宏观学术理念大旗与推动具体新知探索相统一"这一衡量原则的有效性。

第二个例子是"文革"后与改革开放初期的"新启蒙"及与之相应的西学引进热潮，它首先是由"理论界"或"党内理论家"主导的，《历史研究》杂志一度发挥过先声夺人的引领作用。

在"文化大革命"时期，以"两弹一星一艇"为代表的中国国防科

---

① 李扬：《李泽厚"半吊子"英文打天下　称值得较劲的较劲》，原载《文汇报》，转引自中国新闻网，http://www.chinanews.com/cul/2010/11-22/2671732.shtml（2021-7-28）。

② 分别出版于1957、1957、1959、1959、1962年，均由作家出版社（北京）出版。

③ 高建平：《美学是艺术学的动力源——70年来三次"美学热"回顾》，《艺术评论》2019年第10期。

④ 李泽厚：《历史学本体论》，生活·读书·新知三联书店，2002年。

⑤ 钱理群：《"希望李泽厚式的思想家出现"学界热议80年代中国思想的创造性》，《中华读书报》2011年9月21日，第1版。

技事业与工业能力仍在顽强奋进①，但作为政治运动的"文革"却造成了不折不扣的"内乱"②。作为反思，黎澍及其主编的《历史研究》在1977—1978年间刊发了大量高举"反对封建主义"理论旗帜的文章，"为'改革开放'政策的出台，尽了一份'鸣锣开道'的责任"③。在"五四"新文化运动之后的中国语境中，本土传统与封建主义之间往往可以画等号，"反对封建主义"因而意味着"反传统"。与之相应的建设性主张，便是"新启蒙"与"西体中用"。它们共同导向"现代化=西方化"这一公式，新文化运动时期的"西化"诉求遂被再次激活。"当时（按：指1980年代）的主流思潮是什么呢？毫无疑问是'全盘西化'。是激进'反传统'！无论时人还是当事者事后的回忆，都认为这是当时的主流文化取向。"④就此而言，黎澍及其主编的《历史研究》在改革开放初期中国人文学术新潮流发端之际的"举宏观理念大旗"动作，获得了巨大成功。

改革开放以来的"具体新知探索"，醒目地体现为大规模的西学引进。译介与消化尽管不是完全自主的知识生产，但考虑到诠释（翻译也带有诠释色彩）也是意义的再生成乃至再创造过程，不得不承认，这里有着海量的具体新知探索。特别地，经过这四十余年的努力之后，中国学界对西方古今学术的了解程度（系统性与深入度），早已远远超过了西方学界对中国古今学术的了解程度。可以说，改革开放语境下的"新

---

① 中共中央党史研究室著：《中国共产党历史第二卷（1949—1978）》下册，中共党史出版社，2011年，第966—971页。

② 中共中央党史研究室著：《中国共产党历史第二卷（1949—1978）》下册，第971—976页。

③ 王学典：《思想史上的"八十年代"——新时期黎澍侧记》，《学术界》2002年第1期。还可参考丁志伟：《要为真理而斗争——重读〈再思集〉怀黎澍同志》，《中国社会科学》1989年第2期。

④ 王学典：《"八十年代"是怎样被"重构"的？——若干相关论作简评》，《中国图书评论》2010年第2期。

启蒙"思潮的兴起，以及对西方学术的大规模引进，再次印证了"举宏观学术理念大旗与推动具体新知探索相统一"这一效验标准的有效性。

上述两大学术潮流，其持续时间都至少要以三十年计，既有宏观旨趣，又充满着具体新知探索。那么，当下，是否存在预流这种规模的新学术潮流的机会呢？鉴于在横向照搬整个西方现成的学科体系的同时，当今中国"经济学、政治学、法学和管理学等社会科学一度走上了一条无视中国经验、中国文献、中国案例、中国数据的极端"[1]，以王学典主编为代表的《文史哲》人预判：未来的大势应是理顺中国哲学社会科学界在从民国学术向共和国学术转型过程中所奠定的"红色"基因，及其在改革开放四十年间所积聚起来的"与世界接轨"的思想学术能量，以及更久远的以儒学为代表的中华传统文化三者之间的关系[2]，而以"本土化"或"中国化"转向为其突出标志[3]。基于这种研判，《文史哲》杂志自2013年开始设立的《重估儒学价值》栏目，在2015、2017、2018三年三次策划举办的"儒学与自由主义的对话"人文高端论坛（主题分别是"'性本善'还是'性本恶'""贤能政治的可行性及其限度""个体与社群孰先孰后"），在纪念"五四"运动100周年之际抛出的"儒学与'五四'能否和解"之问[4]，尝试推动相关的具体新知探索。出于对重要办刊传统的自觉继承，《文史哲》人期待着能在"举宏观学术理念大旗与推动具体新知探索相统一"意义上，预当今和未来中国人文学术之流。

---

[1] 王学典：《学术上的巨大转型：人文社会科学40年回顾》，《中华读书报》，2019年1月2日，第5版。

[2] 邹晓东：《"中国人文学术十大热点"是怎样炼成的》，《中华读书报》，2019年5月15日，第5版。

[3] 王学典：《把中国"中国化"——人文社会科学的近期走向》，上海人民出版社，2017年。

[4] 邹晓东：《儒学与"五四"能和解吗？》，《中华读书报》，2019年6月12日，第13版。

五、小结

最后，我们通过5组问答，简要概括全文内容。

问：学术期刊究竟应该走"学者办刊"还是"编研分离"的"编辑职业化"道路？

答：学刊专职编辑唯有成为学术上的内行者，才可能名副其实地肩负起"办刊"职责。特别地，专家匿名外审制度无法取代学刊专职编辑（学术编辑/学者编辑）的办刊主体性。合格的办刊主体只能是"学者编辑"。

问：学术期刊，尤其是学者所办的学术期刊，应否以"引领学术潮流""引领创新"为己任？

答：将学术期当作一项事业去经营的办刊者，无不希望发表在自己刊物上的学术文章，以及自己所办的学刊作为一个整体，受到学界关注，引起学术争鸣，推动学术进步。"引领学术潮流""引领创新"是这一意向的不含蓄表达。尽管面临一系列实际困难，但在"引领学术潮流""引领创新"这个问题上，认怂或一味谦虚并非学术期刊的出路所在。习近平总书记于2021年5月9日《给〈文史哲〉编辑部全体编辑人员的回信》，以及中共中央宣传部、教育部、科技部于5月18日联合印发的《关于推动学术期刊繁荣发展的意见》，已经在理念层面为"学者办刊""学刊引领学术潮流""引领创新""学术引领"扫除了宏观障碍。

问：办刊对高品质学术识见的无限性要求，与学者术有专攻的有限能耐之间的矛盾，如何解决？

答：按一级学科、二级学科或研究方向划分板块，将"学术动态调研"设为学刊专职编辑的一项常规业务，编辑部定期以务虚会议、选题会议或学术动态调研报告会的形式予以督促，促使专职编辑（学术编辑/学者编辑）不断开拓、更新其学术识见，是破解上述矛盾的务实之举。

问：有没有什么办法或机制，能大幅度地提升学刊编辑部进行学术动态调研的效率?

答:除了通过"编校分离"为专职编辑(学术编辑/学者编辑)节省出尽可能多的从事学术动态调研的时间精力外,还可以通过学刊专职编辑(学术编辑/学者编辑)主持"实用编委工作室"的方式,成规模地提升编辑部的学术调研效率。

问:如何检验"学者办刊""引领学术潮流""引领创新"的实际效果?

答:"举宏观学术理念大旗与推动具体新知探索相统一"是衡量"学者办刊""引领学术潮流""引领创新"成效的基本原则。

把学术论坛变成"干编辑"的工作现场[①]

——以评议《一种超越人文学科界限的生存论字源学》初稿为例

一

为了将自己的学者身份与编辑身份有机结合起来,入职山东大学《文史哲》编辑部暨儒学高等研究院之后,我先后于2019、2020年发起或参与发起了"研究生论文初稿切磋坊""儒学与西学论坛"两个学术切磋平台。前者因与本院的"研究生儒林论文报告会"相重叠,正在重新评估可行空间。后者在众师友的热心支持下目前已举行五回,主题分别是"儒家与康德""诠释学中国化与中国诠释学建构""儒家责任伦理的辩证特征""金岳霖问题——从逻辑的角度看""超越与感通(工作坊)",个别选题与我所从事的编辑工作有着具体关联。

实际上,我并不刻意追求论坛策划直接服务于办刊。通过"学术至上,重在热闹"的论坛切磋,在学者同仁中间直接感受多元而鲜活的学术动态,在我看来,我的编辑工作和学者生涯自然而然都会深受灌溉。

此外,我也会不那么频繁地应邀参加校内外的其他学术论坛或学术会议。除了我确实是一个有自己的研究领域的学者这层因素之外,我知道,学界同仁邀请我参加论坛或会议的一个重要原因是我在《文史哲》干编辑。换言之,学界的学者们希望听到学刊编辑的声音。有感于此,

---

[①] 本文第二部分为评议稿,感谢李章印老师慷慨同意我将这篇评议稿收入本书,我也诚挚地欢迎李章印老师在其论著中对我这篇评议稿进行反批评。

我有时确实会不揣谫陋，将学术评议在一定程度上讲成了"审稿意见"。令人欣慰的是，讲者和听众们往往非常欢迎这种做派。从这些积极的反应中，我看到了学界的学者们对学刊编辑"更有力道地面向学术这件事情"的热望。

2020年10月，为担任第50期"中国诠释学—现象学论坛"与谈人，我准备了逾万字的评议稿。由于时间有限，在现场仅能择要讲其中几点。论坛结束后，我将全稿发给报告人李章印教授。李教授全然不以晚辈评议的火药味太浓为忤，欣然表示"太有意义了"，"将仔细消化，并在修改中尽可能多地体现出来"。毫无疑问，我的批评不可能全对——前辈学者虚怀若谷的胸怀使我更加坚信，学刊编辑通过学术批评（与被批评）这一渠道介入学界、助力办刊，乃至把学术论坛变成"干编辑"的工作现场，原则上是可行的。

二

李章印教授这篇《一种超越人文学科界限的生存论字源学》有四个鲜明的用意，在我看来，这些用意也是这篇文章的核心价值所在——如果它们最终能扎实地成立起来的话。这四个用意是：（1）试图用哲学去规训文字学，而且，这里的哲学还是有所特指的，即生存论哲学；（2）相应地，对当今学科体制与科研体制，也即文史哲分家、科研管理的项目制，试图提出根本性批判；（3）水涨船高地升级"主客浑沦"的古典生存论，以便有效抗击侵略性十足的现代"主客二分"思维；（4）演示作者对"鼎"字、"圆"字的释读，例示生存论字源学的具体运作。作为晚辈和评议人，我衷心地希望这些用意能扎实地成立起来。

在拜读这篇论文的过程中，我注意到，李章印老师这些年正在尝试系统性地探索一种"生存论字源学"。在傅永军老师主编的《中国诠释学》上，李老师已经推出过一篇相关文章。而且，以后还将有系列文章陆续推出。可见,兹事体大!接下来,我想把宝贵的发言时间,用来对李老师的文章提出十二条商榷意见,目的是赞助该学说更扎实地挺立起来。

其一,文章一开始即强调要突破文科内部的学科划分,也即走出文史哲分家的治学境界——但这篇文章第一节同时又强调,生存论字源学主要属于哲学而不是文字学或训诂学。不难看出,在现行的文史哲分科格局下,作者更青睐哲学学科。然而,他同时又希望走出分科哲学的格局。那么,究竟该使用什么术语,或究竟该如何使用文学、史学、哲学等术语,有效地提出并谈"论超越学科划分"与"进行学科整合"呢?

我们从该文中摘引几处相关文字,以坐实上述问题的存在:

> 本文标题中的"超越人文学科界限"并非指超出人文学科本身而冒险进入自然科学等领域,而是指在人文学科内部打破学科界限……
>
> 这种"生存论字源学"需要打破哲学与文字学或训诂学之间的学科界限,把哲学的生存论阐释与文字学或训诂学的字源学(词源学)考察结合起来……
>
> 这种"生存论的""字源学"主要属于哲学而不是文字学或训诂学,因为它实际所要讨论的内容大大超出通常的文字学或训诂学研究,而貌似一种文字学哲学或训诂学哲学——假如有这样一种文字学哲学或训诂学哲学的话。不过,这种"生存论字源学"之不同于一般文字学或训诂学的关键之处又在于其研究方式或方法,亦即一种生存论的阐释方式或方法。由此,与其说它是一种文字学哲学或训诂学哲学,不如说它是一种生存论的哲学研究。这样一来,它就主要不是作为哲学或语言学之二级或三级学科的文字学哲学或训诂学哲学(假如有这样的二级或三级学科的话),而是一种作为哲学一级学科的、存在论层面的生存论研究。

以上论述存在一定程度的"术语淆乱"问题。李章印老师也在一定程度上意识到了这一问题，故在行文中两次使用让步假设从句"假如有这样一种文字学哲学或训诂学哲学的话""假如有这样的二级或三级学科的话"。在我看来，淆乱的原因在于作者对"哲学"采取了两种理解，但又没有明确地加以分疏。一是用"哲学"指称在现行学科分类中与文字学或文学相并列的哲学学科，这种分科治学的格局是有待超越的；二是用"哲学"指称作为根本之学或本源之学的哲学，确切地说特指生存论哲学。李章印老师想用后一种"哲学（生存论哲学）"打通现有的"人文学科界限"。

如果上述阅读理解靠谱的话，我建议作者：（1）仅在现行学科分类的意义上使用"哲学"一词；（2）将李文所提倡的、旨在打破文科学科界限的学问，简洁明了地命名为"生存论"。这样，也许就可以避免忽而要超越包含"哲学"在内的学科划分，忽而又要用"哲学"统合全部文科的字面淆乱。

当然，如果真的径直用"生存论"替代"作为根本之学或本源之学的哲学"的话，这将等于毫不隐讳地亮明了"生存论"作为文科学术金字塔底座或高居塔尖的地位——雄踞在包括今天在座的傅永军老师和谢文郁老师所研究的"哲学"的底座或尖顶地位上。这样一来，作者李章印老师和他的这篇论文（以及系列论文），恐怕就要承受"高处不胜寒"的风险。那些感到自己所在学科被高高在上的"生存论"冒犯了的学界中坚们，势必会带着最挑剔的目光审视并追问：李章印教授所鼓吹的"生存论"究竟能否经得起推敲？

其二，这篇论文第一节接下来的行文，容易给读者造成一种"其作者盲目崇拜'生存论'三字"的印象。这里的商榷焦点不在于作者的态度——作为生存论的推崇者，李章印老师当然可以暂时不谈生存论的短板。我的商榷焦点在于，这里对生存论优点的论述，似乎总是在"循环论证"中打转。具体演示如下：

命题1：生存论字源学的关键就在于它是一种生存论。

命题2：生存论属于对人的生存本身的考察和阐释，但它不是完全把人的生存作为一种外在的研究对象。

命题3：生存论乃是从生存本身、在生存之中来研究生存，但又不是局限于具体的生存事务。（生存论研究离不开具体生存事务，但它同时又超越具体生存事务。）

命题4：生存论字源学由此也就是从生存的整体结构和各种可能性出发去考察汉字的构造和历史，并从生存境域出发去阐释汉字的原初生存论意义以及各种派生意义。

这四个命题组成的论述，在形式上是比较严谨的，其大体意思是：由于生存论字源学是生存论的，因而具有生存论的关键特征。问题在于，这里对"生存论关键特征"的论述是宣谕式的，而非解说性的。

作者的意思是：其他种类的研究，或者脱离生存（站在生存之外），或者限于生存之一偏（具体的生存事务）；生存论则既在生存之中，又着眼于生存整体（生存的整体结构和各种可能性），既不离具体生存事务，又超越具体生存事务。如果真有这样的生存论的话，那么，它当然配称得上"伟大"！我们知道，当今哲学界既有谴责哲学（本质论）脱离具体性的，又有谴责哲学（后现代思想）失之碎片化的——李章印老师在这里试图倡立的"既……又……"的生存论，似乎无条件地同时规避了上述这两大弊病。但这究竟是作者因了解当今哲学界的两种近乎相反的批评与倾向，出于"应然"的考虑，而对自己所提倡的"生存论"进行的外包装式标榜呢，还是这种"生存论"真的拥有切实的理路或手法，可以高蹈特出、鹤立鸡群的同时应对好上述争相对立的两大诉求？

说得不客气点，"生存论"究竟是何方神圣，竟然能天衣无缝地融矛盾的双方（"在生存之中"vs"着眼于生存整体"，"离不开具体生存事务"vs"超越具体生存事务"）为一体？它凭什么，具体又是如何做到这一点的？在这个关键问题上，上述命题2、3仅止于宣谕，而并未提供有效的解说。文中的一处脚注提示读者参考李章印老师的另一篇文章（《理解人生：从海德格尔到佛教》），也许此文对此有所解说。我尚未拜读这篇论文，对之寄予厚望。但同时，我也希望我们今天晚上正在讨论的这篇论文，能够适当萃取那一篇论文的相关精华，甚至加以升华，以此充实李文对"生存论"优越性的叙说。

具体来说，一方面，上述宣谕径直将"矛盾"的双方结合在一个肯定性命题中，用以标榜"生存论"的高妙，这难免招致诸如"矛盾可以推出一切""矛盾是百宝箱也是垃圾箱"的讥评。另一方面，相关行文采取了从"生存"到"生存"的无效循环。其曰"生存论就是在生存之中整体地考察生存"——表语和主语相比多出了"在……之中"与"整体地考察"这两个提法：除非在行文中对这两个提法进行言之有物的确切赋义，否则，全句就只剩下"生存论就是论生存"这个近乎同义反复的意思了。上述两方面均导致"生存论"的含义失之空洞，在这种情况下，以"生存论"界定"生存论字源学"同样流于空洞。

特别声明：作为读者，我当然能感受到作者在"既试图超越脱离具体处境的本质论，又试图超越脱离人生大局的碎片化"这件事情上的赤子之心，但作为商榷者，我也希望这种赤子激情不要蹈入"全无伎俩"的空洞境地。当然了，"全无伎俩"是朱熹批评陆九渊的用语，但陆象山闻之不以为耻反以为荣地说"诚然"，因为其"全无伎俩"的前提是"先立乎大"。那么，李章印老师是否也要舍朱子而走象山路线呢？有意思的是，走易简路线而"全无伎俩"的陆九渊仅有文集一本流传于世，强调"伎俩"的朱熹则留下了等身的著述。朱熹路线显然要比陆九渊路线，更适应李章印老师后文将要批评的"项目制"管理模式。这似乎暗示李章印老师真是走在了"全无伎俩"的象山式路线上。

其三，"主客二分"真是"跳脱生存"的吗？在生存意识中，如何恰如其分地安放"主客分别"意识？

自从中西方文化在近代中国再次相遇以来，相对弱势的"中学"一方每逢试图反击西学时，往往都会祭出"向内的"vs"向外的"、"生命的学问"vs"无生命的学问"、"德性的学问"vs"知识的学问"、"主客二分的"vs"主客一体的"、"知行合一的"vs"知行分离的"等二分图式，将前者视为优点而归于"中学"，将后者视为弊端而归于西学。在李章印老师的这篇文章中，非常明显地弥漫着上述二分图式。这一图式，可以说是狭义的现代中国哲学的"学统"所在。李章印老师此文既然继承了这种学统，我们便希望它能将前贤摆列的图式，往更加深细入微的地步推演。

遗憾的是，此文第一节剩余约一页半的篇幅，除了将"主客二分"与"跳脱生存"这两个术语相互勾连之外，并未在学理层面对"主客二分"是如何"跳脱生存"的，以及中国传统哲学又是如何"不主客二分"而"不跳脱生存"的，做出深入细致的说明。我想从以下三个方面，就此发表评议：

（1）关于"主客二分"与"跳脱生存"之间的关系，该文中的标准论述如下：

> 这里之所以把脱离生存的思维方式等同于主客二分的方式，是因为只要不脱离生存，只要不把所思考的东西与思考者的生存分离开来，所思考的东西就是思考者的生存之中的，就不是外在的，因而就不可能成为外在的对象或客体，而思考者本身也不可能成为与被思考者相对的主体。另一方面，只要在思考的时候把所思考的东西与思考者的生存分离开来，所思考的东西就成为思考者生存之外的东西，就成为外在的思考对象，并进而成为思考者这个思考主体之对面的客体。

这里的逻辑是："脱离生存的思维方式=主客二分的方式"，因为

"所思考的东西与思考者的生存只要不分离就不会形成主客对待的意识或关系",又因为"所思考的东西与思考者的生存只要相分离就会形成主客对待的意识或关系"。很显然,这两个"因为"从句,只不过是把作为观点而有待解说的"脱离生存的思维方式=主客二分的方式"这个等式,用"-(脱离生存的思维方式)=-(主客二分的方式)"与"-[-(脱离生存的思维方式)]=-[-(主客二分的方式)]"(负负得正,负号消除)的形式重复了两遍而已。严格来讲,这是同义反复,并未增进读者对"脱离生存的思维方式=主客二分的方式"这个等式的理解。

(2)我注意到李章印老师报告中的一个细节,那就是,他特别提到生存论字源学在进行研究时选题很重要。他在表述的时候,一度又把"选题"称为"选取研究对象"。也就是说,"对象(客体)"二字出现在了李章印老师本人的用语中,似乎还很难彻底回避。顺藤摸瓜,我想提出如下追问:在严格意义上,究竟能不能说"主客二分"是"跳脱生存"的呢?如果细读的话,我们从李老师的行文中多少能读出这层意思:只要思考,则所思考的对象与思考的主体(或思考活动)就是一体的。在这个意义上,哪怕极端主张"主客二分"的人,当其这样思、这样主张之际,其与其所谓的"客体"在生存上也还是一体的。就此而言,主张"主客二分"的人或"主客二分"的思想主张,从未在严格意义上"跳脱生存"。

进言之,"跳脱生存"对于任何生存者一思想者来说,都是不可能之事。于是乎,我想建议李章印老师纠正一下相关表述:与其说"'主客二分'是'跳脱生存'的",不如说"'主客二分'的主张'未能恰如其分地言说人的生存实况(包括未能恰如其分地言说主客二分论者的生存实况)'"。我认为,"未能恰如其分地言说人的生存实况"要比"跳脱生存"这个提法更准确。从这个更严谨的提法出发,李章印老师文中的生存论基本问题就可以转化为(重新表述为):用什么样的话语系统才能恰如其分地言说人的生存实况?

（3）即使"主客二分"在绝对意义上是不成立的，我们恐怕也还是无法彻底抹除"主""客"之分。人总是在对特定"对象（客体）"思维并操作的，人总是在区分"我（我们）"与"我（我们）所打理的对象（客体）"。即便我手中的那把锤子已经进入"上手"的敲打状态，我已浑然不觉它与我为二（因而成为"我们"），那颗被我（我们）敲打的钉子总还是在作为"我们"的工作对象而被我（我们）敲打。

如果进一步争辩说就连这颗钉子也与忘情地抡着锤子的我（我们）一起进入了无滞无碍的游戏之境的话，那么，还是会有某种物理场景作为这场"游戏"的边界，提醒着我适时退出这一特定的用锤子敲打钉子的"工作—游戏"状态，以便转到对另一个生存事务的处理（另一项"工作—游戏"）上去。在这种"边界—提醒—转换工作事务"中，始终存在着一定的"主""客"分野——否则，"我（我们）"就相当于进入了永远醒不过来的"游戏"梦境。然而，那位叙述"处于上手状态的锤子"的海德格尔，不折不扣正是已从敲打钉子的"工作—游戏"梦境中醒来的思者——作为叙述者，他的身份其实是"上手状态的梦境回忆者"，也即敲打钉子的"工作—游戏"的"亲身经历者+旁观描述者"。可见，即便是海德格尔式哲思，亦无法将"主客分别"赶尽杀绝。

如此一来，我在这里要向李章印老师提的问题就是：既然"主客分别"并不全然违背生存实情（因为无法从人的生存意识中将其彻底消除），那么，您所设想的"生存论"又将如何安放这种目前您在抨击的"主客分别"意识？我不愿接受"半抨击、半无奈地将其撂在那儿"的局面，而是希望您能将其"本真地"安放进"生存论"与"生存论字源学"中。

其四，何为"西方哲学的主流"？何为西方哲学的主流这个问题如果得不到严肃的处理，则在"本土化"诉求日益强烈的当下中国，一些人就总是会很轻易地设定某种"西方哲学的主流"，通过批判这种假想的"主流"对西方哲学进行全盘否定。

我注意到,李章印老师的行文中有这样一句话:

> 西方主流哲学所研究的东西总体上是脱离生存的。虽然它们有时也研究生存中的东西,但即使对于生存中的东西,它们往往也使之从生存中脱离出来,因为它们的研究方式本身往往就是脱离生存的。也就是说,西方主流哲学或者说西方哲学传统本身主要是以脱离生存的方式来研究它们的问题,这种方式也就是通常所谓的主客二分的方式。

从商榷学问的角度,我想追问:上面出现的"总体上""有时也""往往也""本身往往就是""主流""传统本身""通常所谓的"这些副词,究竟是根据怎样的调查研究加上去的?针对上述定性(定罪),还可以提出如下追问:

(1)可不可以根据上述副词,认定李章印老师在评说作为一种现象的"西方哲学"时,采取了"本质论"的视角与思维呢?(他在前文中已经吐露,并不欣赏"本质论"。)

(2)作为一位现象学意义上的"生存论"提倡者,李章印老师难道不应该以一种"现象学"或"生存论"的眼光与方式去评说西方哲学吗?现象学—生存论意义上思想者,何必追求从"总体上"、从"本身"对西方哲学传统加以定性(而陷入"本质论")呢?

(3)李章印老师在文中一一点着其关键词,将笛卡尔以来的多个西方哲学流派,谴责为"脱离生存"。尽管他在文中提到了休谟的"明明知道",尽管今天晚上在场的傅永军老师不会允许李章印老师无视康德对"头顶的星空与心中的道德律令"的赞叹和敬畏(多么充满"生存"气息),尽管李章印老师作为科技哲学教研室曾经的掌门人不可能不了解科技哲学为了说明新科学理论诞生、传播、接受过程(这当然也是人类生存的一部分）先后尝试了"证实""证伪""范式转换""科学知识社会学"等谈法，尽管余纪元老师在山东大学讲学的时候曾介绍过当代德性伦理学正是为了切合人类生存实情而反对规范伦理学的，尽管今晚在座并提倡"生存分析"的谢文郁老师笔下的柏拉图、基督教、齐克果以及李章印老师自己笔下的海德格尔无不亲近"生存"，尽管李章印老师不可能不了解上述西方哲学（思想）资源，但他还是在行文中执拗地主张"西方主流哲学所研究的东西总体上是脱离生存的""西方主流哲学或者说西方哲学传统本身主要是以脱离生存的方式来研究它们的问题，这种方式也就是通常所谓的主客二分的方式"。上述那些明显亲和"生存"的西方哲学组成部分，被他一概轻如鸿毛般地打入了不过是"有时也"的冷宫。

说得严重一点，这是在滥用作者话语权。该文中强行划分"主流"与"鸿毛（有时也）"的做法，是不公允的。如果是狭义的中国哲学（史）研究者随意地这样谈谈也就罢了，因为当前的中国大陆学界确实存在着李章印老师后文所批评的"分科治学"弊端，狭义的中国哲学（史）研究者往往不了解上述西方哲学的组成部分，而只能跟着从梁漱溟、熊十力那一批学人那里流传下来"'西方怎么怎么样'而'中国怎么怎么样'"的老套，对着空气上演"夷夏之辨"。然而，李章印老师是一位专业的西方哲学（史）研究者，其在某些行文中简单尾随海德格尔的"过去的哲学家都遗忘了存在本身（直到他海德格尔把西方哲学从存在者的现成桎梏中解放出来）"的豪言壮语，用失之偏颇的"西方哲学的主流=主客二分思维=脱离生存"老套公式去提振狭义的中国哲学（史）学科的不当自信，这是作为学生的我所不愿意看到的。

最近，我在重温《文史哲》于1950年代发表的《红楼梦》研究论文，其中引发大讨论的那篇"两个小人物"的文章提出了一个分析模式：不是在"现成"的意义上判断一部文学作品的本质，而是从"倾向"的角度看作品在特定议题上会导向何种思路。这种"倾向分析"与李章印老师反对将研究内容当作"现成对象"是相通的。对于《红楼梦》可以且应该进行倾向分析,对于何为"西方哲学的主流"这个问题是不是也可以"长宜放眼量",从"西方哲学终归还是流淌出了齐克果、海德格尔这样的生存论思想家"的角度,认为它的"主流"反而正是"生存论"呢?(当然,另一种可能是,现当代西方哲学之所以会生发出齐克果、海德格尔等的生存论,乃是受了更早的"中学西传"的深刻影响——那些"脱离生存"的思维方式,迄今仍顽固地站在这种带着"中式"基因的"生存论"思维的对立面。但问题在于:很难找出在严格意义上"脱离生存"的思维——如前所述,"主客二分"严格来讲也是"在生存之中"的。)

此外,我还想补充指出,目前有学者提出要"重写中国思想史(哲学史)"。"重写"的意思,简单来说就是要把原来视为非主流的显示为主流的,或至少显示为不可轻忽的。这其中也包括把通过出土文献见到的早已失传的思想学说重新纳入到中国思想史(哲学史)谱系的叙述中去。这样的抱负无可厚非,甚至值得鼓励,关键是看"重写"出来的东西的思想学术成色如何。历史(包括思想史/哲学史)固然不是任人随意打扮的小姑娘,但一代人有一代人的历史书写早已成为通识。现代中国哲学(史)学科的奠基人冯友兰先生也曾说,"所谓写的历史及写的哲学史,亦唯须永远重写而已"——中国哲学史与西方哲学史的书写均是如此。而每一次重写,实际上都是在一定程度上重新分判主流与支流。既然如此,"……是西方哲学的主流"这样的提法就要十分谨慎了。

其五,亚里士多德的"静观"或"沉思",究竟具不具有"生存"特征?

在指控西方哲学脱离"生存"时,李章印老师特别列举了亚里士多德的"静观",作为脱离"生存"的典型。按照亚里士多德对术语的使用,静观的智慧固然不是实践的智慧,但能否因此就说静观的智慧"脱离生存"呢?"生存"的内涵与外延,并不等于亚里士多德意义上的

"实践"的内涵与外延。静观与沉思本身，当然也是一种实实在在的生存活动。实际上，就连港台新儒家四先生在《为中国文化敬告世界人士宣言》中批评西方的冷眼旁观的冷静中立的研究方式时，也还是在最低限度上承认他们的这种研究中"有心血"。顺此以观，即便将亚里士多德的"静观"与这种冷静中立的"冷眼旁观"等同起来，也还是不能斩钉截铁地得出"这种静观脱离生存"的结论。

此外，在我有限的印象中，亚里士多德将"沉思"定性为神性的存在状态。也就是说，静观或沉思不但属于"生存"，而且还是极其高级的生存境界。我不太清楚李章印老师文中的亚里士多德式"静观"是否就是"沉思"？如果是的话，则这种"静观"就更不是"脱离生存"的了。

其六，与试图全盘否定西方哲学之主流相应，李文试图全盘肯定中国经学以及史学等传统学问形态，认为这是不折不扣的"知行合一""天人合一"的"生存论"之学。这恐怕也是操之过急之论！

谈到中国经学，我们通常会以汉代经学作为其样板。然而，汉代的经学，在魏晋玄学或宋明儒学尤其是宋明心学思想者的眼中，恐怕很难在精神气质与学术手法上被归入李老师所提倡的"生存论"之学之列。

李章印老师在论文第二节开始对中国传统学术进行全盘褒扬，这种做法太过爱屋及乌，甚至根本无意严肃对待中国传统学术内部的深刻分歧，严重低估了中国古人分辨思想学术上的正宗、别子、异端的强大意志。实际上，在方法论上，中国传统学术的内部之争（如程朱与陆王）有时甚至会激化到势同水火的地步。记得谢文郁老师常常在课堂上讲，两个相互冲突的东西可能都不是真理，但不可能同时是真理。鉴于此，将内部具有诸多分歧的中国传统学术一概视为"生存论"之学加以一体化褒扬，以便造成"中学主流"与"西学主流"正相对立的图景（一者"知行合一"，一者"脱离生存"），这至少是操之过急的。

又，李文指出，即便在古代中国，汉字的意义也在不断老化、退化、现成化。这又是什么原因造成的呢？如果说中国传统文化的主流是"生存论"，是"知行合一""天人合一"的，那么，作为其载体的汉字的意义为何又会普遍地表现出"脱离生存"的趋向，从而需要通过所谓的"生存论字源学"对其本真意义进行解蔽和还原呢？造成上述老化、退化、现成化动因，是否也是中国传统文化的构成性因素呢？如是，则将传统中国文化整体上定性为李文所谓的"生存论"，那就说不过去了。

其七，针对文中的一处提法，我想追问：在"文字与人类生存整体相关联"的意义上，哪种文明中的个体曾认真设想过要将文字与生存整体剥离开来，而将其"独占"呢？这种设想与尝试留下了什么样的贻害无穷的文明形态，以至于必须在今天加以揭示和批判呢？能否具体出示这样的案例？如果根本不存在（甚或根本不可能存在）这样的案例，则李文中所谓的将文字与生存整体脱离开来而将其"独占"的指控就只能算是子虚乌有了。

就一般学理而言，文字是不可能脱离人类生存整体的。维特根斯坦对"私人语言"概念的反驳性分析，大致可以用来证明上述"独占"的不可能性。按照维特根斯坦的分析，"理解一种语言就是理解一种生活形式"，这"生活"从根子上是属于"人类生存整体"的，活语言从根子上是存活在主体间生活之中的。退一步讲，即便有些社会成员尝试以某种私密的方式实施某种"独占"，其私密性也决定了其相关操作必然不为外人所知，在这种情况下，"将文字与生存整体脱离开来而独占"的指控，就只能算是一种自相矛盾的设想（设想不可能设想的东西）了。

其八，李章印老师在文章第二节中首次谈到汉字的"六书"时，倾向于将其贬称为"机械教条"。用这种"机械教条"指导造字，当然会污损了汉字的"生存论"本性。虑及于此，李老师表示，"六书"不是用来造字的，而是用来"帮助儿童更快并且更牢固地认识和把握"汉字的。这样一来，汉字就在起源上保住了"生存论"本性。李老师维护汉字与中国传统学术的"生存论"本性的赤诚之心由此可见一斑。

但问题在于，如果"六书"果真具有"机械教条"特征，那么，不以之造字，"六书"固然不会在起源上污损汉字的"生存论"本性——但以之教字、学字，会否损害后人的心与脑，使包括我们在内的后人被机械思维捆绑，从而无法通达汉字在起源时的真义呢？换言之，建构"生存论字源学"的抱负，势必因此从根本上落空。我们使用汉字有效地探讨"生存论"的可能性，也会因此而丧失。

其九，李章印老师此文的标题是"生存论字源学"，但我阅读此文的一个明显感受是，大部分行文都是靠"生存论""跳脱生存（脱离生存）""主客二分""去思想化""知行合一""天人合一"等大词连缀而成。以"脱离生存（跳脱生存）"和"主客二分"为例，李文并未对之提出深入、严谨而有新意的界定，而是在很大程度上将其当作内涵饱满的通行术语，直接用来表彰中国学术或定罪西方哲学主流。但实际上，这些大术语、大词汇的内涵向来都是游移不定的，靠它们连缀成篇的论文势必给读者以"悬浮在半空中"的感觉。

与这种"悬浮在半空中"的感觉相反，李文第二节对"鼎""圆"二字的释读，给予了读者难得的扎实感，使读者倾向于相信也许真的会有一种适切汉语古文字研究的"生存论字源学"。然而，放在全篇当中，这两个字的释读在篇幅上太单薄，且是作为例子偶然出现的，远不足以撑起"生存论字源学"的半壁江山。

在阅读过程中，我也在想：李章印老师为什么要举这两个汉字释读作为例子呢？这两个汉字的哲学意义能否再重大一些，以致使读者深感到若对此二字理解得不到位，则简直愧对自己的中国古典学术研究专业？这两个汉字是否（能否）具有这么重大的分量呢？抑或能否找到其他至关紧要的汉字作为更举足轻重的示例呢？无论如何，要想通过对几个汉字的释读引申出建构"生存论字源学"的必要性、可行性、重大意义，就需要找到那种关系汉语思想命脉的"关键少数"汉字，通过令读者眼前一亮、心头一震的释读,具体而微地开示"生存论字源学"深厚、巨大的力道!我们知道,海德格尔找到了"ἀλήθεια(真理)"这个攸关西方哲学命脉的关键词,并通过字源学考究将其原始义(本真义)考订定为深具启发性的"解蔽",立竿见影地显示了生存论字源学在西方哲学(史)研究中的深刻力道。"汉语生存论字源学"的成立,亦须待这等分量的字源学研究成果面世!

其十,关于李章印老师在文中提出的"鼎""圆"二字考释,我想再发表四点评论:

(1)李文的考释是从东汉许慎的《说文解字·鼎》谈起的,许慎的解释充当着李文进一步发挥的依据。但古文字学界一般认为,《说文解字》在古文字溯源研究中虽然绕不过去,但其中的解释未必代表古文字原始义(本真义)。在《说文解字》成书之前埋藏于地下的出土简帛、金文、甲骨文,在追究古文字原始义方面具有不可替代的价值。李文在考释"鼎""圆"二字的原始义时,是应该将相关甲骨文、金文的形义分析作为一道必要程序的。更何况,按照越古远越不被"六书"的"机械教条"污染的思路,如果说许慎的《说文解字》中有"生存论"的话,那么,甲骨文、金文因距离造字时代更近其中的"生存论"自然就会更高。借助《古文字诂林》《甲骨文合集释文》《殷墟甲骨刻辞类纂》等工具书,在占有相关材料、了解前人释读的基础上对相关文字做纵深探究,应当可以大大提升相关示例的可靠性或厚重度。

(2)李文中的"鼎不是一种现成之物""由于'鼎'意味着人的生存世界,所以整个'员'字也就意味着阳光照耀着人的生存世界,并因而把生存世界中的事物都显示出来"提法,明显是在袭用海德格尔的意思。当然了,中西思想在本源上未必不相通,海德格尔的意思也未必不契合中国先民的意思。问题是,这里的行文有着强烈的"先入为主的议题设置"意味,是在悄悄设定了"是否是现成之物""在阳光照耀下显示出来"两个议题具有基要意义的情况下,较为粗暴地将其套在了

"鼎"字的解释上。至于这两个海德格尔式的议题何以重要，这两种提法何以与造字时代的中国远古思想相契合，《说文解字》对"鼎"字的解释是否蕴含着这方面的考虑？作为海德格尔专家的李章印老师，显然是只顾着化用海德格尔式思路，而忘记夯实考据的基础了。

（3）李文对当今古文字研究的批评失之笼统。为什么不结合当今古文字学家对"鼎"字的考释，具体指出他们在什么地方"脱离生存"，不能"知行合一"，不能"天人合一"，陷入"主客二分"模式呢？这样做，一方面可以具体而微地显示没有"生存论"意识的古文字研究是何等可怜，另一方面也可以让读者进一步看清楚"脱离生存"、不"知行合一"、不"天人合一"、主客二分"的罪名具体究竟是什么意思。如此一来，"不脱离生存""知行合一""天人合一""主客合一"意义上的"生存论字源学"的路数，也将一并获得具体而微的例示。在这方面，李文未能最大限度地开发、利用作者关于"鼎""圆"二字的心得。

（4）李文中的如下这段文字，颇令我在阅读过程中心头一震、眼前一亮：

> 再者，当事物尽数显示出来的时候，这些物就全部被包括起来，就齐全了、圆满了。所以，古人就通过把"员"字整个地圈起来，亦即通过"圆"字的写法，而表示齐全和圆满之义。据此，我们就可以说，"圆"的原初意义就是事物之尽数显示，并进一步引申为圆满，《说文解字》因此才说："圆，圜全也。"

说实话，我很担心：上述精彩的见解，会不会因为隐蔽在问题重重的全文中，而被古文字学家所忽略？说白了，李文实际上是试图从"哲学"角度切入进去，去搅古文字研究的局。对于形成了一定势头的搅局者，原住民向来不会轻易宽宏大量，而势必会抓住一切破绽对搅局之作加以挖苦，以维护相对"现成"的学科大局。"生存论字源学"的建构，应从一开始即严防各种破绽。

当然了，所谓的"精彩"只是我粗浅的阅读感受（我是古文字研究的门外汉）。李章印老师对"圆"字"圆满"义的上述解说是否成立，这还有待进一步鉴定。但至少是作为一种尝试，李文从"鼎"到"员"再到"圆"的这部分论述，我觉得，有望单独发展为一篇更厚实的论文（需要补充很多专业的古文字研究）。我们哲学工作者能思考到一个重要古字的可能新解，其实是很难得的。然而，面对专业的古文字研究界，要想将相关思考作为学术成果立起来，则既需要在古文字的专业知识上主动补课，也需要想办法去破解或规避重重的专业壁垒与成见。

十一，探讨"项目化"问题的第三节与"生存论字源学"关系较远，建议单独成篇见诸报章。

十二，斗胆提出几条粗浅的优化建议：

（1）从海德格尔将"生存论"与"字源学"相结合的研究手法谈起，系统扼要地述评海德格尔相关理念、操作手法及其重大方法论意义，指出在中文语境下建构"生存论字源学"的必要性。

（2）在叙述一般意义上的"生存论字源学"的理念、手法、意义时，注意避免一味在宏观大词中扎堆儿，宜用层层递进的解析代替空洞的循环论证或同义反复。

（3）实事求是地探讨在汉语古文字考释中借鉴将海德格尔的"生存论字源学"（理念及手法）的可行性与困难所在，言之有物地指示克服困难的可能路径。

（4）精心选择汉语古文字案例（注意交代这些案例之于中国古典学术的重要意义，只有这样，狭义的古文字专业之外的广大人文学者才会觉得"咬文嚼字"大有必要，才会有胃口继续将本文阅读下去），用严谨的、有力道的"生存论字源学"研究案例，有章有法地例示"汉语生存论字源学"的理念、手法与前景。

跋

愿有识之士教我

《文史哲》号称"山东大学的名门闺秀",又号称"高校文科学报之王""龙门刊",还号称"共和国学术期刊的长子"。这些修辞性的头衔,曾获得过著名学者季羡林与全国高等学校文科学报研究会前理事长、《北京大学学报(哲学社会科学版)》前主编龙协涛教授等学界刊界人士,在正式场合的核准。

今年是这本杂志创刊70周年(1951—2021),也是我来《文史哲》编辑部工作的第6年。这个集子大约一半的篇幅写于过去两年而定稿于今年,一些行文细节自然透露着刊庆的喜气。而我,也着实愿意用这个小小的文集,向《文史哲》这本老牌学术期刊敬礼。

2015年6月,我从北京大学哲学系博士后科研流动站出站,母校山东大学的《文史哲》编辑部暨儒学高等研究院为我提供了一份当时号称是"1+1"的"编辑+学者(教师)"工作。其实,《文史哲》编辑部的所有编辑,在名义和实质上,向来干的都是这种"1+1"的工作。

六年来,除了做编辑、搞科研并教一点课外,因着种种良缘,我有机会多次代表《文史哲》在《中华读书报》等报刊上执笔立言。

这既是一种荣誉,更鼓励我和《文史哲》一道放眼中国人文学术的江山,观察思考自己所在刊物的办刊传统与办刊理念,体察梳理学者身份与编辑身份之间的张力,追问设想学刊与学界的正当关系……

收在本集中的文章,在本质上无一例外都是在多维关系中自我认识并认识学界、认识刊界的"札记"之作,也从一个侧面反映了在《文史哲》干编辑是怎样的一种工作状态。从体裁或形式上讲,这其中既有短篇的随笔、中篇的议论,也有较长的述评、洋洋洒洒的论文,它们在本文集中被编排为如下六组:

第一编 "先成婚后恋爱"。此编展示了我从当初既怕入不了《文史哲》编辑的职又不甘心干编辑的状态,向逐步认识《文史哲》编辑岗位、逐渐爱上在《文史哲》干编辑,以及通过梳理《文史哲》刊史而服膺《文史哲》现行办刊宗旨的心路历程。

第二编 为"中国人文学术十大热点"鼓与呼。此编展示了《文史哲》杂志与《中华读书报》首次联合发布"年度中国人文学术十大热点"时人文高端论坛嘉宾们的现场热议,以及在五周年之际我代表两家发起单位对这桩事业所做的阶段性回顾与总结。

第三编 亲历儒学与自由主义的新一轮对话。此编反映了《文史哲》杂志在2015—2018年间自觉推动儒学与自由主义进行新一轮对话的努力,其中不但有论坛实况的生动侧记、对话所取得的主要学术成果的概括介绍,而且还对比展示了我所拟写的一则论坛邀请函初稿与经主编老辣文笔删正之后的定稿。

第四编 和《文史哲》一起触碰大议题。本编是我以《文史哲》国际版(JOCH)编者、人文高端论坛综述作者、《文史哲》刊史考究者的身份触碰"孟荀二分"格局之重估、儒学与"五四"关系之新探、《文史哲》于"中国哲学的合法性问题"大讨论之功劳这三大议题的文字见证。

第五编　预见大势、介入大势、见证大势。概括性与前瞻性是此编文字的突出特征，其中既有对西方学界儒学研究典型现象的概观，也有凭借人文高端论坛研讨素材对儒学与"五四"和解逻辑的勾勒，还有对《文史哲》与共和国人文学术历程的回顾与展望。

第六编　如何面对学者、编辑双重身份。此编的文章可谓"交心"之作。第一篇以介绍我在山东大学参加专题学习《习近平总书记给〈文史哲〉编辑部全体编辑人员的回信》座谈会的情况为契机，阐发了我对学刊专职编辑需要好好打理的"七个关系"的思考。第二篇结合我有限的从业经验和我所感受到的职业张力，对"学者办刊"这一命题发表了一系列不吐不快的意见。第三篇体现了我尝试将学术交流与干编辑有机结合起来的部分努力。

结集之后，我发现了一个有趣的现象：这些文章几乎全都定稿、发表于奇数年（2015、2017、2019、2021年）。那篇为国际版（英文版）2020年第1期撰写的编者导言，出自我手的中文版也在今年经历了再修订，并首发于本书。2016年，我们没有举办《文史哲》人文高端论坛；2018年，我在国外访学；2020年，受新冠肺炎疫情影响，《文史哲》六年来首次破例未发布上一年度"中国人文学术十大热点"（后于2021年将"2019—2020年度中国人文学术十大热点"并做一次发布）。这几个偶数年，在本文集中成为近乎绝产的"小年"，可谓情有可原。这也从一个侧面印证了：这本小集子确实是一位为学刊服役的专职编辑在工作一线的编研手记——其中尽是些"与《文史哲》共沉浮"的文字。

在这些文字中，既有敝人当初求职的曲折与焦虑，也有工作之初钟爱学者身份而不甘心做编辑的纠结，还有和《文史哲》深度相知之后的幸福，以及与之一起预流学术大势的豪迈。而落脚点，则是对"学刊专职编辑(学术编辑/学者编辑)"这一角色的审视与畅想。

如果说有什么重要缺失的话,那就是,这本小集子没有收录任何审稿手记,而仅在出版社的提议和李章印老师的慷慨允许之下,将我在一次学术论坛上评议李老师一篇论文初稿的万余字意见编入了本书第六编第三篇,以备感兴趣我是怎么"审稿"的读者从中约略了解我的相关工作状态。除此之外,实在没有办法再去收录真正的"审稿意见"了。尽管审稿属于学刊编辑的核心工作,但因审稿意见涉及投稿者的隐私,所以不宜单方面公开。又因我所写下的这类文字多是出于工作的实际需要,或者缺乏修饰,或者过渡修饰,均不太符合"修辞立其诚"的要求,就此而言,它们也并不适合堂而皇之地抛头露面。如今,人们已经不在纸上写信了。这些工作邮箱和社交软件中的工作档案,最好的去处,大概就是充当后人研究历史的"数码故纸堆"罢。

我也曾想拿自己开涮,将自己投稿时收到的几则审稿意见(退稿意见)填充进来。冷静一想,还是算了——毕竟,这和我自己所从事的编辑工作,无直接关联(当然,不无间接关联)。

六年来的职业生涯,使我深深认识到了如下三点,这也是我最想和读者们分享的:

其一,学者身份与编辑身份之间充满张力,乃至矛盾重重。编辑固然不得不去做学者不屑于做(不愿意分心去做)的许多"杂务",而学者的专业造诣也并不直接就等于经营学术期刊的办刊资质。编辑和学者这两重身份之间,常常会"相互瞧不上"!

其二,困难即便再多,学术期刊也还是只能交在"学者编辑"手中。学刊专职编辑,如若不通专业学术,便无法和自己所在的学刊一道深入学界、扎根学界;学者若仅有对学术的执着,而无办刊的使命感和热情,同样也不适合在学刊编辑部做专职编辑。

其三,鉴于以上原因,必得将学者与编辑这双重身份有机地拧在一起,不是以一方压制另一方,而是创造空间和条件令它们相持而长,方能造就合格的学术期刊办刊主体!作为这本小集子的压轴之作,《论"学者办刊"》这篇长文,系统表达了笔者的相关反思与设想,也是笔者向"圈内"人士的进言之作。透过它,感兴趣的"圈外"人士,也可更深地了解"学刊编辑"这个行当。

预流学术大势乃至引领学术潮流,是数代《文史哲》人的基本办刊情怀。作为一名未届不惑之年的"学者编辑",我之所以有机会撰写、发表这些多少带点儿"指点江山"气派的文章,这主要不是因我个人多有"能耐",而是《文史哲》深厚的办刊传统、以主编为代表的《文史哲》团队近年来充满识见的学术策划、工作职责与特定的任务分配等因素在背后驱动,其"势"使然。这些重要"外因"一直在推动我登高望远,督促我努力在极其有限的本职工作中谋求"预流"。这本署在我个人名下的小集子,毫无疑问,分享了团队的智慧和荣光!对此,我既要说一声"惭愧",更要道一声"谢谢"!

在共和国早期学术史上即名满学林的《文史哲》杂志,如今正在迎来全国人民对她的第二次大规模关注。这既是巨大的荣幸,也是巨大的压力。如何在众目睽睽之下,化压力为动力,将本职工作干得更好一些,将"预流"的追求实现得更充分一些?把自己过往的从业脚印结集起来,就教于方家和时贤,也许是一个明智的选择——因为他们正是"大势"和"潮流"的直接创造者与承当者。

二〇二一年夏秋之交
于山东大学兴隆山校区青年教师公寓

图书在版编目（CIP）数据

我在《文史哲》干编辑/邹晓东著. — 南宁：广西人民出版社，2022.6
ISBN 978-7-219-11339-4

Ⅰ. ①我… Ⅱ. ①邹… Ⅲ. ①文史哲—期刊编辑—中国—现代 Ⅳ. ①C55

中国版本图书馆 CIP 数据核字（2022）第 034689 号

WO ZAI《WENSHIZHE》GAN BIANJI

我在《文史哲》干编辑

邹晓东　著

出 版 人　韦鸿学
策　　划　白竹林
执行策划　吴小龙
责任编辑　李亚伟
责任校对　周月华　梁小琪　李新楠
装帧设计　陈　欢
责任排版　施兴彦

出版发行　广西人民出版社
社　　址　广西南宁市桂春路6号
邮　　编　530021
印　　刷　广西民族印刷包装集团有限公司
开　　本　889mm×1240mm　1/32
印　　张　8.125
字　　数　225千字
版　　次　2022年6月　第1版
印　　次　2022年6月　第1次印刷
书　　号　ISBN 978-7-219-11339-4
定　　价　45.80元

版权所有　翻印必究